Management
Organization

経営組織論
シリーズ **3**

高橋正泰 ● 監修

高橋正泰・大月博司・清宮　徹 ● 編

組織のメソドロジー

学文社

執 筆 者

**高橋　正泰　明治大学経営学部教授（序章，第3章，第7章，終章）

*大月　博司　早稲田大学商学部教授（第1章，第5章，第9章）

榊原　研互　慶應義塾大学商学部教授（第2章）

*清宮　徹　西南学院大学外国語学部教授（第4章，第8章）

Hugh Willmott　Cass Business School, City University London 教授，
Cardiff Business School, Cardiff University 教授（第8章）

増田　靖　光産業創成大学院大学光産業創成研究科教授（第6章，第11章）

竹内　倫和　学習院大学経済学部教授（第10章）

（執筆順，** は監修者，* は編者）

読者へのメッセージ

　科学の目的といえば真理の追究であり，この世の世界がどのように成り立ってるかを解明してきたが，社会科学も例外ではない。20世紀の時代は自然科学によって採用された研究方法が発展し，客観性を絶対視したメソドロジーが社会科学でも主流となってきた。その一方で，ギデンズ（Giddens, A.）がかつて述べたように「社会科学の研究はすでに解釈された対象を再解釈することである」といった趣旨を述べたように，客観性に立脚したメソドロジーに対して常に疑問が呈されきた。

　21世紀を迎え社会科学の分野においてもここ30年ほどの間に新たな研究方法が議論され，さまざまなメソドロジーが研究に導入されてきている。その潮流は1970年代に議論を呼んだトーマス・クーン（Thomas Kuhn）によるパラダイム論を嚆矢に，1980年代以降複雑系の理論，ニュー・サイエンス，解釈主義の復活による文化論や制度論による議論を，社会構成主義等を含むヨーロッパ特にイギリスを中心としたクリティカルマネジメント・スタディの登場やモダニズムに対するポストモダニズムの台頭，そして自然科学により採用されている客観主義的思考方法に対する社会科学的疑問など，新たな理論展開がみられる。そこでは，さまざまなメソドロジーが展開されている。

　組織の理論では1950年代から1960年代にかけて白熱した議論が交わされた論理実証主義や批判的合理主義の議論に加え，解釈主義の社会構成主義とディスコース分析等が現時点では議論されている。これまでの統一的に説明しようとするグランド・セオリーに対してローカルな個別理論しか成立しないといった大きな物語に対する小さな物語の主張など，メソドロジーは使用する用語も含め百花繚乱である。

　経営学における方法論争は，ドイツ経営経済学の成立に伴い記述論や規範論，法則定立性といった方法論争に始まるといってよいと思われる。組織論の分野

では，1979 年にバレルとモーガン（Burrell, G. & Morgan, G.）が『社会科学のパラダイムと組織分析（*Sociological Paradigms and Organizational Analysis*）』を刊行してからすでに 40 年の月日が流されているが，依然として社会科学のメソドロジーは多様化している。しかしながら，そこでの議論の核心はやはり客観性と主観性の問題であり，バレルとモーガンが提唱した存在論と認識論はメソドロジーを考える上で必須となっている。

本書では，これまでのメソドロジーについての議論や研究をすべて網羅することはできないけれど，少なくともこれまでの組織研究に関わるメソドロジーの代表的な議論を盛り込んで，そのエッセンスに触れている。各章を担当している研究者は，いずれもその研究での代表的研究者であり，各所の内容はこれから組織研究を志す研究者にとっての道標となると確信している。

本書は，特に大学院の博士前期課程と博士後期期課程の大学院生および若手の研究者に読んでもらいたいと願っている。グローバルな研究を目指すものにとってメソドロジーを勉強して，自分の研究メソドロジーをしっかりもって研究に臨むことが不可欠である。若き研究者に著者一同期待するものである。

2020 年 4 月

監修者　高橋正泰

編著者　高橋正泰

大月博司

清宮　徹

目　次

第Ⅱ部　組織のパラダイムと諸理論

序　章　メソドロジーとは何か
－メソドロジーの多様化－

　経営学における組織の研究が始まり 100 年以上の月日が流れている。組織の理論は理論科学として発展してきているが，経済学の歴史に比べるとまだ月日が浅く研究者のメソドロジーも十分に発達しているとは言い難いところがある。もちろん，社会科学として経済学，社会学，文化人類学，そして心理学などの隣接諸科学の助けを借りて組織研究は成熟してきてはいるものの研究方法論として独自に確立しているわけではない。そこにはさまざまな科学哲学やパラダイム，そして研究手法などが用いられている。ただ，ここに来て社会科学としての組織論を巡って客観性を重んじる機能主義的な研究方法に対して，主観的立場からの解釈主義的な研究方法も台頭してきている。20 世紀の科学 (science) を考えるとき，社会科学の分野では自然科学の影響のもと，常に客観性や法則性，原理・原則などの法則性が前提とされてきたことは周知の事実である。しかしながら，人間の存在とは関係なく存在する対象を研究する自然科学と人間が作り出している現象を同じように扱うことに対しては，これまでも多くの議論が交わされてきた。つまり，社会科学の研究を自然科学の研究と同じメソドロジーで研究することへのある種の疑問である。かつてギデンス (Giddens, A.) は，社会科学は自然科学とは異なりすでに解釈された対象を解釈する二重の解釈学であるということを謳っている (Giddens, 1993)。

　Burrell & Morgan (1979) は「あらゆる組織の原理は何らかの科学哲学ならびに社会の理論を基礎にしている」(1, 訳 3) として，社会科学を存在論，認識論，人間性，そして方法論という 4 つの仮定のセットを提起した。Burrell & Morgan (1979) による社会科学の諸アプローチを特徴づけている立場は次のようである (図表序-1)[1]。

　第 1 の存在論的性質の諸仮定，すなわち研究しようとする現象の本質そのものに関連した諸仮定が含まれている。研究しようとする「現実 (reality)」は個

図表序-1　社会科学の諸アプローチを特徴づけている立場

主観-客観次元

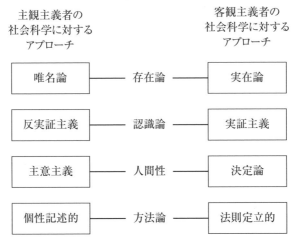

主観主義者の
社会科学に対する
アプローチ

客観主義者の
社会科学に対する
アプローチ

唯名論	—— 存在論 ——	実在論
反実証主義	—— 認識論 ——	実証主義
主意主義	—— 人間性 ——	決定論
個性記述的	—— 方法論 ——	法則定立的

出所）Burrell & Morgan（1979：3, 訳6）

人の外部にあり個人の意識に関わりなく個人の意識に入ってくるものなのか，それとも個人の意識の所産なのか，といった「現実」の規定の仕方に関係している。「現実」は世界の「向こうに」所与として存在するものなのか，それとも個人の精神がもたらすものなのかという問題である。

第2の認識論的性質の諸仮定は，「人間はどのようにして世界を理解し，それを知識として他の仲間の人間に伝達するようになるかに関わる問題である。ここには「真」とみなされるものと「偽」とみなされるものをどのように区別するかという考え方が含まれる。もっとも，このような「真」と「偽」という二分法自体が特定の認識論的立場を前提としているといえる。つまり，このことは知識それ自体の性質に関する一定の見解に基づいているのである。「知識」とは確固たる実在であり，具体的な形式で伝達可能なものなのか，それともそれほど明確なものではなく，より主観的であり，精神的あるいは超越的であり，独自かつ本質的に個人的な性格の経験や洞察に基づくものであろうか，といっ

た極端な2つの立場に分かれる。

　特に人間とその環境との間の関係に関する一連の仮定を含むものが，第3番目の人間性に関する諸仮定である。人間はその外的世界で遭遇する状況に対して機械的あるいは決定論的な形で反応するというパースペクティブが社会科学に認められる。この見解は人間とその経験を環境の産物と考え，人間はその外的状況によって条件づけられる。この見解とは対照的に創造的役割を人間に認めようとするパースペクティブも認められる。人間は環境の創造者であり，コントロールされる側ではなくコントロールする側であって支配者であるとみなすという見解である。前者は決定論の立場であり，後者は主意主義の立場である。これらの仮定は，組織行動論においてローカス・オブ・コントロールとして測定されているが，社会科学者の諸仮定はこの決定論と主意主義の連続体のどこかに位置づけられることになるのである。

　これらの存在論，認識論，人間性という3つの仮定のセットは方法論的な性格に緊密に関係している。存在論，認識論，人間性のモデルが異なれば，社会科学者の方法論も異なるであろうということである。したがって，社会学者が志向する方法は，その選択の可能性が極めて大きいといえる。たとえば，社会科学の対象である社会的世界を自然的世界と同様に扱うことができる。この場合，社会的世界は確固たる外在的かつ客観的実在としてみなされ，科学的努力の中心は，社会的世界に多く含まれている多様な要素間の関連性及び規則性の分析に目が向けられる。つまり，観察しようとする現実を説明かつ支配するような普遍的法則を探求することになる。他方，社会的世界について個人の主観的経験の重要性を強調する立場に立てば，個人は自分自身が存在している世界をどのように創造，限定し，解釈するかということが主要な関心となる。極端な場合，ここでは一般的で普遍的なものより，独自の個人的特殊性を説明することに力点が置かれることになる。これは社会的世界の相対的性質を強調するアプローチであり，自然科学において通常適用されている基本ルールからみると「反科学的」とみなされかねない方法である。

　以上の社会科学のアプローチは，図表序-1から4つの論点をまとめること

ができる[2]。

a. 唯名論 – 実在論

唯名論者の立場は，個人の認識の外側にある社会的世界は現実を構築するのに用いるネーム，概念，ラベルから構成される何物でもないという仮説に立つ。これらを用いて記述する世界には「実在する」構造が存在することを認めない。

実在論は，個人の外側にある社会的世界は確固たるものであり，明確かつ比較的変わらない構造からなる実在の世界であることを仮定している。社会的世界はそれを認識する個人とは無関係に存在し，個人が創造したものではなく「向こうに」存在するものである。

b. 反実証主義 – 実証主義

反実証主義は，社会的事象の世界における法則や基本的な規則性を探求することが有用であるということに反対し，社会的世界は本質的に相対的なものであり，研究しようとする対象の活動に直接関与している個人の視点からのみ理解できるとする。

実証主義は，構成要素間の規則性や因果関係性を探求することによって社会的世界に生起することを説明したり予測したりしようとする認識論の立場をとる。本質的には自然科学を支配している伝統的なアプローチに基礎がある。

c. 主意主義 – 決定論

人間は完全に自律的であり，自由意思を備えているとするのが主意主義である。

他方，人間やその活動はそれが存在している状況や「環境」によって完全に決定されると考えるのが決定論者である。社会科学の理論が人間活動を理解しようとする限り，暗黙の内にあるいは明示的にどちらかの立場に立つか，もしくは状況要因と自主的要因双方の影響を認める中間的立場に立つことになる。このような仮定は社会 – 科学的な理論の本質的要素であり，広義においては人間とその生活する社会との関係の性質を規定している。

d. 個性記述的−法則定立的

個性記述的アプローチは，研究対象から直接知識を得ることによってのみ，社会的世界を理解できるとする。したがって，研究対象に接近してその詳細な背景や生活史を探求することをかなり強調し，状況の「内側に入ること」ならびに日常生活の流れに自ら関与することによって生み出す主観的説明の分析を強調するのである。

法則定立的アプローチは自然科学で用いられているアプローチや方法に要約されており，科学的厳密性の基準にしたがって仮説をテストする過程に焦点がある。したがって，法則定立的アプローチは体系的な手続きや手法に基づく調査の重要性を強調する。

20世紀を特徴づけるモダニズムに基盤を置く社会科学者および組織論者の立場は，明らかに客観主義に立つ立場であり，方法論的にいえば法則定立的であった。このような法則科学を目指す「社会学的実証主義」に対して，人間事象の本質的に主観的な性質が強調される知的伝統である「ドイツ観念論」の流れが消えてしまったわけではない。社会学的実証主義は社会現象への自然科学のフレームワークの適用の不完全さ故に，社会哲学レベルにおいて常に主観主義者から攻撃をうけてきている (高橋，2006：16-17)。これら2つの立場の議論から，独自の洞察からさまざまなアイディアや理論，そしてパラダイムが生まれてきている。異なる学派による論争はそれぞれ異なった概念や研究方法論の十分な理解と評価を要求することになる。

Burrell & Morgan (1979) の示した社会科学の性質に関するアプローチは，組織理論を分析する「主観−客観」次元という二項対立の図式を提供することにより社会科学の研究に多くの貢献を果たしたといえる。しかしながら，この「主観−客観」次元という二項対立の図式に対しては解釈主義の立場からの批判はあるにせよ，特に組織を研究するメソドロジーとしては存在論と認識論に関する理解が重要であることが指摘されている。研究者は，研究対象を研究する際にどのよう存在論と認識論のもとで研究を進めなければならないかを十分

に理解しなければならない[3]。

　以上のような背景から，本書は以下のような章立てとしてメソドロジー，パ
ラダイム，リサーチ・デザインをまとめている。

　以上のように第Ⅰ部のメソドロジー，第Ⅱ部におけるパラダイムを理解した
上で，第Ⅲ部のリサーチ・デザインにより具体的研究方法を考えて理論の構築
をすることが重要である。

注
1) 以下の説明は，高橋（2006：13-17）より一部修正して引用した。
2) ここでの図表序-1 についての説明は，Burrell & Morgan（1979：4-8，訳
　6-10）の記述を高橋（2006：15-16）から一部修正して掲載している。
3) Hugh Willmott は 2019 年 12 月 21 日（土）開催の The 3rd Conference of Japanese
　Standing Conference on Organizational Symbolism の基調講演において，メソド

ロジーにおける価値論の重要性を説いている。

引用・参考文献

Burrell, G., & Morgan, G.（1979）*Sociological Paradigms and Organizational Analysis*：*Elements of the Sociology of Corporate Life.* London：Heinemann.（鎌田伸一・金井一頼・野中郁次郎訳『組織理論のパラダイム―機能主義の分析枠組―』千倉書房，1986 年）

Giddens, A.（1993）*New Rules of Sociological Method : A Positive Critique of Interpretative Sociologies.* Stanford, CA：Stanford University Press.（松尾清文・藤井達也・小幡正敏訳『社会学の新しい方法基準―理解社会学の共感的批判―』（第二版），而立書房，2005 年）

高橋正泰（2006）『組織シンボリズム―メタファーの組織論―』（増補版）同文舘

第Ⅰ部　組織のメソドロジー

第 1 章　論理実証主義

　経験的事実を根拠とする伝統的な実証主義の科学としての欠陥を克服するために生まれた論理実証主義は，世界を把握する科学的な立場である。その特徴は，形而上学といったエセ科学と違い，科学的な命題は検証可能だとする点にある。しかし，観察可能な事実による検証可能性をもつ言明のみが有意味だという主張に関して，検証のためにどのくらい観察・帰納が必要かについて不明な点も多い。そこで，検証でなく反証可能性による批判的合理主義の登場を許すことになった。

── キーワード：実証主義，経験的事実，検証可能性，観察言語，理論言語 ──

　謎に感じる組織現象に関して，研究者がそれぞれの理論的立場やアプローチを通じて，その全体と部分の関係，あるいは組織を構成する要素（変数）の関係解明を図ろうとすれば，何らかの関係性（因果／相関）を明示できるかもしれない。そして，そうした解明ができれば，その結果を組織の理論モデルとして提起できるはずである。だが，提示された理論的言明が科学的理論といえるものか，あるいは形而上学的に研究者の思弁にすぎないものかを識別することはそう簡単ではない。このような科学として主張できるものとエセ科学の違いを明らかにすることが，近代化プロセスにおいて，科学哲学の主要な問題としてさまざまに問われ続けてきたのである。

　組織理論の発展において，バーナード（Barnard, C. I., 1886-1961）は，経営者としての経験に裏づけられた議論を展開し，組織論の金字塔として評価される『経営者の役割』（1938）を著わした。そして，それをさらに進化させたサイモン（Simon, H. A., 1916-2001）は，従来の規範的な原理・原則論からの脱却を企図した管理の科学を探求し，やがて科学としての組織論を展開したのである。その際，サイモンの基盤とする発想は論理実証主義であり，検証可能な組織倫の展開であった。また同時期すでに，社会学者のパーソンズ（Parsons, T., 1902-1975）やマートン（Merton, R., 1910-2003）らの研究によって分析手法としての機能主義

が注目されるようになり，その後，組織論は論理実証主義の発想をベースに分析手法として機能主義的立場が勢力を増すことになった。

　本章では，組織理論の発展に大いに寄与した検証可能性を軸とする論理実証主義について検討してみたい。

Ⅰ．実証主義から論理実証主義へ

　一般的に，研究が科学的であることを主張する場合，問題視する現象を探求するプロセスは，「観察（実験）→調査→分析」といった経験的事実によって証明する実証的方法にもとづく必要がある。したがって，研究対象を分析する際に，こうしたプロセスを実践する実証主義は科学的なものとされる。しかしこの手法の場合，研究対象を構成する要素に着目すると，それぞれの扱い方が一様でなく，どの構成要素を優先すべきかなど，相対主義的な考えが出てきてしまう。このことから，実証主義でも，単一的なものと相対主義的なものでは内容が違うことが想定される。

　ある現象を解明する科学的言明はいかにしたら獲得できるのか，科学的言明とそうでないものとの識別基準はあるのか，といった問いかけは科学哲学の問題である。こうした問題に対して，観察こそ科学的視点であり，経験的知識は力なりということを主張したベーコン（Bacon, F. 1561-1626）など，フランス啓蒙主義の流れを汲む実証主義の考え方・方法を実践することが旧来から広く試され，それによって科学的言明を得るため実証主義が有効だと次第に認識されるようになった。

　実証主義の立場では，現象を認識できるか否かは，経験的事実によってそれがどれくらい正当化されるか，その程度に依存する。したがって，経験的に正当化される言明のみがより重要とされ，経験的事実こそが科学的言明と形而上学的言明を区分する判断基準であるとみなされる。つまり実証主義は，観察可能な経験的事実が重要であることに着目し，客観的な経験・データを蓄積するほど知識が増大し，科学的進歩が正当化されるという見方である。

つまり実証主義の立場では，経験的事実のみを知識の源泉だとみなすことから，観察できない形而上学的言明は否定される。換言すれば実証主義は，観察（受動的ないし能動的）・実験をベースとする自然科学の方法を社会科学に応用したモデルといえる。

　一般的に，経験的事実を蓄積すればするほど，そこから対象とする現象を説明する仮説を導き出す可能性が高まる。だがこの場合，全称命題（すべてのＸはＹである）で記述されると，その妥当性を確かめることができない。すべてについて経験的知識をもつことはできないからである。そのため，経験的事実から導出された仮説からテスト可能な「単称命題（このＸはＹである）」を演繹することが必要になる。以上の点から，経験的事実から仮説を帰納的に導出することだけでなく，さらに演繹的に仮説を構築することもできるわけで，両者の組み合わせが可能であるといえる。

　こうした点を踏まえると，組織現象の実証主義的分析のプロセスは以下のようになる。すなわち，① 観察→② 問題の定式化→③ 帰納的に仮説設定→④ 演繹的にテスト命題の設定→⑤ 検証→⑥ 理論構築である。これが，いわゆる仮説演繹法といわれるものである。

　実証主義の試みはその有用性からさまざまに展開されたが，その派生として生まれたのがウィーン学団における論理実証主義の立場である。実証主義においては，近代科学と形而上学の識別基準を経験的事実においたが，論理実証主義は，どのように科学的命題を導出しその真偽の識別はいかにするのかという観点から，科学とエセ科学（形而上学）との違いを事実にもとづく検証可能性を軸に区分しようとする。つまり，先入観や思弁を排除して，経験的事実でなく客観的事実によって説明しようとしたのである。そしてその主旨は，客観的に検証（テスト）できる言明や命題のみが有意味であり，客観的に検証できないものなら無意味とする。

Ⅱ. 論理実証主義の登場と特徴

　歴史を振り返ってみると，時代の変化を推進する事象に遭遇することが多い。たとえば，19世紀後半のヨーロッパでは，啓蒙思想，経験論，功利主義の運動に影響をうけた自由主義の発想が広がった。しかも，自由主義的発想は，従来の形而上学的なものとは異なる社会的精神を醸成した。形而上学とは，神・精神・善・美・自由・愛といった定量化できない，経験ではとらえきれない世界の存在を前提にその普遍的な原理を探る知の方法である。しかし，実際にそうした世界が存在することは経験的な事実によって確証できない。形而上学が科学として受け入れられないのは，観察できる経験的事実を前提とせずに思考し，自己の認識を深めることができるという点にある。要するに，形而上学は客観性のある事実ベースの考えより思惟が優先されるため，その知見を一般化することは困難な立場である。

　こうした中でとりわけ19世紀末以降ウィーンでは，自由主義的発想が蔓延し，従来の形而上学とは異なる新しい研究が次々に生まれた。たとえば，マッハ (Mach, E., 1838-1916) は，事実にもとづく経験科学から形而上学的思考を取り除くことに取り組んだ。そして，シュリック (Schlick, M., 1882-1936) が1922年にウィーン大学に赴任して作った研究サークル (後のウィーン学団) は，その後，反形而上学であるホンモノ科学を主張する大きな勢力となった。

　ウィーン学団という名称が明示されたのは，1929年にノイラート (Neurath, O., 1882-1945)，カルナップ (Carnup, R., 1891-1954) らが書いた「科学的世界把握－ウィーン学団 (Vienna circle)」という文章においてである。その主眼は，形而上学の否定である。つまり，世界や他者の心についての旧来の観念論的な哲学的論争はみな，検証不可能な形而上学的でダメだという主張である。換言すれば，論理的分析方法を経験的事実に適用することである。そして，論理実証主義という用語は，ブラムバーグとヘイグル (Blumberg, A., & Feigl, H., 1931) による『論理実証主義－欧州哲学の新しい運動－』を嚆矢としている。

　ウィーン学団が志向したのは科学的に世界の事象を把握することであり，そ

の特徴は，研究者の客観性のある科学志向な研究アプローチにある。そして，その目的は，物理学，生物学，哲学，社会科学といった諸科学を統一的にみることのできる「科学の統一化」である。つまり，異なる専門領域の研究者の仕事を相互に結びつけ，一貫性をもたらすことが図られたのである。そのため，ウィーン学団では共同研究が重視され，しかも強調されたのは，分野を超えて間主観的に理解可能になることだった。このことからウィーン学団では，時代の制約をうけて曖昧さが残る歴史言語より客観性の強い記号表現が優先されることになった。

　1920年代に登場した論理実証主義は，同じような発想をもつ人々を参集したという点で，一種の運動ともいえる。そして，**検証可能性**という基準から形而上学的な命題は検証不可能なため「無意味な言明」にすぎないとみなし，エセ科学を排除するという意図があった。たとえば，「組織が衰退するのは必然である」という命題の場合，それが検証不可能で直接的経験に還元できないならその真偽を検証することができない。それゆえ，この命題は間違っているというより無意味なものとして排除されるのである。

　実際のところ，論理実証主義の運動は，哲学者と科学者の境界を越えた国際的な広がりをもち，その後の科学哲学の発展に大きく寄与した。しかし，1930年代になるとナチスドイツの登場によるウィーン学団に対する圧力が増し，ウィーンから逃れる研究者が多くなり，ウィーン学団の勢力衰退は避けられないものとなった。ただし，ウィーン学団の運動の勢いは10年ほどという短期間だったにもかかわらず，その学問的影響は大きく，世界中に広がることになった。

　ウィーン学団の成果はいろいろと指摘できるが，そのうちで最大のものは，学問に対して当時の水準をはるかに超えた認識論を展開したことである。つまり，論理学や数学の本質が科学的に明らかにされ，論理学の言語に対する関係が初めて一般化されたのである。さらに経験的認識の方法やその基盤が詳細に分析され，科学的探求の進化の可能性が示唆されたのである。

　以上を踏まえ，論理実証主義は，20世紀前半の科学哲学発展の中心勢力と

なったものであり，組織をはじめ世界のあらゆる現象や事物を，論理的思考と実証的検証によって客観的に理論化・法則化してとらえることを可能とした思想的立場ともいえる。そしてその特徴は，19世紀までの自然科学の成功を踏まえ，実証的手法を重視する一方，従来の形而上学（特に存在論）については検証可能性の点から「無意味」として排除するところにある。そのため論理実証主義は，経験科学としての側面が強い一方，科学についてのメタ理論の立場と称されることもある。

　したがって，論理実証主義の立場に立てば，検証可能性がその存立基盤であるため，研究対象については，検証可能な観察結果を通じて合理的な理解を目指すことになる。組織現象についていえば，組織的意思決定の違いがなぜ起こるか等の理解を図るために，他の組織でも検証できるような意思決定パターンに類型化して議論することが必要である。論理実証主義の立場と実証主義の立場とでは，経験的知識を生かす点では共通しているが，検証可能性の観点で組織現象解明の方法論が違うのである。

　一般的に，論理実証主義者の立場は，「科学は事実から導き出される」，「多くの事実があればあるほど科学はより進化する」という言明に集約される。わが国でも，大塚（1996）をはじめ，社会科学は検証可能であると主張し，自らの立場が論理実証主義的であることを明らかにしている研究者が多い。

　論理実証主義は，科学哲学に止まらず組織論を含む社会科学において20世紀前半の一大勢力となったといえよう。しかし，立場的に社会科学が検証可能だと主張しても，どのような方法が用いられるのかは一律ではなく，その研究対象によって異なる点は問題である。企業を軸とした組織現象と政治・経済といった社会現象では分析レベルが異なるのである。

　別の観点からいえば，論理実証主義は，論理を実証的に証明することを示唆しており，観察可能な経験的事実をベースに所与の言明に新たな言明を推論する立場でもある。つまり，ある事柄（前提）を踏まえて別の事柄（結論，帰結）が生み出す様式を問うもので，その様式は旧来からある2つの様式と同じといえる。

たとえば，X（方法論に関する本はすべて退屈である），Y（本書は方法論の本である）であれば，Z（結論：本書は退屈である）である，という言明が可能な場合，XとYが真ならば，Zは真といえる。これがいわゆる，真に至る論理的に妥当する演繹法である。これに対して帰納法は，観察可能な経験的事実（事例）から推論して真なるものが導出されるという立場である。

　とはいえ，観察可能な経験的事実からの一般化は必ずしも保証されるわけではない。たとえば，ある会社の社員数人が無断で欠勤をするからといって，その会社の社員が無断欠勤するとは言い切れないのである。こうした説明に困る事態が生じることを避けるために，以下の条件を満たすことが論理実証主義の立場で研究を進めるのに必要である。

　a．検証可能な観察言明が多いこと
　b．多様な条件での観察であること
　c．もたらされる法則と観察言明に矛盾がないこと

　科学的知識は，あらゆる面において（演繹的な）論理に頼るか，あるいは（帰納的な）経験によって正当化されることが必要なのである。このことは論理実証主義においても当てはまることである。

Ⅲ．組織論の発展における論理実証主義の貢献

　多様な組織現象を観察すると，そこには「なぜそうなのか」という謎が生じる。たとえば，同じ業種なのに企業の組織構造に違いがあるのはなぜか，組織行動が似ているのにその成果に大きな違いが出るのはなぜか，同じ環境状況に直面しているのに成長する組織がある一方衰退する組織があるのはなぜか，等々である。こうした組織現象における「謎」を解明することで組織の研究が大いに進歩し，その結果，組織の理論モデルが多様に構築されたのである。そして実務においては，それらが問題解決の策として実践適用されている。

われわれは組織現象の「謎」を解明するために，どのように取り組むべきなのだろうか。その場合，まず求められるのは，その現象をとらえる理論的立場である。それは，組織現象をとらえる立場によって見方が異なるからである。たとえば，日常的に使うイスをみる場合，前からみるか後ろからみるか，近くでみるか遠くからみるかなど，みる立ち位置によって認識の仕方は異なってくるのは明らかである。そして，立場が決まれば次に問題となるのが，現象をどのようにアプローチしたらいいのか，その方法はどうしたらいいのかといった，研究アプローチ・方法論の特定である。

　組織現象の謎解明については，さらにマクロ的視点やミクロ的視点など，焦点をどこに置くかでアプローチも異なってくる。つまり，組織を全体としてとらえるか，それとも組織を構成する要素に着目するか等，解明に有用な選択肢が多い中で，基本的な考え方が求められるのである。

　20世紀初期に登場した組織理論の発展を振り返ると，その原点はウェーバーの官僚制組織論，ファヨールの管理原則論，テイラーの科学的管理法など，いずれも合理性／効率性の追求の点では共通している。ところが，官僚制は組織構造，管理原則論は管理者，科学的管理法は工場レベルなど，その焦点に違いがある。こうした背景をもつ組織論だが，その科学的発展は，論理実証主義の影響なくしてはあり得なかった。それは，Simon (1997) が組織における管理の科学化の必要性を主張するとともに，その分析を論理実証主義の立場から進めたことからも明らかである[1]。

　サイモンは，論理実証主義の立場から，意思決定現象について考察している。意思決定は，問題の特定から問題解決案の探索・評価・選択までのプロセスとして考えられるが，その前提には，事実前提と価値前提がある。とすれば，検証可能な科学的分析の対象となるのは経験的事実である事実前提の方で，推論を含む価値前提は分析から排除せざるを得ない。サイモンが強調するのは，検証可能な事実的命題である。サイモンは，こうした観点から意思決定の科学的分析を進めたわけである。つまり，検証可能性を軸とする論理実証主義によって主張された科学としてのあり方を意思決定研究の出発点として受け容れ，事

実の意味と価値観にもとづく意味の区別が科学にとって重要なことを認識して研究したのである。事実前提の命題とは，「観察可能な言明」であり，その真偽は検証可能だが，価値的側面を含む倫理的命題はそれができない。

　しかし実際の意思決定は，事実的命題以上の何ものかを含んでいることが多い。そのため，論理実証主義の立場から意思決定命題が正しいかどうかを決めるには，経験的事実と比較することが必須となる。しかし，どんな経験的事実による推論によっても，事実前提の命題から価値前提の命題を引き出すことはできない。なぜなら，事実には価値が含まれていないからである。また，価値前提から引き出される倫理的命題は事実と比較することはできない。それは，倫理的命題は事実よりも規範（当為）の側面を強調するからである。こうしたことを踏まえ，サイモンは価値前提からもたらされる倫理的な命題の正しさを経験的あるいは合理的に検証（テスト）できないとして，それは科学的命題でないとして排除するのである。

　サイモンはこうした論理実証主義の立場から，ファヨールを始めとする従来の管理原則論は一貫性がなく規範的なものだとして批判し，科学的基準にもとづく管理の科学を主張しそれを独自に展開したのである。そして，管理には実践科学と理論科学の2つの側面があると主張した。サイモンによれば，実践科学における命題には「〜ねばならない」といった規範的・命令的表現が含まれることがあるが，これでは科学的命題とはいえない。そこで，これを科学的命題とするには，「〜という条件を伴う」といった記述をつけ加えることが必要であると主張した。それができれば，言明的に科学的とは言えない規範的・倫理的要素が除外できると想定したのである。

　一般的に，ある組織現象の研究に対して「良い」「悪い」といった表現をしたとしても，そこに価値的な意味はほとんどない。「良い」というのは研究プロセスが研究目的の達成に合理的ないし有用と判断される場合であって，そうでないと判断されると「悪い」のである。研究プロセスが有用かどうかは，事実の問題であるが価値の問題ではない。サイモンによる管理の科学の本質をなすのは，このような論理実証主義が軸とする経験的事実の要素なのである。

以上のような論理実証主義にもとづく組織研究は，さらに March & Simon (1958) において，組織行動に関する「事実的命題のリスト」が網羅される形で一つの到達点に達した。彼らの研究目的は，① さまざまな言葉で語られてきた従来の組織論文献に「共通の言語」を与えること，② 従来の文献の主張を「検証可能性」や「再現可能性」という概念でもって組織の科学 (論理実証主義による) たるものと組織のエセ科学にすぎないものを区分することであった。

　また Simon (1997) によれば，管理の科学は他の科学と同様に，純粋に事実の記述に関係するのであり，この中に倫理的主張が入り込む余地などない。サイモンはこうした見方を信奉し，価値自由のテーゼの下で，研究を行ったのである。

　しかし，論理実証主義者サイモンは，人間の意識的行動について把握が困難なことを指摘しており，価値前提など価値的側面を無視しているわけではない。サイモンは，経済学者ナイト (Knight, F., 1885-1972) の考え方にも言及して，自分とは異なるアプローチの存在を認めている。そして特に，Knight(1921) が『危険，不確実性および利潤』の再版 (1933) 序文において，社会科学はいかなるものであれ，"現実の社会的価値 (real social values)" を認識し，それを取り扱うべきだと論じたことを評価している。

　Simon (1997) は，「管理の科学とは何か」という論考で，自然科学と社会科学の差異についても述べている。両者の基本的な差は，① 社会現象は，自然科学が必要とするデータよりはるかに複雑であるため，その基礎にある法則性を発見することはより困難である点，② 社会科学は自然科学のような実験ができない点，であると指摘している。しかし，サイモンにとって，このような自然科学と社会科学の違いは，その妥当性が認められても，根本的なものではない。なぜなら，不明な点は程度の問題であり，実験できるかどうかも真の区別にならないからである。天文学は，その法則を発見するのに実験したわけではなかったのである。

　サイモンは，社会科学と自然科学との本質的な差異は，そうした形式的な点にあるのでなく，社会科学が知識，経験などによってその行動が影響される意

識的な人間を扱うことに起因する点にあるととらえた。つまり，社会科学的命題に含まれる変数のなかに，その命題が記述しようとする人間行動の知識と経験が含まれるのである。たとえば，Ａの決定はＢの行動に対するＡの期待が影響するだろうし，一方，Ｂの決定はＡの行動に対するＢの期待に左右されるだろう。それは，まさに株式市場のような相互作用する社会制度を想定して，サイモンは，他者の行動はそれが正確に予測される限り，客観的な環境の一部をなしているとみなすのである。この点から，サイモンにとって管理が科学であるかどうかは，あらゆる科学と同じように，経験的事実と照応させることによって明らかにできるのである。

　こうした考え方が広がりをもち，論理実証主義的な立場から，企業と企業環境などの関係は，因果関係に支配された変数間のシステムとしてとらえることができるという見解が現代の英米系経営学のみならず，日本の経営学においても正統派 (orthodoxy) の地位を占めている[2]。

Ⅳ．論理実証主義の限界

　論理実証主義は，旧来の実証主義と同じく経験が知識の基礎とされるという経験論としての側面を有しており，経験から導出される一般法則や言明となるものは，観察と論理によってのみ正当化される哲学的立場である。したがって，論理実証主義によれば，経験的に真であることが検証された命題とそれらから論理的に演繹された命題にもとづいて科学的な言明は構成されるべきである。そして論理実証主義による言明は，観察・実験によって検証された知識・理論のみが有意味であり，経験によって真偽が証明できない形而上学の言明は無意味とされる。

　論理実証主義を発展させたウィーン学団の出現は，ある意味，経験論の延長であり，哲学の科学化を意図するものであった。そうみれば，論理実証主義は，いかにして哲学を実証主義の立場からとらえることができるか，という問題設定についての一つの回答といえる。その点から伝統的な実証主義は，哲学の科

学化とは無関係に発展したといえよう。

　論理実証主義を促進したウィーン学団が登場しその活動が花開く中で，その内容も大きく変化した。とりわけ，同時代に活躍したウィトゲンシュタイン (Wittgenstein, L., 1889-1951) の言語論的思想の影響が大きい。ウィトゲンシュタインによれば，哲学史上の解決困難な難問 (アポリア) は，言語の間違った使用による混乱や言語の不正確で曖昧な使用による誤解にもとづいている。論理実証主義は，この点からいえば，言語の間違った使用によって生まれる「論理的に無意味な形而上学的な問題」を回避するために，知識の表現形態である言語の論理的分析と整理を厳密に行うことを研究目的としたものである。ウィトゲンシュタインの影響が増すに従い，ウィーン学団では論理的，認識論的問題の他に，言語哲学的問題への関心も大きくなり，言語構造を意味機能から明らかにすることが関心事項となった。言語構造が解明され，その特殊な形態が定義や規則の形で表れると，それは言語自体を語ることになる。表現に用いられる言語とそれを語るメタ言語の必要性が出てきたのである。

　一般的に，言語で表現される概念はそれを構成する概念から成り立つ。つまり，基礎概念をベースに高次の概念が構成されるのである。たとえば，加速度は速度の増加と時間の概念から構成される，速度は距離と時間で構成される，組織構造は階層と規則で構成される等である。そこでカルナップ (1977) は科学的言明の言語を観察言語と理論言語に区分した。観察言語は，観察命題の集合で経験的事実に関する言語だが，理論言語は科学的命題の集合で理論的に作られた言語であり，経験的な裏づけがあるわけでない。しかし，経験的事実を踏まえた上での論理的一貫性を主張するものだとすれば理論言語でも問題はないはずである。いずれにせよ，科学を主張する言語は，観察言語だけでなく，経験的事実の裏づけがなくても論理的に真といえる場合がある。そのため，それを表現できる理論言語で構成され構造化されているという主張によって，論理実証主義は有効といえるかもしれないが，完璧でないことが窺い知れる。

　また，カルナップは間主観的な側面を表す言語の例として物語を導入している。ただしそれは，経験的事実についての言明の物語的意味が観察可能なもの

に限定される限り有効であるにすぎず，それ以外のものが認識の対象となることはあり得ない。

　ところで，以上のような論理実証主義について，経験的事実のみでは検証可能性自体の真偽が証明できない，という批判がある。確かに，経験的事実に頼れない言明もある。それは，経験的事実とは言い切れないが主観的に存在を認めざるを得ない事態（モノ）であり，論理的に導き出された言明だとすれば意味ないとはいえない。かつて観察不可能だった「原子」だが，今や生物学を含めていろいろな分野から，間主観的にそれこそ意味ある存在と認められている。このように，経験的事実すべてが検証可能といえるわけではないため，検証可能性如何で論理実証主義の有効／非有効は判断できないのである。

　さらに，経験的事実をベースとする帰納法に重きを置いている点に着目して出てきたのが，論理実証主義の遂行に関する批判である。論理実証主義は経験的事実と命題（知識・理論）の検証可能性が基本であり，そのためには事実と命題（知識・理論）が必然的に結びついていなければならない。しかし，それはどう考えても原理的に不可能である。なぜなら，単一の事実に対して，複数の命題（知識・理論）が対応することは起こるし，事実の特定自体が命題（知識・理論）のプロセスである以上，それをもって事実と命題（知識・理論）の対応関係を担保することはできないからである。すなわち，観察の蓄積による理論構築及び理論の正当化がはたして成り立つかという疑問である。一般的に，普遍的な言明になるほど，限られた観察だけで検証されたとはいえず，まして正当化されたとはいえない。

　以上のように，論理実証主義は完全無欠でない。しかし，実証主義の考え方を検証可能性の観点から一歩進めたものであることは確かである。論理実証主義の科学哲学を代表するカルナップ（1977）は，完全な検証可能性を検討するに当たり，客観的な経験的事実から知識体系を構築しようと試みた。そして，科学的知識を観察命題の集合である観察言語と科学的命題の集合である理論言語に明確に分離できるものとした。この意味するところは，観察言語が中立的であることを踏まえ，理論言語は観察言語を体系的に分類するための便宜上の道

具だということである。そのため，この立場を道具主義と呼ぶことができる。

　換言すれば，論理実証主義では経験的事実にもとづく科学的な命題を論理学や数学などで分析的に真である（理論言語）命題と観察可能な（観察言語）命題に還元しようとする。しかし，この還元が上手くできないところに論理実証主義の根本的な限界がみられる。たとえば，「すべてのカラスは黒い」といった全称命題の検証は，すべてのカラスをチェックできないため，観察言語として成り立たない。また「柔軟な〜」といった言明は，経験的事実と照応し切れない。柔軟の意味（程度）を特定できないからである。

　既述のように，自由な議論ができる場であったウィーン学団だが，その終焉は突然であった。ナチスドイツが台頭して，自由主義的なウィーン学団が圧力をうけ始めると，多くのメンバーが出国を余儀なくされ，しかも，学団の主宰者シュリックが，ナチス党員に射殺（1936年6月22日）されてしまった。このことが，ウィーン学団終焉の引き金になり，残されたほとんどのメンバーがウィーンを後にした。その結果，ナチスによるオーストリア併合（1938年）を待たずして，学団は解体したのである。しかしその後，シカゴ大学に移ったカルナップらのグループを中心に論理実証主義の運動は継承されたため，それをウィーン＝シカゴ学団と呼ぶこともある。だが，そうした中で，論理実証主義の検証可能性の基準が厳しすぎるのではと疑問視するポパー（Popper, K., 1902-1994）による反証可能性を軸とする批判的合理主義が広く支持されるようになっていった。

図表1-1　実証主義の変容

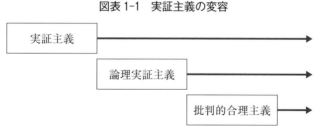

出所）筆者作成

注

1) サイモンは，シカゴ大学在学中にウィーンから移住してきたカルナップの指導をうけ，「論理実証主義」の考え方に影響をうけたと自伝『学者人生のモデル』(1998) の中で述べている。

2) 沼上幹 (2000) は，「カバー法則モデル (Covering Law Model)」を紹介して，経営研究のあり方を整理するとともに，方法論争として，① 真理は存在するという立場の法則定立派（論理実証主義，論理経験主義），② 真理は存在しないという立場から結果の解釈の相違に重きを置く相対主義（極度の間主観性を強調する相対主義：解釈主義）的な発想が広がったことを指摘している。

さらに学習すべき事柄

・経験的事実をベースにしても科学的言明でなく形而上学的言明になる場合がある。自分の経験を踏まえて具体例を挙げてみよう。

・検証可能な命題と検証不可能な命題を例示してみよう。

読んでもらいたい文献

伊勢田哲治 (2018)『科学哲学の源流をたどる』ミネルヴァ書房

大塚久雄 (1996)『社会科学の方法—ヴェーバーとマルクス—』岩波新書

引用・参考文献

Barnard, C. I. (1938) *The Functions of the Executive.* Harvard University Press.（山本安次郎・田杉競・飯野春樹訳『新訳 経営者の役割』ダイヤモンド社，1968 年）

Blumberg, A., & Feigl. H. (1931) "Logical Positivism : A New Movement in European Philosophy," *The Journal of Philosophy.* 17：281-296.

Burrell, G., & Morgan, G. (1979) *Sociological Paradigms and Organizational analysis.* Heinemann.（鎌田伸一・金井一頼・野中郁次郎訳『組織理論のパラダイム』千倉書房，1986 年）

Emery, F. E., & Trist, E. L. (1965) The Causal Texture of Organizational Environments, *Human Relations.* 18：21-32.

Fayol, H. (1916) *Administration Industrielle et Generate.* Bulletin de la Societe de l'Industrie Minerale.（山本安次郎訳『産業ならびに一般の管理』ダイヤモンド社，1985 年）

Follett, M. P. (1942) *Dynamic Administration.* Harper & Row.（米田清貴・三戸公訳『組織行動の原理：動態的管理』未来社，1972 年）

Galbraith, J. R. (1973) *Designing Complex Organizations.* Addison-Wesley.（梅津

祐良訳『横断組織の設計』ダイヤモンド社，1980 年)

Gouldner, A.（1955）The Patters of Industrial Bureaucracy. Routledge & Kegan Paul.（岡本秀昭・塩原勉訳『産業における官僚制―組織過程と緊張の研究』ダイヤモンド社，1963 年)

カルナップ，L. 著，永井成尾・内田種臣・内井惣七訳（1977）『カルナップ哲学論集』紀伊國屋書店

Knight, F. H.（1921）Risk, Uncertainty and Profit. Houghton Mifflin.（奥隅栄喜訳『危険・不確実性および利潤』文雅堂銀行研究社，1959 年)

Lawrence, P. R., & Lorsch, J. W.（1967）Organization and Environment : Managing Differentiation and Integration. Harvard University, Division of Research.（吉田博訳『組織の条件適応理論』産業能率短期大学出版部，1977 年)

March, J. G., & Simon, H. A.（1958）Organizations. John Wiley & Sons.（高橋伸夫訳『オーガニゼーションズ：人間性を重視した組織の理論』ダイヤモンド社，2014 年)

Merton, R. K.（1957）Social Theory and Social Structure. rev. ed., Free Press.（森東吾・森好夫・金沢実・中島竜太郎訳『社会理論と社会構造』みすず書房，1961 年)

沼上幹（2000）『行為の経営学』白桃書房.

大塚久雄（1996）『社会科学の方法―ウェーバーとマルクス―』岩波新書.

Parsons, T.（1977）Social Systems and the Evolution of Action Theory. Free Press.（田野崎昭夫監訳『社会体系と行為理論の展開』誠信書房，1992 年)

Perrow, C.（1967）Complex Organizations : A Critical Essay. Scott, Foresman and Company.（佐藤慶幸訳『現代組織論批判』早稲田大学出版部，1978 年)

Selznick, P.（1957）Leadership in Administration. Harper & Row.（北野利信訳『組織とリーダーシップ』ダイヤモンド社，1963 年)

サイモン，H.（1998）『学者人生のモデル』岩波書店

Simon, H. A.（1997）Administrative Behavior. 4th ed.（桑田耕太郎・西脇暢子・高柳美香・高尾義明・二村敏子訳『新版 経営行動』ダイヤモンド社，2009 年)

Thompson, J. D.（1967）Organizations in Action. McGraw-Hill.（大月博司・廣田俊郎訳『行為する組織』同文舘出版，2012 年)

Woodward, J.（1965）Industrial Organization : Theory and Practice. Oxford University Press.（矢島鈞次・中村寿雄訳『新しい企業組織』日本能率協会，1970 年)

第2章 批判的合理主義

> 批判的合理主義は，20世紀を代表する哲学者，カール・ポパー（K. R. Popper）によって提唱された科学哲学および社会思想であり，可謬主義，批判主義，反証主義，認識進歩主義などの主張を主な内容とする。どんな知識も誤りうることから，批判を通した知の改善を重視し，科学の要件として反証可能性を掲げた。この思想は，自然科学のみならず，今日の社会科学，とりわけ経済学や経営学の方法論議に大きな影響を与えている。

—— キーワード：仮説演繹主義，反証可能性，認識進歩，状況の論理，世界3 ——

I．批判的合理主義における科学の方法

　認識論へのポパーの貢献は，何よりも可謬主義的認識モデルを提示することで，認識論の2つの根本問題といわれた帰納の問題と境界設定の問題を解決したことにある。それは認識論におけるコペルニクス的転回といえるほど画期的なものだった。以下ではまず，ポパーがこの「2つの根本問題」をどのように解決し，可謬主義的認識モデルに至ったのかを明らかにしてみよう。

1. 帰納の問題

　伝統的な科学観では，われわれの認識は事実の観察とともに始まり，収集された観察データを帰納的に一般化することで真なる理論や法則に至ると考えられてきた。とりわけすべての人間知識は経験に由来すると考える経験主義者にとって，帰納の論理は特別な意味をもっていた。というのも，知識はまさにそれによって経験的に基礎づけられるからである。

　一般に帰納的方法とは，観察や実験の記録としての単称命題から，理論ないし法則のような普遍命題に至る推論を指している。たとえば，「カラス1は黒い」「カラス2は黒い」…「カラスnは黒い」といった一連の観察事実から，「すべてのカラスは黒い」という一般理論を導き出す推論がそれである。この帰納

的推論が論理的に正当化できれば，普遍命題としての理論の真なることも証明できることになるため，多くの哲学者がこの帰納の論理の確立に躍起になってきた。

しかし，この帰納的推論が論理的に成り立たないことは明らかである。というのも，観察が有限であるのに対して，理論は「『A ならば B』という関係が時間・空間にとらわれずにいつどこでも当てはまる」という無限についての主張だからである。どんなに多くの黒いカラスを観察したところで，そこから「すべてのカラスが黒い」と結論づけることはできない。無限についての主張は有限の観察に還元することができないからである。

しかも，もし帰納の論理を論理的にではなく「経験によって」正当化しようとしても，困難に遭遇する。というのも，その場合，帰納の論理が一般的に成り立つことを証明するために帰納の論理を用いるという，論点先取の誤謬に陥ることになるからである。つまり，帰納的方法は論理的にも経験的にも正当化できないのである。

このような帰納の問題を最初に指摘したのはイギリスの経験主義者ヒューム（D. Hume）であった。ヒュームは，われわれが期待をもち，ある種の規則性を強く信じているのはなぜかを問うた。たとえば，明日も太陽が昇るだろうと人々が固く信じて疑わないのは，過去において同様の事例が繰り返し観察されてきたからである。しかし，ヒュームによれば，過去の反復的経験から将来の出来事の真なることを推論することは，たとえ反復の数がどんなに多くても，論理的には正当化できない。これまで観察した100羽のカラスがすべて黒かったからといって，次に観察する101羽目のカラスが黒いという保証はどこにもないのである。

ここで一歩譲って，仮に帰納的推論がある程度の信頼性ないし確からしさをもちうる蓋然的な推論にすぎないと主張したとしても，それで帰納の困難が克服されるわけではない。たとえば，帰納的推論に基づく諸言明に一定の確率度を割り当てるにしても，そこには先ほどと同様の問題が生じるからである。論理の飛躍は避けられないのである。

では，帰納的推論が論理的に正当化できないにもかかわらず，なぜ人々は過去の経験に基づく規則性を期待し，信じるのだろうか。ヒュームはそれを，われわれのもつ「習性または習慣」ゆえに，と考えた。しかしそのことは結局，われわれの知識が合理的に擁護できない非合理的な信念にすぎないというのに等しい。こうしてヒュームは知識の確実性を疑い，懐疑主義に行き着くのである[1]。

　帰納をめぐるこのような議論に対して，まったく別の観点から解決を試みたのがポパーである。ポパーによれば，ヒュームは帰納の問題を正しく指摘したにもかかわらず，その解決に失敗している。その原因は，何よりも認識の心理学と認識の論理学との混同にあるという。

　ここでいう認識の心理学とは，「アイデアや理論が実際にどのようなプロセスを経て生じたのか」という「発見の文脈」に関わる問題であり，他方，認識の論理学とは，「知識の正当性・妥当性（科学的知識としての資格・身分）はいかにして保証しうるか」という「論証の文脈」に関わる問題である。

　ポパーによれば，新しいアイデアや理論がどのようにして生じたかという問題は，心理学にとっては関心あるテーマかもしれないが，そのアイデアや理論の妥当性の問題とは何ら関わりがない。というのも，いくら知識の源泉を探求したところで，それが理論の真理性を保証するものではないからである。

　たとえば，かつては絶対的な真理と信じられていたニュートン理論でさえ，アインシュタイン理論の登場によって覆されたことをみれば，このことは明らかだろう。ニュートンがどうやって万有引力の法則を思いついたのかというプロセスの問題と，その思いつきが正しいかどうかという結果の問題とは明らかに異なるのである。

　そしてもし科学の目的が真なる理論の探求にあるとすれば，理論の出自がどうであれ，ひとたび案出された理論が真か偽か，科学としての資格を満たしているかどうかをテストする手続きがより本質的だということになる。つまり，新しいアイデアが服さなければならない体系的テストの方法を探求することこそ認識論の中心課題だということである。

しかもポパーによれば，われわれの認識が観察事実の収集から出発するというのは誤った考えである。知識は五感を通して受動的に集積された知覚から成り立っているのではない。むしろ，認識はわれわれが経験世界に主体的に働きかけることによってはじめて可能になる。

　たとえば，虹が7色にみえるのは，虹が本来7色だからではなく，そのような目で虹を眺めているからにすぎない。つまり，どんな観察にも理論や仮説が先行しており，観察とは常に理論の光に照らされた「事実」の解釈なのである。どんな観察も「理論負荷的」だとすれば，そもそも反復による帰納といったものは存在しないといえるのである。

2. 境界設定の問題

　ところで，普遍命題としての理論の真偽が，その源泉に求められるのではなく，理論の成立後に判定されるものとすれば，理論は経験的にテスト可能であることが何よりも重要となる。しかしすでにみたように，いくら検証事例を積み重ねたところで普遍命題たる理論の真なることを立証することはできない。他方，論理学の否定式を用いることで，観察命題（単称命題）の真なることから理論（普遍命題）の偽なることを論証することはできる（これをポパーは実証可能性と反証可能性の非対称性と呼んでいる）。

　たとえば，「すべてのカラスは黒い」という命題を実証するためには，すべてのカラスを観察し，それらが黒いことを確かめなければならないが，現実には無限のカラスを観察することなど到底不可能である。それに対して，「黒くないカラスが存在した」という理論と矛盾する観察事実がひとつでも確認されれば，それによって理論の偽を立証することができる。なぜなら，「すべてのカラスは黒い」という命題は「黒くないカラスは存在しない」という主張と同義であり，もし「黒くないカラスが存在した」のが事実なら，理論はそれと両立できないからである。

　以上のことを踏まえれば，理論が経験的にテスト可能ということは，すなわち理論が反証可能ということに等しい。言い換えれば，「反証可能性」こそ，

科学の境界設定基準としてふさわしいということである。そしてこの論証は帰納の論理を一切用いることなく，純粋に演繹的推論の手段のみで行うことができるのである。

　ニュートン理論がアインシュタイン理論に取って代わられたように，一見確実と思われる理論でもいつかは覆される運命にある。どんな知識も誤りうるという意味では暫定的な仮説以上のものではない。したがってその真偽を確かめるために，われわれは不断にテストを行う必要がある。そしてそれが可能になるためにも，理論は経験によって反駁される可能性，すなわち反証可能性をもたなければならない。その意味で，科学の方法とは批判的方法であり，理論が妥当性を主張しうるのは，せいぜい批判的なテストに耐えている間だけ（ポパーの用語で言えば「験証されている（corroborated）」間だけ）にすぎない。

　ところで，科学の境界設定基準としての「反証可能性」の採用は，他方で次のような疑問を呼び起こす。すなわち，はたして理論を本当に反証することができるのか，またもしできるとすればどのようにして可能なのか，という疑問である。

　これに関してポパーは，実際にはたしかに，理論の決定的な反証は決してできないことを認めている[2]。なぜなら，理論を反証すべき観察命題（これをポパーは基礎言明と呼ぶ）の真すら究極的なものではないからである。

　たとえば，「白いカラスがいた」という観察命題も，その絶対的な真理性を主張することはできない。それはカラスでなかったかもしれないし，光線の具合でたまたま白く見えただけかもしれない。疑う気になれば，われわれはいくらでも疑うことができる。観察の再現可能性はたしかに重要な要件であるが，それでもそれによって観察命題の絶対的な真理性を保証することはできない。

　ポパーによれば，理論が反証されるのは，「それと矛盾する基礎言明をわれわれが容認した場合」にすぎない。基礎言明の容認とは，差し当たりその事実が間違っていないとわれわれが決定し，それを受け容れることである。しかしその決定は無害である。なぜなら，必要とあればわれわれは基礎言明のテストを続けることができるからである。ただ，もし理論が基礎言明を受け容れるこ

とによって反証されるとすれば，われわれは基礎言明を受容するための規則を必要とする。たとえば「科学におけるいかなる言明も反証に逆らって弁護してはならない」といった規則がそれである。

　つまり，反証可能性という境界設定基準の適用可能性を確保するためには，「方法論的規則」の設定が必要であり，科学の営みは，何よりもその約束に基づいて行われるということにほかならない。しかもこの場合の規則は，科学が実際にとっている手続きとは無関係であり，むしろそれは科学の境界設定基準から準論理的に導き出されるものなのである。

Ⅱ．批判的合理主義における認識進歩の理論

1．理論の優先選択の問題

　ところで，われわれがひとたび理論の暫定的，仮説的性格を認めるならば，ある理論が「よりよい」理論に取って代わられる可能性が出てくる。なぜなら，理論はテスト可能でなければならないが，テスト可能性にはさまざまの度合いがあり，ある理論は他の理論よりもよりよくテスト可能だからである。

　ポパーによれば，理論の説明力が増せば増すほど，反証される潜在的可能性（テスト可能性の度合）が増大することから，理論の「普遍性の度合」ないし「正確性の度合」を比較することで，説明力の増大としての「認識進歩」について語ることができる。

　このことをポパーは，主語と述語の組み合わせが異なる次のような4つの命題の例で示している（Popper, K. R., 1959, 邦訳：153)。

図表 2-1　命題の演繹関係と説明力

p：すべての天体の軌道は円である。
q：すべての惑星の軌道は円である。
r：すべての天体の軌道は楕円である。
s：すべての惑星の軌道は楕円である。

ここで「普遍性の度合」に関わるのが主語であり，「正確性の度合」に関わるのが述語である。一般に「惑星」は「天体」の部分集合とみなされるので，「天体」を主語とする命題は「惑星」を主語とする命題よりも多くの事実を説明することができる。他方，「円」は「楕円」の一特殊ケースであるために，「円」を述語とする命題は「楕円」を述語とする命題よりも正確に事実を説明できる。そしてこれらの4つの命題の間の演繹関係を示せば，それは図表2-1の通りとなる。

　ここでもっとも説明力が大きいのが命題 p であり，もっとも小さいのが命題 s である。ただ，一方が普遍性の度合いがより大きく，他方が正確性の度合いがより大きい命題同士（ここでは r と q）は比較が不可能であり，優劣をつけることはできない。もちろん，どの理論を優先的に選択するかは説明力の大きさだけで決まるわけではない。十分な説明力をもちながら，かつ批判的なテストに耐えていることが重要となる。

　要するに，ポパーにあって科学の営みとは，大胆な推測と反駁による不断の前進プロセスにほかならず，これを図式化すれば次のように表すことができる。

$$P_1 \rightarrow TT \rightarrow EE \rightarrow P_2$$

　ポパーはこれを「推測と反駁の図式」と呼んでいるが，ここで P_1 はわれわれの出発点となる問題，TT は暫定的解決，EE は誤りの排除，P_2 はその結果生じた新たな問題を表している。そしてこの前進的問題移動は，何よりもわれわれの批判的理性によって促され，しかもその批判的理性は，規制的観念としての「真理」[3] の観念に導かれているのである。

　ところで上述の議論は，科学を実践の道具と考える人々にも一定の示唆を与える。というのも，因果的言明（理論的言明）は「同語反復的変形」と呼ばれる論理的手続きによって目的－手段言明（工学的言明）に移転できるからであり，そのことは，よりよくテストされた理論ほど，よりよい実践の基礎となりうることを意味している。逆に言えば，よりよい実践のためにはよりよい理論の探

求が重要だということである。

2.「世界3」理論と知識の自律的成長

　すでにみたように，ポパーは科学の境界設定基準として反証可能性を掲げたが，こうした主張を支えているのは，人間精神の産物としての知識を，それを生み出した人間精神とは独立にそれ自体として扱うことができるという考えである。それは，知識の存在論的身分に関わる議論であり，これをポパーは「世界3」理論と呼んだ。

　この世界3理論とは，哲学の根本問題である心身問題をめぐって，デカルト以来展開されてきた心身二元論を，批判的に拡張，発展させたものである。心身問題とは，心と身体との関係性を問う伝統的な哲学の問題であり，デカルトは心と身体は相互に還元できない独立の実体であるとしながらも，両者は相互作用しうる関係にあると説いた。

　この心身二元論に対して，人間精神の産物の世界をもうひとつの独立の実体として区別できると主張するのが世界3理論である。物理的対象の世界を「世界1」，意識の状態の世界を「世界2」と呼ぶならば，この世界は「世界3」と呼ぶことができ，その対象には問題，理論，批判的議論をはじめとして，道具や制度，芸術作品といった人間精神のすべての産物を含めることができる[4]。

　しかもポパーによれば，これら3つの世界は存在論的に独立しており，世界3を世界2に，また世界2を世界1に還元することはできないが，世界1と世界2，および世界2と世界3は相互作用することができる（ただし，世界1と世界3とは世界2の媒介なしに相互作用することはできない）。

　この世界3が存在論的に独立の実体だということは，言葉が独り歩きするということを考えてみれば明らかだろう。人が心の中で思い描いていることを，他者は決してみることができない。その意味でそれは主観的状態の知識である。しかし，それがひとたび言葉で表現されると，机や椅子といった物理的対象と同様に誰もがそれをみたり聞いたりできるようになり，それについて何か（たとえば「面白い」「難解だ」など）をいうことができる。つまりそれは，評価できる

対象 (object) になったということであり，それこそが「客観的 (objective)」な状態の知識と言えるのである。つまり，ポパーにあって「客観性」とは「真理」や「中立性」，「非党派性」という意味ではなく，それについてものが言える状態にあること，つまり「批判可能性」を意味しているのである。

　しかし，知識はひとたび客観化されると，そこには意図せぬ，また予知しなかったもろもろの結果が起こりうる。たとえば，自然数列は人間が作り出したものであるが，素数や平方数の存在は最初から知られていたわけではない。それらはわれわれの発明の意図せぬ結果，すなわち世界3それ自体によって生み出されたものであり，そのかぎりで，世界3は「自律的」なのである。

　このように，世界3は，それが人間精神の産物であるにもかかわらず，大幅に自律的だという意味で，独立した実体とみなされるのである。そして，ポパーによれば，理論ないし知識は，ひとたび言明化されるや世界3の住人となり，それを生み出した人間精神とは独立に，それ自体として独り歩きを始め，しかもそれは先に示した推測と反駁の図式 ($P_1 \rightarrow TT \rightarrow EE \rightarrow P_2$) にしたがって自律的に成長，進化するのである。

Ⅲ．批判的合理主義における社会科学の方法

1. 社会科学の方法としてのゼロ方法，状況の論理

　すでにみたように，批判的合理主義は，仮説主義，演繹主義，反証主義，験証主義，認識進歩主義といった主張によって特徴づけられるが，ポパーはその著『歴史主義の貧困』や『開かれた社会とその敵』において，社会科学の方法に関するいくつかの提言を行っている。というのも，社会科学と自然科学の方法の異同，とりわけ物理学的な方法の社会科学への適用の是非をめぐっては，さまざまな議論があるからである。

　その中でポパーは，社会科学であれ自然科学であれ，仮説演繹的な方法と批判的テストの方法が適用されるという意味で，その方法は基本的に同一であることを強調しながらも，他方で社会科学の特殊性にも言及し，その接近方法と

してゼロ方法，状況の論理，および合理性原理を挙げた。以下その主張を明らかにしてみよう。

　物理学的な方法の社会科学への適用に反対するひとつの典型的な議論は，社会現象は自然現象以上に錯綜しており，それが実験や正確な予測，さらには一般法則の定立を困難にしているというものである。

　こうした見解に対して，ポパーは，それが根拠のない偏見であり，社会科学と自然科学との根本的な異質性を示すものでないと主張する。というのも，社会現象が自然現象ほどには錯綜していないことを示す十分な根拠があるからである。それは，社会現象の大部分において「合理性」の要素が存在しているという事実である。われわれが人間行動についてのモデルを構築できるのも，人間が多かれ少なかれ合理的に行動するからにほかならない。そしてポパーによれば，その際採りうる方法が「ゼロ方法」であり「状況の論理」である。

　ここで「合理性」とは「状況適合性」を意味し，「ゼロ方法」とは，諸個人が与えられた状況に適切に振る舞うという仮定の上にモデルを構築して，そのモデルと人々の実際の行動との偏差を，一種のゼロ座標として評価する方法である。また，「状況の論理」とは，社会現象を人間の心理的要因ではなく，できるかぎり客観的な状況要因に還元して説明すべきという一種の方法論的要請である。

　ここでなぜ状況要因が引き合いに出されるかといえば，それはすべての社会現象を「人間本性」ないし「人間心理」に還元して説明することができないからである（これをポパーは「心理学にとらわれない方法論的個人主義」と呼ぶ[5]）。社会科学が心理学に還元できない，あるいは心理学が社会科学の基礎とはなりえないのは，ひとつには，意識や願望といった人間の心的要因が社会制度や慣習といった状況要因に大幅に依存しているからであり，もうひとつには，意図的な人間行動の意図せざる結果を心理学では十分に説明できないからである。たとえば，競争という通常競争当事者にとって望ましくない社会現象は，競争当事者の意図的で計画的な行動の意図されざる不可避的な結果であるが，この種の現象は心理学的には説明することはできない。

しかもポパーによれば，この状況分析は「合理的かつ経験的に批判可能で改善可能」という点で心理学的アプローチよりも優れている。というのも，心理的要因に訴える心理学的説明が合理的議論によって批判できるケースがきわめて少ないのに対し，状況分析ではまさに客観的な状況が引き合いに出されるからである。

　このように，合理性原理や状況の論理に基づく反心理学主義の主張は，社会科学における理論やモデルの批判可能性を担保するための方法論的要請にほかならないのである。

2. 理論的科学，歴史的科学と歴史解釈

　社会科学と自然科学の方法の相違の議論に関連してしばしば聞かれるのは，現実の特殊な出来事への関心によって特徴づけられる歴史学は一般法則とは無縁だという見解である。

　たとえば，かのウェーバー (Weber, M.) は，「精密自然科学にとっては，『法則』が普遍妥当的であればあるほど…価値が高い (が)，…歴史現象をその具体的前提において認識しようとする研究にとっては，もっとも普遍的な法則は，内容がもっとも希薄であるから，通例価値に乏しい」と述べて自然科学的研究と社会科学的研究の相違を強調した (Weber, M., 1904, 邦訳：91)。

　しかし，ポパーによれば，このことは関心の相違にすぎず，科学的説明の論理構造は自然科学と社会科学とを問わず同一である。

　一般に説明とは，「なぜ」という問いに答えることであり，論理学の用語でいえば，何らかの説明を要する事柄 (被説明項) を普遍法則 (＝理論) と初期条件のセット (説明項) から論理的に導き出すことである。普遍法則とは，「条件 (原因) A が与えられれば常に結果 B を伴う」という因果関係の普遍的な妥当性を主張するものであり，一方，初期条件とは条件 A の具体的な記述である。このような説明は一般に演繹的法則論的説明と呼ばれる (図表 2-2)。

　そしてこの説明図式に基づけば，科学者が普遍法則のテストに関心をもつのか，それとも特称的な初期条件のテストに関心をもつのかによって，理論的科

図表 2-2　演繹的法則論的説明モデル

$$
\text{演繹} \left|
\begin{array}{l}
\text{普遍法則 (L)　A → B} \\
\text{初期条件 (C)　a}
\end{array}
\right\} \text{説明項}
$$

被説明項 (E)　b

学と歴史的科学とを区別できる。

　より詳しくいえば，理論的科学の場合は，普遍法則と初期条件を所与とし，そこから導出される予測を事実と照らし合わせることによって法則をテストし，その真偽を確かめるのに対して，歴史的科学の場合，あらゆる種類の普遍法則を当然のものとして前提としながら，説明されるべき事態（被説明項）を引き起こした特定の原因（特称的初期条件）を見いだしてそれをテストするのである（その意味では目指す状態の実現を追究する工学も歴史的科学ということができる）。

　たとえば，「モーツァルトはなぜ死んだのか」という歴史的ケースを説明する場合，「人は病気で死ぬ」「人は毒で死ぬ」…といった多様な（時には瑣末的な）普遍法則を前提として，実際に何がモーツァルトの死因だったのか（特定の初期条件）をさまざまな資料に基づいて検討することが重要となる（図表2-3）。その説明も推測に過ぎないことから，われわれは初期条件のテストを通して（たとえば資料の信憑性の批判的吟味を通して）歴史的説明の改善を図ることができるのである。ここで注意すべきは，理論的科学のみならず歴史的科学も，たとえそれが明示的に意識されなくても，常にテスト可能な普遍法則を前提としているということである。

　もちろん，歴史学では意識的に選択的見地が導入されることがある。およそ膨大な資料の洪水に押し流されないためには，それらを選択し整理する観点が

図表 2-3　歴史的科学の説明モデル

$$
\begin{array}{l}
\text{普遍法則 (L) 毒を盛られた人はみな死ぬ} \\
\text{初期条件 (C) モーツァルトは毒を盛られた}
\end{array} \right\} \text{（探索）}
$$

被説明項 (E) モーツァルトは死んだ　　　　（所与）

歴史学には不可欠だからである。しかし，こうした選択的見地が常にテスト可能なものとはかぎらない。たとえばある種の進歩史観や「歴史は繰り返す」といった見方は，それを支持するように見える事実が山ほどあろうと，それ自体を反証することは不可能である。ポパーは，こうした歴史観が興味深いものであることを認めつつも，それがテスト可能な仮説として定式化できない場合は「歴史的解釈」と呼ぶことを提案する。つまり，こうした歴史学は「科学」とは異なるものとして位置づけられるということである。

　以上からも明らかなように，科学的説明の論理構造は，自然科学，社会科学を問わず基本的に同一であり，ただ関心の相違によって理論的科学と歴史的科学とが区別されるにすぎない。したがってこれに基づけば，自然科学，社会科学それぞれに理論的科学と歴史的科学が想定できるということである。

注
1) ヒュームの議論については，Popper, K. R.（1972）邦訳：5-8 を参照。
2) Popper, K. R.（1959）邦訳：60。なお，ポパーによれば，理論を約束の体系，定義の体系，あるいは分析命題の体系と解釈することによって，いつでも反証を回避できる。このような策略は「約束主義的策略」と呼ばれる。約束主義に関するポパーの論評については，同書邦訳：95 以下を参照。
3) ポパーによれば，真理とは「事実との対応」である。理論はそれが事実と対応する場合にのみ真とみなされる。
4) Popper, K. R.（1974）邦訳：267 参照。ポパーはここで，問題，理論，批判的議論の世界を「狭義の世界3」あるいは「世界3の論理的または知的領域」として特徴づけている。
5) 方法論的個人主義とは，社会現象はそれに関わる諸個人についての理論や法則に還元して説明すべきという考え方を指す。

さらに学習すべき事柄
・ポパーの批判的合理主義は，その論理的整合性ゆえに高く評価された一方，科学史の研究者からは科学の実情に合わない形式主義といった批判も投げかけられてきた。ポパー以降の科学論の展開を調べ，科学的研究における科学方法論の意義と役割について考えてみよう。
・経済学や経営学などの社会科学において，批判的合理主義の思想がどのように

受容され，評価されてきたかを調べてみよう。

読んでもらいたい文献

ポパー，K. R. 著，森博訳 (1974)『客観的知識―進化論的アプローチ―』木鐸社

ハンズ，D. W. 著，高見典和他訳 (2018)『ルールなき省察　経済学方法論と現代科学論』慶應義塾大学出版会

引用・参考文献

Popper, K. R.（1945）*The Open Society and Its Enemies.* London.（小河原誠・内田詔夫訳『開かれた社会とその敵』未來社，1980 年）

Popper, K. R.（1957）*The Poverty of Historicism.* London/Henley.（久野収・市井三郎訳『歴史主義の貧困』中央公論社，1961 年）

Popper, K. R.（1959）*The Logic of Scientific Discovery.* London/New York.（大内義一・森博訳『科学的発見の論理』恒星社厚生閣，1971 年）

Popper, K. R.（1963）*Conjectures and Refutations. The Growth of Scientific Knowledge.* London.（藤本隆志・石垣壽郎・森博訳『推測と反駁』法政大学出版局，1980 年）

Popper, K. R.（1967）"La rationalité et le statut du principe de rationalité." In Classen, E. M.（ed.）, *Les Fondements Philosophiques des Systemes Economiques.* Paris：142-150.（水野博志訳「合理性と合理性原理の規約」『福岡大学商学論叢』第 30 巻第 1 号，1985 年：213-223.）

Popper, K. R.（1972）*Objective Knowledge：An Evolutionary Approach.* Oxford.（森博訳『客観的知識―進化論的アプローチ―』木鐸社，1974 年）

Popper, K. R.（1974）"Autobiography of Karl Popper," In Schilpp, P. A., *The Philosophy of Karl Popper.* La Salle：3-181.（森博訳『果てしなき探求―知的自伝―』岩波書店，1978 年）

Weber, M.（1904）"Die »Objektivität« sozialwissenschaftlicher und sozialpolitischer Erkenntnis," In *Archive für Sozialwissenschaft und Sozialpolitik.* Bd. 19, Tübingen 1904：22-87.（富永祐治・立野保男・折原浩訳『社会科学と社会政策にかかわる認識の「客観性」』岩波書店，1998 年）

第3章　社会構成主義 [1]

　社会構成主義は，一般に Berger & Luckmann (1996) に遡る。1990 年代になって解釈主義の立場から組織の理論の考え方として影響をもつようになった。その基本的見方は，対象となる組織現象を法則的かつ客観的に理解することが可能か，ということにある。それは，モダニズムに対するポストモダニズムのパラダイムに関係している。現実が社会的に構成されるとすれば，社会システムとしての組織もまた社会的に構成されるといえる。このような「組織が社会的に構成される」という主張は，組織シンボリズムや組織文化論においてすでに主張されているところであるが，社会構成主義として展開されている。

キーワード：機能主義, 構造主義, ポスト構造主義, ディスコース, ナラティブ

　近年，組織論研究では多くの新しい考え方が生まれてきている。社会構成主義 (social constructionism) もそのひとつである。このアプローチは，「ディスコース分析」，「脱構築」，「ポスト構造主義」といった表現で行われてきている (e.g., Burr, 1995；高橋, 2002)。20 世紀を特徴づけるモダニズムに対して，その挑戦であるポストモダニズムに社会構成主義は位置づけることができる。その基本的視点は，社会を規定する客観性や社会の深層にある法則性，そして究極的な真理の探究というパラダイムに挑戦することにある。社会的相互作用を通して自分自身およびお互いのアイデンティティを構築するという見方を，Mead (1934) が提唱したのは今から 70 年あまり前になるが，その後，この考え方に従って社会生活の構築過程を明らかにしようとする社会学の下位分野に位置づけられるエスノメソドロジーが 1950 年代から 60 年代に誕生した。心理学の分野で社会構成主義を本格的に提唱したのは Gergen (1973) であり，Gergen & Gergen (1984, 1986)，Gergen (1985)，および Sarbin (1986) が大きな貢献をしている。さらに，社会学ではその基本的な考え方は知識社会学を展開した Berger & Luckmann (1966) に遡ることができよう。現実が社会的に構成されるとすれば，社会システムとしての組織もまた社会的に構成されるといえる。

このような「組織が社会的に構成される」という主張は，組織シンボリズムや組織文化論においてすでに主張されているところであるが，さらに社会構成主義として展開されつつある意味を探ることが必要である。

　このような理論の歴史的背景を念頭に置いて社会構成主義について考察し，組織の理論にとってどのような意味そして貢献ができるかを検討することが本章の目的である。

Ⅰ. 社会構成主義の基本的スタンス

1. 社会構成主義とポスト構造主義

　社会構成主義は，ポストモダニズムやポスト構造主義を背景にしている。モダニズムは，18 世紀中頃から始まる啓蒙思想による知的ならびに芸術的運動の具体化としての知的運動の歴史をもつとされ，それはそれ以前の世界，いわゆる暗黒の封建時代とか，神々の世界に対する懐疑的挑戦であった。それに対し，現在，議論されているポストモダニズムの契機は，ニュー・サイエンスや1970 年代から始まる建築学や芸術，文芸批判に見いだすことができる (第 7 章を参照)。その基本的スタンスは，モダニズムの基本的な諸前提への問題提起とその諸前提の否定である。ポストモダニズムでは，実存世界の諸形態の裏に潜む法則や構造を考える構造主義は否定され，したがって，究極的真理が存在し，見える世界は隠れた構造の結果であるという考え方も否定されることを意味している (Burr, 1995 : 12-14, 訳 : 18-22)。それ故，グランド・セオリーとかメタ理論により世界が理解されるとか，説明されると考えることはない。

　世界の隠れた構造や法則性が現実として表れてきている特徴の裏に潜んでおり，その深層の実在を探究し，その構造の分析を行うことによって世界の真理を見いだそうとする構造主義のパースペクティブは，モダニズムの基本的な立場であるが，社会構成主義は「実在世界の諸形態の裏に潜む法則や構造」を否定する「ポスト構造主義」ともいうことができる。

　とすれば，社会構成主義とはどのような考え方をするのであろうか。Burr

(1995) によると，社会構成主義の立場を特定化する唯一の特徴は存在しないと
される。つまり，いくつかの重要な諸仮定をもつものが社会構成主義に分類さ
れるのである (Gergen, 1985)。その諸仮定とは，(1) 自明の知識への批判的スタ
ンス，(2) 歴史的及び文化的な特殊性，(3) 知識は社会過程によって支えられる，
(4) 知識と社会的行為は相伴う，である (Burr, 1995 : 3-5, 訳 : 4-7)。

(1) 自明の知識への批判的スタンス

社会構成主義では，「世界のありのままは観察によって明らかにされ，存在
するものはわれわれが存在すると〈知覚する〉ものにほかならないという前提，
これに反対する」(Burr, 1995 : 3, 訳 : 4)。つまり，世界が存在すると見える，
その見え方の前提を，社会構成主義は絶えず疑うようなスタンスを基本として
いる。われわれが世界を区分する仕方は，必ずしも実在するカテゴリーを示す
ものではないということである。ジェンダーの問題は，その典型である。

(2) 歴史的及び文化的な特殊性

社会構成主義は，通常われわれが使用する理解の仕方，そしてわれわれが使
うカテゴリーや概念は，歴史的および文化的に特殊なものであるという認識を
要求する。ジェンダーや子供に対する扱い方，過去や未来というカテゴリーに
よる世界の理解は，その人がどこに暮らし，どのような成長を遂げ，何時何処
でか，に依存する。ジェンダーや子供に対する見方は，歴史的に見ても急速に
変化してきている。このように，あらゆる理解の仕方は歴史的および文化的に
相対的なものであるばかりか，それらの理解の仕方は特定の文化や歴史的背景
の所産でもあることを意味している。したがって，科学的な理解も含めどれが
優れていてどれが劣るというようなことを仮定すべきではないとされる。

(3) 知識は社会過程によって支えられる

世界についての知識や理解の仕方は，実在するありのままの世界から来てい
るのではなく，それらは人々がお互いに協力して構築すると社会構成主義者は

主張する。知識は社会生活における人々の日常的相互作用を通じて作り上げられるのである。したがって，社会的相互作用の中でとりわけ言語は重要であり，社会構成主義者はディスコースに興味を注ぐのである。「真理」は世界の客観的な観察の所産ではなく，人々による社会過程および社会的相互作用の所産なのであって，歴史的に，そして文化によってかわるものとみなされる。

(4) 知識と社会的行為は相伴う

　世界の社会的構成はきわめて多様な形態をとり，これらはまた多様な異なる人間の行為を生み出し，またもたらす。その意味は，同じ行為であったとしても世界の記述ないし構成により，ある特定の社会的行為を支持し，他のそれを退けるのである。酔っぱらいの行動は非難の対象とみられ，酒浸りは犯罪であり投獄の対応となる。しかし，「アルコール中毒」とみるならば，一種の薬物中毒であり，犯罪や投獄ではなく，医学的および心理的治療の対象となるのである。

　これらの特徴を要約すると，① 世界は社会過程の所産であるのでその世界のあり方は一定ではなく，それらの内部にある「本質」は存在しないという反本質主義，② 知識は実在の直接の知覚であること，つまり客観的事実を否定する反実在論，③ あらゆる知識が歴史的および文化的に影響されるのであれば，社会科学によって生み出された知識も当然含まれるとする知識の歴史的文化的特殊性，④ われわれが生まれ出る世界には人々が使っている概念枠やカテゴリーがすでに存在しており，人々の考え方は言語媒介として獲得されるとする思考前提としての言語の重要性，そして⑤ 世界は人々の話し合いにより構築されるとする社会的行為の一形態としての言語，社会構造というより相互作用と社会的慣行への注目と知識や形態がどのように人々の相互作用の中で生まれるかというプロセスの重視，等をあげることができる（Burr, 1995：5-8, 訳：8-12）。社会構成主義では，個人よりも人間関係のネットワークが強調され，解釈学をはじめとしてシステム論などの諸領域においても伝統的な科学方法論

の絶対的優位性を主張してきた立場に対して異議を唱える (McNamee & Gergen, 1992：5，訳：22)。それ故に，社会構成主義は社会科学の研究に対して根底から異なるモデルを提示し，主張することになるのである。

2. constructionism と constructivism

constructionism と constructivism という用語は，互換的に用いられたり同義語のように使われたりしている。その日本語としても，social constructionism は社会的構成主義，社会構成主義，社会的構築主義などとして翻訳されている。しかし，constructionism と constructivism という言葉はまったくの同義ではなく，若干の違いを指摘しなければならない。

第一に，ここでは，この2つの用語をそれぞれ social constructionism を社会構成主義，そして constructivism を構築主義として区別することにする。両者はともに「ポスト構造主義」「ポストモダニズム」の立場に立ち，その実在や究極的真理を否定するが，世界もしくは現実がどのように創られていくかについて見方が異なっている。Hoffman (1992：8，訳：25) によれば，社会構成主義は考えや観念や記憶が，人々の社会的交流から生まれ，言語に媒介されると考え，すべての知識は人々の間にある空間で発展し，「共通の世界 (common world)」，あるいは「共通のダンス (common dance)」と呼びうる領域で発展すると考えられている。他方，構築主義は閉鎖的な神経系のイメージに傾いており，認識と概念は人々が環境と衝突するときに形づけられるという，いわば人間の内的構造を重視している。

端的にいうと，社会構成主義と構築主義は，世界は実在しており，客観的な確かさをもって認識しうるという近代主義的な考え方に疑問をもつ点では共通するが，どこで世界が創られるかという点で異なっている。つまり，社会構成主義では世界はあくまでも人々の共有する関係の中で構成され創られていくと考えるのに対し，構築主義では世界は最終的に人間個人の頭の中で構築されていくと考えているということができる。社会構成主義は，個人よりも人間関係のネットワークに焦点を合わせているのである (McNamee & Gergen, 1992：5，訳：22)。

Ⅱ. 社会構成主義とディスコース

1. ディスコースの本質

　ディスコースは本質的にむずかしい問題を含んでいるが，ディスコースはポストモダンの研究では重要な役割を果たしており，研究領域の分析タイプやスタイル，そして理論や概念によって大きく影響される (e. g., 高橋, 2002)。しかし，ディスコースが含む言語，会話，物語は，社会を理解するための不可欠であるといえる。Parker は，ディスコースを「対象を構築する記述の体系」(1992：5)とし，また Burr は「ディスコースとは，何らかの仕方でまとまって，出来事の特定のヴァージョンを生み出す一群の意味，メタファー，表象，イメージ，ストーリー，陳述，等々を指している」(1995：48, 訳：74) と定義づけている。つまり，ディスコースが意味していることは，ひとつの出来事を描写する特定の方法，つまりある観点から表現する特定の仕方なのである。すべての対象，出来事，人について異なるディスコースが存在するのであり，それぞれの対象には，それを語る異なるストーリーやそれを世界 (社会) に反映する異なるやり方が存在するということである。

　つまり，それぞれのディスコースは，異なる側面に注目し，異なる問題を提起し，われわれが行うべきことについての異なる意味を含んでいるのであり，異なる仕方で表現し構築しようとするのである (第 4 章参照)。それ故に，ディスコースは言われたり書かれたり，また他の方法で表現されるものを通して世界の現象を構成することになる。そして，それはまた異なるディスコースは，対象を他とはきわめて異なる「特質」を描くことになるのである。

　したがってディスコース分析は，さまざまな目標や理論的背景をもつ，きわめて多様な研究慣行を包含していることになる。また，この分析方法は社会構成主義の研究に大きな影響を与えているが (Potter et al., 1990)，社会構成主義の理論的立場として，必ずしもディスコース分析のアプローチをとらなければならないということを意味しているわけではないし，その逆も意味してはいない。理論的パースペクティブとしての社会構成主義と社会調査を行うアプローチとしてのディスコース分析は，一対一では対応していない。しかし，ディス

コース分析は，社会科学研究における伝統的な大半の方法とは似ていないのである。というのは，ディスコース分析自体の特質が，主観的で解釈的だからである。

2. 社会構成主義と言語

　言語は，社会構成主義を理解するためには必須の概念である。人々が社会的に構成されていくという過程は，言語に根ざしているという見方であり，社会構成主義である。しかし，この言語観は固定的で恒常的ではなく，言語の意味は絶えず変化するというポスト構造主義と社会構成主義は共通している。

　伝統的な言語観では，言語は人間を表現する手段であるとみなされてきた。しかし，社会構成主義では「人を生み出すものが言語にほかならない」(Burr, 1995：33，訳：52) とみなされる。つまり，言語自体が，自分自身と世界の経験を構造化する仕方をもたらすのであり，言語が人の思考を決めるのである。われわれが使う概念は，言語によって作られ，言語に先立つことはないとすれば，特定の概念を表現する言語がなければ，その言語を話す人々はその概念を用いることはできないのである。そのことは，われわれは自己と世界について，さまざまな理解の仕方が存在することを示唆している。言語はわれわれの思考や感情を他者に伝達する単なる媒介ではなく，人や世界のアイデンティティを構成するそのものなのである。

　Saussure (1974) の構造言語学的研究からすると，記号自体は固有の意味をもつわけではないが，Saussure が記号に2つの要素，すなわち「能記(語られる音声)」と「所記(概念)」との間の恣意的関連を主張することは，記号としての言語が，世界を恣意的に分類することを意味しているのである。われわれの使用する言語は，恣意的な意味をもつものではあるが，ひとたび言葉に特定の意味が付与されると，その意味はその関係において固定化され，同一の言葉はいつも同じ意味をもつことになる。しかし，この立場では，時によって言葉の意味は変化すること，そしてそれがどのように変わるかを説明できないこと，さらに数多くの意味がどのようにして言葉がもつのかを説明することはできな

い。ここに注目したのが，ポスト構造主義である。

　構造主義とポスト構造主義は，ともに① 言語を，人を構築する最も重要な場とみていること，② 反ヒューマニズム[2]の立場，を共有している (Burr, 1995：39-41, 訳：61-64)。しかし，構造主義とポスト構造主義が異なるのは，言語に付随する意味が固定化されず文脈によって変化するという点である。人々が言い，書くことはその行為 (社会的慣行) と切り離すことはできないし，社会が構造化される仕方とも切り離せないのであり，したがって，ポスト構造主義は，言語をコンフリクトや個人的ならびに社会的変化の場とみなしているということである。言語と思考は切り離せないのであり，言語はあらゆる思考の基礎を提供している。自己は，言語と社会的相互作用の所産であるとみなすことができるならば，人は誰と，どのような環境で，何の目的か，によって絶えず変化するのであって，意味が固定化されることはないのである。

3. 社会構成主義と物語，およびストーリー

　Epston, White & Murray (1992) によれば，世界についての知識は経験を通してのみ獲得しているのであって，人は物事を直接的に理解したり，客観的に記述したりすることはできない。人は自分の経験から世界を語るのであり，それが「知る」ということの限界でもある。ストーリーこそが，人々の生々しい経験を秩序立てて理解するための基本的枠組みを提供するとするならば，現実はこうした物語やストーリーを通して解釈されることになる。たとえば，人が組織について語るとき，そこにあるストーリーによって出来事が時間軸上に並べられ，過去から現在への出来事の変化や進展をひとまとまりの物語として描くことになる。これによって，進行中の組織活動からある一コマを切り取って現実というひとつの塊として，その中に意味を見つけようとするのである。したがって，ある組織の現実がいかなる意味をもつかは，自己のもっているストーリーによって決定されるのであり，その切り取り方や現実の表現もまたストーリーによって決定されるのである。

　このように具体化されるストーリーの中にこそ真実がある，という信憑性は，

客観的立場をとるものにとっては受け入れがたいことかもしれない。なぜなら
ば、ストーリーは不確定な要素を含んでいるのである。どんな話にもある種の
曖昧さや不確定性、そして矛盾が含まれているものである。それ故に、自己の
もっている知識を総動員して現実としての物語とストーリーを解釈することに
よって、これまでのストーリーを調整し、新たな意味を現実に付与していくこ
とになる。このような意味を付与するプロセスは、経験を整理し、時間的流れ
の中に当てはめ、現実のもつ特徴を見いだしていくことなのである。

　物語の真実は「事実」の中にあるのではなく、物語の意味の中にこそあるの
である。ディスコースとしての物語は事実を描くこともあれば、そうでないと
きもある。物語のストーリーは、それ自体真実でもなければ、誤りであるわけ
でもない。もしも事実をまったく無視したストーリーが物語で描かれるとして
も、それは結果として意味を生み出すことになるかもしれない。物語とストー
リーは、社会的コンテクストの中で位置づけられることになり、社会的関係を
創造し、維持し、変容させることになるのである。まさに、世界は、ディスコー
スとしての物語とストーリーによって社会的に構成されるのである。

Ⅲ．組織論における社会構成主義の影響

1. 社会構成主義の組織論への展開

　20世紀は、近代科学とそれに結びついたテクノロジーにより工業化された
社会として、歴史的にみてもこれまでに実現したことのない物質的に豊かな世
界であった。このモダンと称される世界は、標準化、規格化、同時化、集中化、
極大化、均一化、そして発展により特徴づけられる。神話化された科学的合理
性は客観的基準となり、経営学では Taylor (1903, 1911) の科学的管理法に代表
される生産性や能率の概念が、無条件で広く受け入れられてきた。このような
機能主義組織論が経営学では研究され、その成果は Barnard (1938)、Simon
(1957)、March & Simon (1958) を経て、コンティンジェンシー理論の展開とし
て多くの優れた研究成果を上げることができた。しかしながら、1980年代か

らこのような機能主義組織論に対する批判がおこり，文化論や社会学，文化人類学の影響をうけた組織シンボリズムに代表されるような，解釈的な研究アプローチが展開されるようになったのである (Pondy et al., 1993；高橋, 2006；坂下, 2002)。

　機能主義による組織論の特徴は，その法則定立性の追究と客観的立場である。世界は確固たる実存であり，構造をもち，ある一定の法則に基づいて機能的に動いていると暗黙のうちに措定されてきた。したがって，組織論の主要な研究テーマは必然的に組織現象をもたらす根本的な法則性と構造，そして機能の探究となってきた。しかしながら，一部では人間関係論にみられるように社会システムとしての組織という観点からの研究も続けられてきており，その研究テーマは機能主義的な観点からではなくていわゆる文化論的な観点へと研究方法やテーマが変化してきたことも事実である。Silverman (1970) の機能主義的組織論批判にみられるように，組織の行為や主体性が問題となり，さらに組織変革論の台頭と相まって組織自身の変化を扱う自己組織性や複雑系の自己組織化など，多くの新しい考え方が認められてきている。この中にあって，心理学や社会学で議論されてきた社会構成主義の立場もまた，新たなパラダイムの変換を組織論に迫ってきているのである。

　このポストモダン組織論というべき研究は，組織シンボリズム論の展開とともに，組織の新しい研究パラダイムとして一分野が形成されつつある。

2. 組織の科学的説明としてのディスコース

　社会的構成主義におけるディスコース，つまり組織のディスコースについての研究には，社会学，心理学，文化人類学，言語学，そして哲学など，その学際的な起源と性格から多様な異なったパースペクティブや方法論が混在している。このことは，組織研究でのディスコース・アプローチの可能性と分析的手掛かりを提供している。少なくとも，組織論では組織の理解をより豊かにするために，組織とそのメンバーの行動のディスコースおよびそのディスコースがいかに組織化のプロセスに組み込まれるか，ということを考察しなければなら

ないのである。

　言語，語り，物語，会話としてのディスコースは，一般的日常生活における不可欠な特徴であり，組織の相互作用の本質でもある。日常の態度や行動は，現実であると信じていることを認識し，それにしたがって形づけられている。ディスコースはまた，単なる記号や表象ではなく，思考様式として認知されなければならない。ディスコースが行われるということは，ある物事を記述するというだけでなく，あることを行っており，それは社会的意味合いをもっているのである。ディスコースはテキストの一部であり，社会的実践でもあり，社会的コンテクストの中に位置づけられる (Fairclough, 1992, 1995；van Dijk, 1997a, 1997b)。したがって，ディスコース分析は以下のことを要求することになる (Grant, Keenoy & Oswick, 1998：3)。

① 使用される言語の検討 (テキストの次元)
② テキストの創出と解釈 (ディスカーシブな慣行次元)
③ ディスカーシブな出来事を取り巻く制度的そして組織的要因とそれらが当該のディスコースをいかに形成するかという考察

　さらに，van Dijk (1997b：2) は，

① 使用されるテキストの形式と内容の分析 (言語の使用)
② 概念や信念を伝達するために人々が言語を使用する方法の評価 (信念のコミュニケーション)
③ コミュニケーションが生ずる社会的出来事の検討 (社会的状況での相互作用)

をあげ，このような「相互テキスト分析」は，テキスト検討を超えて「誰が，いかに，なぜ，そしていつ言語を使用するか」を探求することを可能にしていると指摘している。

　しかし，ディスコースとは，実際の社会を抽象的な概念で絵空事として表現

する仕方ではない。ディスコースはわれわれのアイデンティティを形成するのであり、また社会のあり方や運営の仕方と密接に関連しているとするならば、組織の理論も同様の論理を受け入れることが可能である。つまり、組織もまたディスコースによって構成され、語られるのである。

　もし表象として科学的説明が科学的活動の中に埋め込まれていると考えることができるならば、科学という物語の意義は2つの方向性をもつことになる（Gergen & Kaye, 1992：173-174, 訳：196-197)。

　(1) 科学の物語は「真実を語る」—予測によって生存を助ける—ではなく、世界を形作る枠組みとしての重要性をもつ。

　つまり、科学の物語は、あるものが別のものではありえないとか、あるいは、ある点に関して他のものよりも良いとか悪いとかいう形で現実を規定する。そうすることで、科学の物語は、他ではなくある線に沿ってふるまうことの合理的根拠と正当性をもたらす。たとえば、人間の行為は遺伝的な強制に支配されるという社会生物学者の主張を信ずるのと、人々の行為は無限に変形可能だという学習心理学者の主張を信ずるのとでは、日々の成果が異なっている。それぞれの説明は、いったん信じられれば、ある行為を呼び起こし、他の行為を思いとどまらせる。科学の物語のもつ意義は、それが喚起し合理化し正当化する様式にある。それらは、すでに生きられた人生の反省というよりも未来を形作る原型となるのである。

　(2)〈知の対象から知の表象へ〉というポストモダン的変化は、同時に、正当性の根拠をも変化させる。

　モダニストの説明では、科学的記述は一人の人間が生み出すものであり、科学者のたゆまぬ観察によって、すべての一のために洞察が提供される。したがって、科学者は、多かれ少なかれ権威的であり、世界のありようについて熟知しているとされる。しかし、ポストモダンの見方からすれば、科学者の物語に付いていた事実を認定する保証書は取りはずされる。科学者は、ある現象（たとえば、「核融合」）を起こす「方法を知っている」かもし

れないが、そこで生じたことが「核融合」であるという「事実そのものを知っている」わけではない。それでは科学者に権威を与えるのだろうか。書くことについての約束事が物の言い方を決めると同様に、科学者共同体の社会的な約束事がそのメンバーに権威を与える。つまり、科学者は、特定の話し方を尊重する共同体の内部でのみ正当化できる話し方をする。言いかえれば、科学的言明とは、科学者同士の交渉や競争や協力によって作られる共同体の所産である。ポストモダンの枠組みにおいて、われわれが知識と呼んでいるものはこのような社会的所産にほかならない。

　このような考え方は、いわゆる社会科学で頻繁に使用されるパラダイムを意味しているとみることができる。モダニズムにおける物語的説明は、現実を表すものであり、もしも説明が正しければ、適応行動をとるためのガイドライトとなる。他方、社会的構成主義の立場をとれば、物語で使用する言葉が意味をもつのは社会的交流における使用を通してである (Gergen & Kaye, 1992 : 177, 訳：203) が故に、物語の構成は流動的であり続け、状況の変化に開かれている。ストーリーをもつ物語、つまりディスコースによる組織分析が意味をもってくるのである。

　Burrell (1998) が、会社の構成部門や個々のメンバー間の対話や議論のプロセスから、いかにして組織が出現するかを論証しているように、組織は日常会話のネットワーク中で起こる日々の社会的結果なのである。それ故に、管理者がその多元的会話をコントロールしようとしても、完全に達成することはできず、非効率性の根本的原因となるのである。組織が機能するためには、この日常的会話から生ずる潜在的な柔軟さを利用し、自己組織と自省作用の価値を高める必要がある。

3. 論理科学的思考と物語的思考

　前項での議論を、論理科学的思考と物語的思考という観点から、もう一度整理してみることができる。社会科学の分野において、論理科学的思考の援用や

それに類似する科学理論の産物は，絶えず疑問視されてきていると思われるし，まさにポストモダニズムはその現れであるといえる。人間システムである社会システムでの出来事を理解し，解釈するのに適当であると考えられる思考モードと科学主義の唱える思考モードを検討することで，社会構成主義による組織分析を考える上での有用性を否定することはできない[3]。

　White & Epston（1990：77-78，訳：101）によれば，論理科学的思考モードとは，科学的コミュニティーの中で正当な努力として保証されるべき手続きと習慣を含むものであり，まさに機能主義的組織論が採用してきた方法でもある。つまり，論理科学モードは，一般的な原因を扱い，その確立のためには立証され得る参照枠を保証し，実験的な真実をテストするための手続きを利用し，その言語は，一貫性と矛盾しないことという必要性によって制御されているのである（Bruner, 1986）。

　他方，物語的思考モードは，現実にそっくりであることによって信頼を得る，よいストーリーによって特徴づけられる。それらは，抽象的で一般的な理論を築き上げるための手続きと慣習には関心はなく，経験についてのある特別な事柄に注意を向けている。普遍的な真実の条件を確立するのではなく，時間軸の上で出来事をつないでいくのである。物語モードは，確かさではなく，さまざまな見方を導くのである。

(1) 論理科学モード

　論理科学モードでは，個人の経験は特殊なものとして排除される。また，論理科学モードは，「自然界における一般法則の誘導や，いかなる場所，いかなる時間においても真実とされる普遍的な事実の世界を構成することが求められる」というその普遍性が故に，時間の次元もまた排除されることになる。言語は，不確定性と複雑さを減らすべく，質的な記述よりも量的な記述が好まれる。矛盾のない整合性が世界を構成する基準であって，言語の使用は特定の意味をもつことが必要となる。それ故，言語のもつ多義性の危険を減らすために専門用語が発達し，意味の同一性を保証することが求められている。さらに，観察

者は観察対象から切り離されて，反対側におかれ，観察対象もしくは被験者は作用される対象である。

(2) 物語モード

　物語モードでは，経験の特殊性が重要視され，生きた経験が「生きた」考えであり，その経験をつなぎ合わせることにより意味が生まれるとされる。時間の流れに沿って出来事が明らかになり，その過程で成立するストーリーによって物語が構成される。時間は決定的に重要であり，ストーリーは始まりと終わりによって完結するが，その間に時間が流れ，さらに物語は継続するかもしれない。

　言語は複雑さや経験の主観性を認めるものであり，多様な見方を包含する世界を作るため多義性が採用される。ひとつ以上の解釈や読みが可能であるならば，言語材料は増やされ，現実の可能性は広げられる。専門的な描写よりも，普通の言葉，絵画的な描写のユニークな組み合わせにより，物語モードはより探索的なものとなる。観察者は，観察者と観察対象の関係を再定義し，観察者と観察対象は「科学的な」ストーリーの中でその役割を演じることになる。

　これらの議論から導き出される結論は，明確である。ポストモダニズムとしての社会構成主義の立場からすると，物語モードによる思考は，組織の分析や理解，そして組織の再構築に多くの方向性を示唆している。

① 組織での生きた経験を重視する。
② 生きた経験をつなぎ合わせることにより変化する組織を知覚することができる。
③ 経験の描写と新しいストーリーを構成する日常的言語の使用の有用性とその多義性を重要と認める。
④ 解釈行為に人が参加することの真価を見いだすことができる。
⑤ 物語のストーリーは人々により共同制作され，人々の語りは組織の現実を構成する。そして，ストーリーこそが，生きた現実を秩序立てて理解

する基本枠組みを提供するのである。

⑥ 組織の主体と客体は，物語の中で渾然一体となって役割を演じ，組織の
コンフィギュレーション[4]とその活動を描き出す。

このようにとらえるならば，組織の社会的構成主義は，まさに絶え間なく変
化する組織のコンフィギュレーションを描き出し，生きた組織を理解するパー
スペクティブであり，物語を通して分析するナラティブ・アプローチは，組織
分析の有用な方法とみなすことができよう[5]。

Ⅳ．新しいメタファーの登場

これまで組織の理論はあまりにも成長と発展のメタファーにこだわり続けて
きているように思われる。組織変革は，たとえば Greiner（1972）の組織発展の
理論や Mintzberg（1989）にみられる組織ライフ・サイクルといった理論の延
長線上に論じられてきたきらいがある。組織変革に関する組織研究者の思いこ
みのひとつを，発展と成長のメタファーとして表現することができよう。組織
はその発展と成長の過程で重要な段階に達するとその阻害要因を克服して新た
な組織コンフィギュレーションにその様態を変え，さらに発展すると仮定され
てきた。また，「予定通りに成長する植物」（Hoffman, 1992：11，訳：32）という
生物メタファーも組織の重要なメタファーであった。組織は受け継いだ遺伝子
に書き込まれた計画にしたがって成長し，やがては終焉を迎えるが，その遺伝
子は新たな組織に受け継がれ，進化し続けるという進化論のメタファーは，ま
さにそれを現している。このような「生物の内部や組織の内部にはあらかじめ
決定された最適な発展段階がある」というメタファーが，あらゆる問題に対し
て有効であるという保証はどこにもない。

社会構成主義から組織を眺めると，組織は状況の中に埋め込まれているので
あり，社会コンテクストの中で組織がどのようなコンフィギュレーションをと
るかはあらかじめ設計されているわけではない。組織は社会的に構成されるの
であって，常にその存在は相対的であるはずである。また，組織の科学的説明

は，科学的活動の中に埋め込まれているのであって，フィクションとは異なってはいるけれども，両者は共に歴史的背景をもつ文化的習慣に依存している。そして，このような習慣が，描き出そうとしている組織の現実の特性を決めるのである[6]。したがって，組織に関する客観的で体系的な知識，つまり科学によって世界の因果関係を正確に予測することが可能になり，将来を支配する可能性を見いだすというモダニストの考えは，もはや説得力を失っているともいえる。

　社会構成主義では，その科学的方法論とその研究対象それ自体のあり方について，従来の科学観とは異なっており，社会もしくは状況に埋め込まれた組織，そして組織に埋め込まれた個人というパースペクティブからは，多くの示唆を得ることができよう。ディスコース分析で検討したように，言語，物語，そしてストーリーなど組織分析への有用性を受け入れるならば，ナラティブ・アプローチも有益な組織研究の方法のひとつである (e. g., Boje, 2001 ; Clandinin & Connelly, 2000)。機能的組織論を超克して組織論を再構成するために，社会的構成主義の考え方を十分に理解する必然性がここに存在するといえる。

注
1) 高橋 (2003) を一部削除，加筆して修正のうえ掲載している。
2) ヒューマニズムとは，多くの西洋哲学に中心的な，人間についての一群の前提を指しており，統合的で，統一的で，合理的な行為者であり，しかも自分自身の経験とその意味の作者である，行為者にほかならないという本質主義的考え方である。詳しくは，Burr (1995 : 40, 訳 : 63) を参照のこと。
3) ここでの議論は White & Epston (1990 : 77-84, 訳 : 101-107) に基づいている。
4) コンフィギュレーションは日本語で形態とも訳されるが，組織のコンフィギュレーションとは組織構造のみならず戦略，環境，文化，信念，技術など組織のもつ多元的な集まりであり，組織の在り方として理解され，ゲシュタルトともいわれることもある。
5) ナラティブとストーリーは，同異義語として使用される傾向にある。しかし，「ナラティブ」は複数の出来事を時間軸に並べたもの，他方「ストーリー」はナラティブに「筋立て」という「プロット」が加わったもので，複数の出来事の関係を示すものとして区別される (野口, 2009 : 3) といわれている。

6) このような考えは，Gergen & Kaye（1992）から導かれている。

さらに学習すべき事柄

・社会構成主義を理解するためには，ポスト構造主義やポストモダニズムなどの文献を読んで，量的研究のみならず質的研究についても学んでみよう。
・社会構成主義による研究としては，ストーリーテリングやナラティブ・セラピーなど関連した研究があるので，興味があれば学んでみよう。
　参考となる文献として，ストリーテリングでは Brown, J.S., et al.（2005）Storytelling in Organizations. MA: Elsevier Butterworth-Heinemann.（髙橋正泰・高井俊次監訳『ストーリーテリングが経営を変える―組織変革の新しい鍵―』同文館出版，2007 年），ナラティブセラピーについては，McNamee, S. and Gergen, K.J.（eds.）（1992）*Therapy as Social Construction*. London: Sage.（野口祐二・野村直樹訳『ナラティヴ・セラピー―社会構成主義の実践―』金剛出版，1997 年）がある。

読んでもらいたい文献

ケネス・J・ガーゲン著，東村知子訳（2004）『あなたへの社会構成主義』ナカニシヤ出版
ケネス・J・ガーゲン・メアリー・ガーゲン著，伊藤守監訳（2018）『現実はいつも対話から生まれる』ディスカヴァー・トゥエンティワン

引用・参考文献

Barnard, C. I.（1938）*The Functions of the Executive*. Cam bridge, MA：Harvard University Press.（山本安次郎・田杉競・飯野春樹訳『新訳 経営者の役割』ダイヤモンド社，1986 年）

Berger, P., & T. Luckmann（1966）*The Social Construction of Reality：A Treatise in the Sociology of Knowledge*. New York：Doubleday and Co.（山口節郎訳『日常世界の構成―アイデンティティと社会の弁証法―』新曜社，1977 年）

Boje, D. M.（2001）*Narrative Methods for Organizational and Communication Research*. London：Sage.

Bruner, J.（1986）*Actual Minds, Possible Worlds*. Cambridge. MA：Harvard University Press.

Burr, V.（1995）*An Introduction to Social Constructionism*. London：Routledge.（田中一彦訳『社会的構成主義への招待―言説分析とは何か―』川島書店，1997 年）

Burrell, G.（1998）Linearity, control and Death. In D. Grant, T. Keenoy & C. Oswick（eds.）*Discouse and Organization*. London：Sage.

Clandinin, D. J., & Connelly, F. M. (2000)*Narrative Inquiry : Experience and Story in Qualitative Research.* San Francisco : Jossey-Bass Publishers.

Epston, D., White, M., & Murray, K. (1992)A Proposal for a Re-authoring Therapy : Rose's Revisioning of her Life and a Commentary. In S. McNamee & K. J. Gergen (eds.), *Therapy as Social Construction.* London : Sage.（野口祐二・野村直樹訳『ナラティヴ・セラピー——社会構成主義の実践—』金剛出版，1997 年）

Fairclough, N. (1992)*Discourse and Social Change.* Cambridge : Polity.

Fairclough, N. (1995)*Critical Discourse Analysis : Papers in the Critical Study of Language.* London : Longman.

Greiner, L. E. (1972)Evolution and Revolution as Organization Grows. *Harvard Business Review.* July-August : 37–46.

Gergen, K. J. (1973)Social Psychology as History. *Journal of Personality and Social Psychology.* 26 : 309–320.

Gergen, K. J. (1985)The Social Constructionist Movement in Modern Psychology. *American Psychologist.* 40 : 266–275.

Gergen, K. J., & Gergen, M. M. (1984)The Social Construction of Narrative Accounts. In K. J. Gergen & M. M. Gergen (eds.), *Historical Social Psychology.* Hillsdale, NJ : Lawrence Erlbaum Associate.

Gergen, K. J., & Gergen, M. M. (1986)Narrative Form and the Construction Psychological Science. In T. R. Sarbin (ed.), *Narrative Psychology : The Storied Nature of Human Conduct.* New York : Praeger.

Gergen, K. J., & Kaye, J. (1992) Beyond Narrative in the Negotiation of Therapeutic Meaning. In S. McNamee & K. J. Gergen (eds.), *Therapy as Social Construction.* London : Sage.（野口裕二・野村直樹訳『ナラティヴ・セラピー——社会構成主義の実践—』金剛出版，1997 年）

Grant, D., Keenoy, T., & Oswick, C. (1998) Introduction : Organizational Discourse : Of Diversity, Dichotomy and Multi-disciplinarity. In D. Grant, T. Keenoy and C. Oswick (eds.), *Discouse and Organization.* London : Sage.

Hoffman, L. (1992) A Reflexive Stance for Family Therapy. In S. McNamee and K. J. Gergen (eds.), *Therapy as Social Construction.* London : Sage.（野口裕二・野村直樹訳『ナラティヴ・セラピー——社会構成主義の実践—』金剛出版，1997 年）

March, J. G., & Simon, H. A. (1958) *Organization.* New York : John Wiley & Sons.（土屋守章訳『オーガニゼーションズ』ダイヤモンド社，1977 年）

Mead, G. H. (1934) *Mind, Self and Society.* Chicago : University of Chicago Press.（河村望訳『精神・自我・社会』人間の科学社，1995 年）

McNamee, S., & Gergen, K. J.（1992）Introduction. In S. McNamee and K. J. Gergen（eds.）, *Therapy as Social Construction*. London：Sage.（野口裕二・野村直樹訳『ナラティヴ・セラピー—社会構成主義の実践—』金剛出版，1997 年）

Mintzberg, H.（1989）*Mintzberg on Management：Inside our Strange World of Organization*. New York：Free Press.（北野利信訳『人間感覚のマネジメント—行き過ぎた合理主義への抗議—』ダイヤモンド社，1989 年）

野口祐二（2009）「序章　ナラティブ・アプローチの展開」野口祐二編『ナラティブ・アプローチ』勁草書房，1-25 ページ

Parker, I.（1992）*Discourse Dynamics：Critical Analysis for Social and Individual Psychology*. London：Routledge.

Pondy, L., Frost, P. J., Morgan, G., & Dandridge, T. C.（eds.）（1983）*Organizational Symbolism（Monographs in Organizational Behavior and Industrial Relations）*. Greenwich, CT：JAI Press.

Potter, J., Wetherell, M., Gill, R., & Edwards, D.（1990）Discourse：Noun, Verb or Social Practice?. *Philosophical Psychology*. 3-2：205-217.

坂下昭宣（2002）『組織シンボリズム論—論点と方法—』白桃書房

Sarbin, T. R.（1986）The Narrative as Root Metaphor for Psychology. In T. R. Sarbin（ed.）, *Narrative Psychology：The Storied Nature of Human Conduct*. New York：Praeger.

Saussure, F. D.（1974）*Course in General Linguistics*. London：Fontana.（小林英夫訳『一般言語学講義』岩波書店，1972 年）

Silverman（1970）*The Teory of Organisation*. London：Heinemann.

Simon, H. A.（1957）*Administrative Behavior（2nd. ed.）*. New York：Macmillan.（松田武彦・高柳暁・二村敏子訳『経営行動』ダイヤモンド社，1965 年）

高橋正泰（2002）「組織論とディスコース」『経営論集』（明治大学）49(3・4 合併号)：67-82

高橋正泰（2003）「社会的構成主義と組織論」『経営論集』（明治大学経営学研究所）50(2)：235-249

高橋正泰（2006）『組織シンボリズム—メタファーの組織論—（増補版）』同文舘

Taylor, F. W.（1903）*Shop Management*. New York：Harper & Row.

Taylor, F. W.（1911）*The Principles of Scientific Management*. New York：Harper & Row.

van Dijk, T. A.（ed.）（1997a）*Discourse as Structure and Process*. vols 1 and 2. London：Sage.

van Dijk, T. A.（1997b）The Study of Discourse. In T. A. van Dijk（ed.）*Discourse as Structure and Process.* vol.1. London : Sage.

White, M., & Epston, D. (1990) *Narrative Means to Therapeutic Ends.* New York : W. W. Norton & Company. (小森康永訳『物語としての家族』金剛出版, 1992 年)

第4章　構造主義とポスト構造主義

　「構造」という概念を軸にするメタ理論である構造主義とポスト構造主義について，組織研究に大きな影響を与えたソシュール，レヴィストロース，フーコー，ラカン，ラクラウの諸概念を中心に考察する。ポスト構造主義は「ディスコース（言説）」の視座を共有し，西欧近代の伝統的な思考方法に対する反省を促す。すなわち，合理性を前提とした人間中心主義，本質主義，理性（ロゴス）中心主義，西欧中心主義などを問題化する。実証主義的な真理の追究や理論の一般化を目的するのではなく，組織化における自明の知を疑うこと，言説の「当たり前」を問題化することが，意義ある研究の出発点となる。とくに組織の問題について，知識とパワーの関係やアイデンティティの視点から研究する意義を示す。

　── キーワード：構造，記号，ディスコース（言説），知＝パワー，遂行性

　社会科学を学ぶとき，ひとつの重要な概念は，「構造」という語である。それは経営組織の研究に限らず，多様な研究領域（経営学，社会学，心理学，コミュニケーション学）にわたり横断的に重要であり，人間という社会的存在を研究するときに大きな意味をもつ概念となる。私たちが自分たちの住む社会をより良くしようとするとき，社会の構造的転換は大きなカギとなる。たとえば，男性社員はなぜ育児休暇を取り難いのだろうか。職場における男女不平等の問題は，日本社会の性的分業という社会「構造」的問題と考えることができる。繰り返し発生する企業の不祥事は，個人の問題や一企業の特殊な問題とするのではなく，「構造」的問題ということができる。また会社を改善するとき，どのように構造的な変革を実行できるだろうか。このような研究上の問い（リサーチクエスチョン）を考える際，組織と構造は，切っても切れない関係にある。

　本章の目的[1]は，組織研究を実施するときに，この「構造」という概念を軸にして考えるメタ理論（具体的な分析の理論の基になる理論）として，構造主義やポスト構造主義という方法論上の特徴を明らかにすることである。構造主義は主にフランスの現代思想家たちによって提起された多様な思想的な試みである

が，本章では組織論に関係する視座に焦点を当てる。これは，経営学や社会学において主流となっている実証主義 (positivism) の中心的考え方である因果関係の仮説検証や，理論の一般化，客観主義や予測など科学的方法とは異なる視座を提起するものであり，そのようなオルタナティブをもとに組織や社会を理解することを試みるものである。これらの視座は質的研究アプローチを通じて，複雑な現象を解釈し考察するための諸理論を支える土台となっている。それは規範的な研究が依拠する〈原因−結果〉の因果関係や動機，合理性によって理解するのではなく，組織と社会を構築する言説によって理解することを提案する。とくに組織の問題においても社会的諸問題に目を向け，社会のひずみに着目し，社会的弱者や少数派に寄り添う研究を模索する方法論である。

I. 構造と組織

1. 構造と組織，個人

　人々の行動を考えるとき，基本的に異なる2つの方向性がある。ひとつには，人の行動は基本的に自由であり，それを妨げる事柄があったとしても，自分たちの自由意志によって行動しているという考え方がある (主意主義：voluntarism)。もうひとつの見方は，人の行動は社会のルールや規範によって強く規制されており，自由意志による行動ではなく，むしろ本人の意思の外側にある (目に見えない) 存在によって影響を受けているという考え方がある。後者のような側面は，建築物を支える「構造 (structure)」というたとえをもとに，社会や組織における構造的な力が人々を動かすと考える。それは指示・命令によるのではなく，また法的な力によって動かされるものとも違う。このような構造的要因から組織を説明することが，組織研究においても1980年代には一般的であった (佐藤，山田，2004)。

　人間の自由意志よりも構造的側面の強い影響を重視することを，「構造決定論」という。たとえばマルクス (Marx, K.) の唯物史観という考え方は，歴史の発展は経済関係によって決定されるという「経済下部構造」の考え方によって

説明された。政治的思想や行動，人々の生活も，経済関係が強く影響すると考えられた。また人々の行動や社会的発展は，科学技術によって強く影響され，技術的な優位性がマーケットや社会生活に影響する技術決定論という視点もある。構造の問題は，ICT や多様な先端技術と組織のイノベーションの問題，人的資源管理の制度的な側面など，ビジネスや組織において，幅広い組織開発と変革のテーマにも影響している。

2. 社会構造と組織

　研究を始めるとき，どのような問題を取り上げ，何を研究テーマにするか決めるのは，自分の自由な思考の結果であると思うかもしれない。じつは研究の端緒にこそ，構造が大きな影響を与えている。構造主義とポスト構造主義の視座は，社会的地位や男女の性的役割など，人が無自覚である日常の自明の理に目を向けさせることに意義がある。

　たとえば，男性優位の価値観や男女差別があからさまな職場を研究対象とする。そんな古い昭和の負の遺産を研究する意味について，疑問をもたれるかもしれない。確かに高度成長期から 90 年代の時代と比べれば，公然とした差別や不平等は表面上姿を消しつつある。しかし，今でも組織内外におけるコミュニケーション過程（組織化）の中で，ジェンダーの問題は再生産されている。明らかなセクシャルハラスメント問題は表立つことなく，むしろ巧妙になり，合理的な問題解決や科学的分析ではみえにくくなっている。さまざまな職場で多くの社員が苦しみ，巧妙なパワー関係に虐げられている[2]。現代の社会構造上の問題は，組織化というプロセスにおいて再生産され，それらが自明視されるがゆえに，問題が一層根深くなっている。伝統的な社会科学が土台としてきた合理的な因果関係を示すことを目的とするのではなく，構造的な視点は，問題の事象と意味の理解を重視し，そのために研究者自身のおかれた立場と研究の端緒を反省することを求めるのである。

Ⅱ. 構造主義

　本章の大きな課題である構造主義の理解は，組織研究者にとってもきわめて重要である。それは構造主義が‘理論の基になる理論’としての「メタ理論」であるからだ。つまり，「構造主義」という考え方の枠組みが大きな理論として土台にあり，これを方法論として依拠し，‘構造主義的’という名が付く理論グループが形成された。それらは，組織研究にも大きな影響をもたらした。

　構造主義のようなメタ理論は，ある日突然発生したものではない。歴史的な流れの中で誕生し発展したものである。とくにフランスの政治的な混迷の中，1960年代に活発となった視座である。本章では，フランス「構造主義の四銃士」とよばれる思想家 (小阪, 1984a ; Dosse, 1991)，フェルデナン・ド・ソシュール (Ferdinand de Saussure)，クロード・レヴィ＝ストロース (Claude Lévi-Strauss)，ジャック・ラカン (Jacques-Marie-Émile Lacan)，そしてミッシェル・フーコー (Michel Foucault) の視座を中心に理解したい。

1. ソシュールの構造主義

　組織理論とは直接関係ない言語学から，どのような示唆を得ることができるだろう。それは言葉そのものに限定することなく，「記号論 (semiology)」として発展させたことにある。ソシュールは「構造言語学」において，〈ことば〉と〈もの〉，〈観念〉がどのようにして結びついているかを示した。つまり，言語は記号として考えられ，記号[3]は「意味するもの」であるシニフィアン (英語で signifier) と「意味されたもの」であるシニフィエ (英語で signified) から構成され，前者は記号表現または能記と訳され，後者は記号内容または所記と訳されている。記号表現は音声やイメージなどで表現された何かであり，記号内容は意味された内容や概念であり，これが表裏一体をなす。したがって，言語は記号表現と記号内容によって構成される差異の体系である。「差異の体系」というとき[4]，ソシュールは実体的同一性と関係的同一性を区分し，関係的な同一と差異に操作されて人間は行動している (丸山, 1983) と考える。たとえばト

ランプのカードは，紙やプラスチックなどの素材でできた複数のカードとして実体的に1枚1枚は同じであるが，ゲームが開始されるや否や，喉から手が出るほど欲しいカードから不要なカードまでさまざまに価値が変化する。あるカードはゲームに勝つために有益，また別のそれは無益というように，置かれた文脈において，「＊＊と同じではない」という点で，異なるからこそ(差異が)意味を生み出す。意味を生み出すのは差異であり，言語は差異の体系となる。「差異こそが言説的実践の原動力となっている(清宮，2019：48)」のだ。

　そもそもことばに辞書の意味が付随していて，人は大脳にインストールされた辞書的知識を使って会話するのではない。ことばや記号の意味は，それらの表彰にもとから備わったものではなく，ことばと意味の関係は曖昧で流動的であり，任意にとりとめもなく使われながら意味を求めてさまよう。これが人々のコミュニケーションを動かしている。このように記号論の考え方では，音や文字，映像などあらゆる表彰を，人々が自由な発想によって表現する恣意的な側面を重視した。機械論的な〈外的刺激−反応〉のような図式，また合理的な因果関係の枠組みを超え，気まぐれや偶然性，人の好みや任意な側面が有効であるとする点は，従来のモデルとは異なる特徴である。このように記号には人間の恣意性が表れ，言語は人と人をつなぐ媒介としての補助的役割ではなく，言語はむしろ社会や組織の主役であると考える。

　ソシュールの概念では，記号内容と記号表現の関係について，一時点における他の地域や(言語)文化圏に焦点を当てることを「共時性」と考える。たとえば，会社の合併や部門間の統廃合では，「共時性」の観点から組織間におけるそれぞれの文化や意味の独自性とその比較を考察することができる。これに対し記号表現と記号内容の関係を，時間とともに変化するプロセスに焦点を当てたのが，「通時性」の概念である。人々の日常的な営みにおいて新しいことばが生まれ，意味が作り出され，歴史的な発展が繰り返される。新しい商品や新しいサービスの開発においても同様に，記号論から考えることができる。19世紀の言語学が歴史主義的な影響のもとにあったのに対し，ソシュールは言葉の時間的な進化に焦点を当てる「通時的」な分析ではなく，特定の時代におけ

る，あるシステムの要素の間にある関係を考察する「共時的」な分析を重視した。このように記号論が示した意義は極めて大きく，従来の規範的なアプローチへの代替的視座を切り開いた。

2. レヴィ＝ストロースの構造主義

　構造主義を基礎づけたもうひとつの流れは，レヴィ＝ストロースの「社会人類学」である[5]。レヴィ＝ストロースは，20世紀初頭，アメリカやブラジルにおいて民俗学的な調査を行い，未開社会の部族における婚姻制度の体系について構造分析を行った。そのうえで，女性の交換が親族構造の根本的機能であることを示した。ソシュールの構造言語学をもとに，女性の交換を，メッセージ交換と同じような記号のレベルで研究したのである。

　レヴィ＝ストロースの研究には，「神話 (mythology)」に関するものがあるが，彼は神話のストーリー内容そのものより，神話の中にある関係性に着目する。たとえば，「天の水／地の水」という対立の関係を束にして，物語群の中で比較し，神話間における対立束の関係から帰結を見いだそうとする。具体的な個々の神話のストーリーは構造から派生するバリエーションであり，神話は現在の秩序を過去の出来事を使って説明し，秩序を継続化するものと考える。このような神話の出発点となるのは，ある矛盾をもった関係性があり，神話はこの矛盾を論理的に媒介して秩序化するのである。神話の構造は，ビジネスや組織の領域においても極めて有益な方法であり，産業界の例では，原子力発電をめぐる「安全神話」を思い浮かべることができる。ここでの矛盾とは，原子力というエネルギー源が待つ〈危険性〉と〈効率性〉であり，電力生産者とその関連企業，そして消費者や地域住民の多様な関係性の中で，原子力エネルギーの矛盾を〈安全〉という神話が媒介して包括しながら秩序化したと考えられる。

　レヴィ＝ストロースにとっての「構造」とは，単に相互に関係をもつ要素からなる〈象徴的〉体系というだけではない。構造は〈現実的〉な側面ももっており，特定の関係や実践を生み出し，また再生産したり，変更したりすることができる (Howarth, 2013)。たとえば，組織におけるジェンダー問題に目を向

ければ，男女の役割分担は人材の配置に現れ，役職の昇進など制度的な側面にも現れ，さらに身近なところでは職場の言葉や服装，態度にも現象化する。ジェンダー構造は象徴的な差異体系という側面だけでなく，現実的な差異の側面として理解できる。このように構造主義的分析の特徴は，象徴的また実質的側面において関係論的に構造が理解される点である。

　このようにレヴィ＝ストロースは，「構造主義」がひとつの認識的な態度であることを示し，特定の問題に注目し，これらにどのようにアプローチし，それらを取り扱う際の方法論的立場を示した (小阪, 1984a)。とくにその特徴は，「言語それ自体の存在が，複数の主体を前提し，語り方の差異を浮きだたせ，〈真理〉とか〈中心〉といった発想を解体する」(小阪，1984a : 33) 視座であった。それは，伝統的主流派の方法である要素還元主義を批判するものである。一般的に〈分析〉するというとき，おそらく多くの人は細かい要因に分けていき，その中心に問題の核心があると想定している。構造主義はこのような要素還元主義を批判し，現象の構造的理解を推し進める。それは，要素がさまざまに変化しても，そこから一般的な規則を発見する方法といえる。それは，組織研究の方法論にも広げることができる。構造主義的アプローチは，おもに「事例」分析が中心となり，特定のフィールドにおいて民俗学的観察や記録をもとに，構造的理解を試みる。とくにこのアプローチは，文化や社会に関する現象の理解の方法として，言語的なデータ取集と分析のアプローチを重視した。

Ⅲ. 構造主義とポスト構造主義

1. 構造主義からポスト構造主義へ

　現代思想の議論において，構造主義は研究が進むにつれ，「ポスト構造主義」と呼ばれる視座に踏み入ることになる。ポスト構造主義への移行は，構造主義に内在した議論の必然的な発展と考えられ[6]，構造主義を乗り超える意味で〈ポスト〉構造主義が現れた。つまりここで使われる〈ポスト〉という語は，けっして構造主義を否定する意味ではなく，構造主義の言説的実践による発展

延長という意味である (Mease, 2017)。その意味でも構造主義とポスト構造主義の明確な境界はなく，また，ポスト構造主義の中心的視座というものがない緩やかな連動である。

　この移行には，どのような乗り超えがあったのだろうか。そのひとつは，レヴィ＝ストロースが志向した無自覚な科学主義への反省にあった。構造主義の誕生が，歴史主義への批判から生まれ，構造の科学的側面を強めたことで起きた必然ともいえる。構造という方法は社会現象の雑多な部分をそぎ落とし，骨組み状態にしすぎたという批判とも重なる。さらにそれは，構造決定論的な問題にも関わる。これらは，大きな批判のひとつである〈主体〉の問題として表れた[7]。構造主義は主体の側面を極小化し，構造の数学的な視点を強調したが，のちにフーコーの「主体性」の概念や「アイデンティティ」の議論として現れわれるように，構造概念のひとつの弱点が示された意義は大きい。そして最も大きな批判は，構造主義のもつ静態的な側面の限界であり，これは共時態を分析枠組みを中心に据えたことによるものである。短期や長期のダイナミックな変化を説明するのが困難であり，このような構造主義のマイナス面を乗り越える議論が活発化して，今日ポスト構造主義と呼ばれるパラダイムに発展した。

　この移行における大事な点は，「構造」が言語や社会活動の中に反映しているという構造主義の考え方，つまり構造は超越的なものではないという反省である (Mease, 2017)。言語や社会活動を通じて「構造」が構成されるというポスト構造主義の立場は，構造の内在性を重視する「ディスコース」に着目した。それはポスト構造主義の多くの研究者に共通する「言語論的転回」であり，「語り」を問題化したことである。構造や差異の概念，記号学的な概念の中核である‘語りの恣意性’は，構造主義の決定論的傾向に対する言語がもつ非決定論的な散漫さが重要であることを再確認させた。先行する語りが次の語りを生み出すような語りの連鎖，すなわち語りの弁証法的な側面や言語の流動的側面が，ポスト構造主義において重視されることになる (丸山, 1983)。加えて，構造と主体の二項対立的な関係を抱えていた構造主義の課題は，ディスコースをパラ

ダイムの中核にすることで，主体性と構造との分断を解消する議論に発展した。その顕著な例は，多くのポスト構造主義的組織研究がアイデンティティをテーマにしたことにあり，ディスコース的視座から主体性を考え，同時にそこに社会的構造の意味を分析した。

　ポスト構造主義の組織研究における最大の方法論的転換点は，問題が組織や経営の専門的知識やスキル，特定の経営モデルや経営手法にあるのではないという示唆であり，それに代わって，日常の言説に着目することである。ディスコースにとって，専門家の知識や素人の知識という区分はなく，あらゆる日常的な語りが振り返りの対象となり，それは「方法論的問題化」というアプローチに結びつく（第8章参照）。こうして支配的な実証主義とは異なる方法，つまり仮説を設定し，それを検証するためのデータ収集と実証的分析を行うような，「組織論の標準的プラットフォームへの挑戦」(Gabriel, 2004, 日本語訳 p.115) が重視された。

2. ポスト構造主義とディスコース

　ポスト構造主義が共有するのは，ディスコース (discourse: 言説) の視座である。一般的にディスコースとは「社会的な対象を現実に至らす記述のまとまり」であり，「相互に関係するテクストのまとまり」とみなされている (Parker, 1992)。とくにフーコーがフランス語でディスクールと呼ぶものは，言語や社会的実践によって形成された〈知の体系〉，つまり言葉や語りというテクストがもつ関係性や思考方法としての側面が強調される。この視座によって幅広いテクストが分析の対象となり，多様なディスコース分析が可能となる。たとえば，職場や家庭などでの日常の会話，スピーチ，インタビューや議論など，発話されたテクストがあげられる。これに加え，書かれたテクストである新聞や雑誌，本やチラシ，記録文書，ホームページやSNS上のメッセージ，またテレビ番組や動画など，幅広いメディアのテクストがディスコースと考えられる。

　さらに分析する方法も多様である。エスノメソドロジーが注目するように，日常発生する会話や裁判所などの制度化された組織において「会話分析」する

方法がある。オースチン (John L. Austin) やサール (John R. Searle) から始まる「言語行為論」も，ミクロな場面を一般的には研究対象とする。とくに人々の〈語り〉や〈対話〉が作り出す社会的現実のプロセスに着目する「社会構成主義」のアプローチは，「ナラティヴ」や「ストーリーテリング」として理論化され，大きな研究領域として発展している。これらのアプローチと共通するところも多いが，ポスト構造主義の視座は，社会言語学を学際的に応用した「批判的ディスコース分析」において顕著となった (Fairclough, 1995)。とくに組織研究への応用に際しては，理論的支柱をフーコーのディスコースとアルチュセール (Louis Pierre Althusser) [8] のイデオロギー概念に求めた (Cooren 2015)。社会言語学的手法に加え，民俗学的観察とインタビューから事例を描き，そこにおける知の体系としてのディスコースを分析することが多い (清宮, 2019)。

　多様で幅広いテクストを考察するディスコースの方法は，共通する側面も多いが，Alvesson & Kärreman (2000) は特徴的な違いを重視し，インタビューや自然な会話をテクストとしたミクロなアプローチ (スモール d または小さなディスコース) と歴史的な記録をテクストとするマクロなアプローチ (ビッグ D または大きなディスコース) との間にある方法論的な違いを指摘している。つまりミクロなアプローチは関係性における語りそのものを重視し，それらがもつ社会構造や文化や歴史的コンテクストの批判的考察が少なく，これに対してマクロなアプローチは大きなディスコースに焦点を当てて，社会的なコンテクストの分析に重点を置いている。確かにアプローチとして違いは明らかであるが，それぞれに長所と短所があり，ポスト構造主義は社会構造や社会的秩序，そしてパワー関係をどのように考察できるかという点により大きな関心をもつ[9]。

Ⅳ. ポスト構造主義

　ここでは，ヨーロッパの組織研究で積極的に応用されているいくつかのポスト構造主義の視座を紹介する。最も大きな影響をもつのは，「フーコー派」組織研究であり，また少数派であるが「ラカン派」組織研究が影響を及ぼしてい

る。さらにフランスのポスト構造主義だけでなく，近年はエルネスト・ラクラウ（Ernesto Laclau）のディスコース理論をもとにした「ラクラウ派」組織研究も盛んである。

1. フーコー派のポスト構造主義組織論

ポスト構造主義の中で，ミッシェル・フーコーの影響力は，すでに 1960 年代には顕著であった。その視座が組織研究に有益であることは 80 年代後半に指摘され（Clegg, 1987；Burrell, 1988），その後ヨーロッパ組織研究の中心的視座のひとつになった[10]。組織研究にとってフーコーの重大な貢献は，従来と異なる「パワー」の考え方であり，これがディスコースの視座と密接に関係している点である（McKinlay & Starkey, 1998）。社会を構造的かつ批判的に考察するヨーロッパ思想の伝統の中で，「権力」は主要な問題となってきたが，フーコーの権力論は「規律型権力」と呼ばれ，これまでとは異なる視座を示した。伝統的な権力概念は，人が所有したり，奪うことのできる力，つまり支配—被支配という関係で示される権力であり，力をもっているものがもたないものを抑圧したり，強い影響力を行使したりできる。その結果，権力をもつグループがその恩恵を享受し，その社会構造を維持するためにも，迫害や差別に発展する。このような歴史は今でも世界中で発生し，抑圧的であからさまな権力の問題は起きているが[11]，フーコーが提起する「パワー」は，人々が日頃あまり意識することのない巧妙な権力である。それは人々が自分自身を管理し，従順でよい子を作っていくパワーであり，自らを躾ける言説的装置に着目する。このパワーは抑圧を必要することなく人々を管理し，伝統的権力とは大きく異なる。

『監獄の誕生』においてフーコーは，架空の監獄方法であるパノプティコンという一望監視施設によって，監視が見ていなくても，囚人が自らを律して従順な主体にしていく装置にパワーを見いだした（Foucault, 1977）。従来は監視役（監督者，上司など）の存在を明確にすることによって権力を示したが，現代社会では監視する者が不在であるからこそ（あえて監督者を見えなくすることで），被監視者によって気付かれることなく権力が行使される（藤巻ほか, 2006；池田, 2015）。

Fairclough（1989）は，伝統的権力と規律型権力を，抑圧 vs 同意（coercion - consent）という対比で説明する。規律型権力はチームや組織において強く表れ，意思決定に積極的に関与することによって，またトップダウン型ではなくボトムアップ型の組織において，規律や躾が巧妙に仕組まれていく。

　このポスト構造主義的なパワーは，ディスコースと大きく結びついている。フーコーにとってのディスコースは，前述したように〈大きなディスコース〉であり，語り語られたことばによる知の体系といえる。フーコーはそれを系譜学という通時的な方法で，古い記録文書を中心に特定のディスコースを探求し，その知の変遷を示した。狂気や監獄，セクシャリティなど，自明としていたトピックに関わる言語と意味がどのように生成され，社会的に影響したかが詳細に記述された。たとえば精神疾患といわれる〈病〉は，じつは歴史的な産物であることを示すことで，病が普遍的または客観的な真理でないことを示唆した。「狂気」が社会から排除されたのは，労働ができない（させてもらえない），平均的な家族関係をつくれないなど，近代の基準または常識に合わないことからであり，きわめて社会的に作り上げられたものであった。「監獄」の研究では，中世における監獄は公開処刑などの前に罪人を留置する場であった。しかし現代の「刑務所」は，罪人を罰するという意味以上に，罪を犯した人間を更生させる施設になっている。更生とは，人が法や権力に従順であり，躾けられることであり，監獄は規律型権力を創出する装置となっている。見えざる管理を通じて巧妙なパワーは，抵抗をより少なくすることを可能にした。それどころか，ときには管理されることに居心地の良ささえ感じさせるのである。大事なことは何かを考える感覚を麻痺させ，変革やチャレンジを恐れ，組織のルールや慣習に従うことに安堵を感じさせることがパワーである。これは学校という制度的教育，職場のコミュニケーションなど，組織にとって大きな問題である。

　このようにポスト構造主義的なパワーの特徴は，〈知＝パワー〉という考え方である。たとえばフーコーは，「狂気」についてディスコースを詳細に分析した。17-8世紀の古典主義の時代には，狂人は病院に閉じ込められ，理性とは異なる非理性として区別された。〈理性〉は，〈狂気〉すなわち〈非理性〉と

いう対立項をもつことによって，はじめて理性となることを示した。知は理性
から構成されるのではなく，狂気こそひとつの知の形態なのである（小阪, 1984b）。知は社会的に発展し，その言説的実践を通して価値観を支配し，ある
時はまるで洗脳するかのように行動を規律化する。このように知は，パワーと
密接に関係している。たとえば，日本の品質管理などで実践された〈改善〉ディスコースは，多くの生産現場やサービス業で重視され，海外でも注目される
価値観となった。〈イノベーション〉のディスコースは，他の言説を駆逐する
強力なことばとして，ビジネスを支配する価値観となっている。ラグビーワールドカップで認知された〈One Team〉，東京オリンピック招致の際に大きく
取り上げられた〈おもてなし〉などは，流行語となってビジネスにもちこまれ
た。東日本大震災の復興では，〈絆〉と〈感謝〉のディスコースこそがレジリ
アンスを推進していることが理解できた（清宮，2015, 2019）。ディスコースは否
定的なパワーばかりでなく，肯定的なパワーもある。つまりポスト構造主義的
なパワーには，肯定的や否定的という意味がもとから備わっておらず，その意
味はどのように使われるかに依存する。ディスコースがパワーと表裏一体とな
ることで，支配の巧妙な仕組みになると同時に，人々のやる気，抵抗，組織の
開発や発展にもつながる。

　フーコーのディスコース概念は，言葉に伴う**遂行性**（performativity）が重要で
ある。もともとはオースチンやサールの言語行為論の基本概念であり，ポスト
構造主義に独特の概念ではない。しかし，遂行性という考え方は，社会構成主
義を含めて，ディスコースを重視する視座にとっては極めて重要な概念である。
ミクロな言語行為（たとえば，「ありがとうございます」ということで，〈感謝〉という行為
を遂行する）だけでなく，フーコーの大きなディスコース概念においても重要で
あり，考え方や行動の変容を伴う。知と行為の遂行は密接なのである。『真理と
ディスクール』では，パレーシアという概念により，勇気をもって真理を語る
というレトリック概念を用いて，倫理面での遂行性を展開する（フーコー，2002）。
またこの概念は，組織における生産性につながる遂行性だけではなく，社会変
革や社会問題の解決に向けての批判的遂行性としても発展する（第8章参照）。

フーコー派組織研究は，アイデンティティとアイデンティティ・ワークを中心的な概念として使っている。フーコーは主体性 (subjectivity) ということばを使い，アイデンティティがディスコースを通して形成され変化し，常に不安定で動態的なものとした。経営学で主流となっている「社会アイデンティティ理論」のように，社会心理学的特性を前提とする方法とは異なる理論をフーコーは示した。それは「男らしさ / 女らしさ」のような男性・女性の本質的特性を前提とするアプローチを否定するものであり，「女性は妊娠したら会社を辞めるべき」などの言語化によって，ジェンダー・アイデンティティが社会的に構築されるものである。アイデンティティ・ワークの概念はとくに組織研究で重視され，アイデンティティを構築したり，強化や変更，更新したりするような言説的な実践といえる (Gabriel,. 2008)。たとえば，〈日本人〉というアイデンティティは，「日本のおもてなし」というような日常の言説によって形成される。つまり「おもてなし」するのが日本人として当然という「おもてなし」言説のアイデンティティ・ワークを通して，日本人というアイデンティティの更新や強化が行われる。これは同時にアイデンティティ形成とパワーの関係を示しており，言説的実践を通してアイデンティティはパワーと表裏一体化しながら構成されるのである。このようにフーコーのディスコース概念は，近代的な権力概念や合理性を中心としたロゴス中心主義を批判し，ポスト構造主義の中心的視座である非本質主義と脱合理性を発展させている[12]。

2. ラカン派のポスト構造主義組織論

組織研究におけるラカン派の発展は，カルチュラルスタディーズの領域などで著名なスロベニアの現代思想家で，ラカンの娘婿であるスラヴォイ・ジジェック (Slavoj Žižek) の組織理論への影響が大きく，ヨーロッパの組織研究ではひとつの流れを形成している[13]。ラカンはフロイトに忠実であることを主張し，精神分析におけるポスト構造主義を発展させた。諸個人のアイデンティティの問題，とくに欲望や快楽という精神的な側面と組織問題を関連付けて研究する。

ラカンのポイントは，ディスコースと〈無意識〉の関係にある。フロイトの

精神分析は，患者の語ったことばの分析であったことに着目する。ラカンは無意識を〈実体〉として考えず，患者の語ることばを，象徴的レベルにおける〈レトリック〉としてとらえる。象徴的レベルとはラカンの重要な概念枠組みであり，人間存在の現実は，互いに絡み合った3つの次元〈象徴界・想像界・現実界〉から構成される。Žižek（2006）は，チェスを例にして，チェスのルールを‘象徴的次元’とし，それぞれの駒はどのような動きをするかによって存在が規定される。ナイトやクイーンはその名前の形をしていて，ふさわしい性格付けがされて，‘想像次元’として規定される。また‘現実界’はゲームの進行を左右するような一連の偶然的で複雑な状況の全体である。この3つの次元において重要なのは，言語を中心とした象徴界の役割である。人は事件や事柄の真相を実際に語りつくすことはできないが，その反面，言語でしか現実を語れないというジレンマがある。したがって，精神の分析は〈ことば〉の分析であり，無意識というものは実体として存在せず，無意識とは主体を構成する役割上作られた概念であり，〈私〉とは言語的な構造から構成されていると考える。

　ラカンはソシュールの言語学から分析の枠組みを導入し，〈意味するもの（記号表現：シニフィアン）〉と〈意味されるもの（記号内容：シニフィエ）〉との関係を，前者の優位を前提し‘S’と表記し，後者を‘s’と表記して分析した。意味するもの（S）と意味されるもの（s）は，必ずしも一対一の対応関係をもつことはなく，意味するものの連鎖が短縮や省略，他の意味する語を置き換えるような，ディスコースのレトリックな側面を重視した。無意識という象徴レベルでのレトリック分析は，換喩と隠喩というメタファーの理論である（小阪，1984b）。換喩とはある対象をその部分によって代表させる方法であり，隠喩とはある語を別な語によって置き換えるレトリックである。「ブラック」という語は後者の例で，ブラック企業やブラック校則などのように使われ，企業の劣悪な労働環境や学校の理不尽なルールを示唆する。

　ラカンは「無意識は他者のディスコース」であると提起し，「無意識」は個人の頭の中にあるものを言語化するのではなく，他者の言説から構造化された

言語の場と考えた。この〈他者のディスコース〉の視座が重視するのは，単に目の前にいる私的な他者ではなく，ラカンが「大文字の他者 (the Other)」と呼ぶ，特定性のない第三者としての他者，あるいは共有する第三者である。これは日本語における'世間'とか'空気'などと呼ばれるものに極めて近い。日本人は，「世間体」を気にして行動するなど，気配りや忖度という言説が示唆するような行動が期待される。私たちが人間関係を考慮して行動するとき，大文字の他者は常に私たちの関係性の中にある。したがって組織のコミュニケーションでは，大文字の他者が必ず介在しているのであり，人は大文字の他者を通して遂行する。この点は，東日本大震災の被災地の復興のプロセスを理解するのに有効である。被災者が喪失の状態から立ち上がろうとするとき，行為の源になっているのは，他者の言説であり大文字の他者である。被災地の人々がいう'日本中が応援している，'または被災地を'見守ってくれる人がいる，'「だから頑張る」という語りに象徴される。自分だけのためなら我慢し，あきらめてしまいがちなところ，ボランティアの善意や人々の励ましなど，誰かが復興をみてくれているからこそ，頑張ろうという気持ちになるのである。それは常に「ありがとう」という〈感謝〉のディスコースと対になって，大文字の他者が被災地の人々を動かしている。この大文字の他者は社会的に構築されているのであり，'復興をいつまでも見守っている，'という言説が，復興を支えると同時に震災の風化を抑止することにもつながる。また復興のプロセスにおける被災者のアイデンティティの形成や変化に着目することができる。

ジジェクは，次のようにいう。「われわれはいったん言語を受け入れると，言語はわれわれを植民地化する」(Žižek, 2006：日本語訳：31) [14]。つまり大文字の他者は，象徴的次元において言説的に機能し，人間関係や社会的諸関係を規定し，別の世界から人を見降ろしている神のような力をもつ。つまり関係性の中で大文字の他者は物象化し，神格化され，時には洗脳したかのように人々の行動を突き動かす。精神分析的な背景からラカン派は，〈欲望〉とか〈楽しみ〉という概念に目を向け，商品の**物神性**やフェティシズム [15] と結びつく。たとえば，「人はなぜナイキを買うのだろうか」という研究がある (Böhm & Batta,

2010)。シューズやスポーツギアの有用性 (使用価値) という意味ではなく，ある種の神格化されたブランドイメージが，人々に大きな意味をもたらしている。そのため，何も意味をもたないと思っていた表彰が，どのように意味をもち神格化し，倒錯的な力をもつかを研究することが可能となる。鎌倉周辺には，あるアニメの舞台となって以来，人だかりができるほどの踏切がある。大勢の人がそこで写真を撮るのだが，その何の変哲もない踏切が，アニメの聖地訪問という行動により観光の名所になってしまうことがあるのだ。このような倒錯的な消費行動や組織行動は，20世紀までは経済活動の表に出てこなかった「オタク」文化が，21世にになって大きな意味をもたらしてきたことを理解するのにも有益である。他にも企業家精神の領域 (Dashtipour & Rumens, 2018) や組織変革の領域 (Driver, 2009) など，ラカンのポスト構造主義的パラダイムとその諸概念は，組織研究に大きな貢献をもたらす可能性をもっている。

3. ラクラウ派のポスト構造主義組織論

　ポスト構造主義の展開は，フランスという文化圏を超えて世界的な展開をみせた。エルネスト・ラクラウ (Ernesto Laclau) のディスコース理論はそのひとつであり，多くがこれに着目し，組織研究へ応用された[16]。ラクラウの組織研究の発展には，3つの背景が考えられる (清宮, 2019)。第一は，フーコー派組織論への批判と同時に補完する意味であり，特に言説的接合 (アーティキュレーション：articulation) の概念によるディスコースの越境効果である。第二は，ラクラウのディスコース理論が，ソシュールの記号論の流れをもち，ジジェックとラカンの影響をうけながら，ラクラウのアイデンティティ理論へと発展する視座である。第三の背景には，極端な相対主義に陥りがちなポストモダニズムに対する批判的実在論 (critical realism) との議論，とくに後者が重視する「物質性 (マテリアリティ)」についての活発な議論に対して，ラクラウ派のポスト構造主義からの示唆的貢献が考えられる。

　個別の概念を考える前に，ラクラウのポスト構造主義の中心にある「言説性」という概念を考える。言説性 (the discursive；the field of discursivity) とは，「散漫

な」,「とりとめのない」という discursive の日本語訳によって,その一端を理解することができる。Torfing (1999) によると,私たちの言語活動は基本的にとりとめのない散漫な会話の連続のように,まるで秩序なく発話が生成されているようにみえるが,言説性[17]とは,言語活動のプロセスの中で,意味の安定を求めてディスコースの意味の修正が行われるような過程,意味のずれを最小にしようとするディスコースの特性である。会話や言説の‘とりとめのなさ’は,まるで沸騰するお湯から泡が出てくるようにランダムであるが,この泡がどのような連続性をもっているかは,言説性という意味の差異を模索していく遂行性に依拠する。したがってラクラウの視座では,ディスコースはきわめてダイナミックな側面をもち,「浮遊するシニフィアン」を介して生成と変形を遂げながら,幅広い領域に越境し拡散するのである。会話にしろ SNS のメッセージやチャットにしろ,また知識や情報の歴史的な変遷を含め,ダイナミックな知の展開を考察の対象とするものだ。言説性における意味の部分修正と散漫な連鎖の言説的なプロセスこそが,遂行性をもたらし,言語行為の中心的な推進動力となる。

　ラクラウ派の特徴のひとつは,「言説的接合」の概念にある。ディスコースがダイナミックに生成発展するとき,2 つの視点が考えられる。ひとつは歴史的な発展であり,ディスコースの系譜学的な展開をフーコーが示した。フーコーは,「狂気」「監獄」「性」などの知の変遷について,古い記録文書をもとにした系譜学的ディスコース分析を行い,特定のディスコースがパワーとなる姿を通時的に示した。もうひとつは共時的レベルで,ディスコースが他領域に越境する効果を示したのが,ラクラウ派の言説的接合理論といえる。たとえば〈グローバル化〉の言説は,経済領域において使われるだけでなく,教育や文化,芸術のグローバル化など,隣接する領域に越境する形で発展・拡大した。すなわち言説的な接合が多領域において展開され,人々の価値観を支配しながら行動に影響を与える。近年よく聞く〈見える化〉という言説も多方面に越境した。生産活動において示された見える化の考え方は,経営全般の重要な言説となり,さらに異なる領域である医療現場において「医療過誤の見える化」などの語り

となって越境した。また〈可視化〉ということばに変形しながら，政治の領域へも発展し，〈見える化〉言説は支配的価値観となって，社会的に影響するパワーをもった。そもそも‘アーティキュレート（articulate）’とは，声に出して明確にいうという一般的な意味があるが，同時に関節でつなぐという意味もあるように，日常のコミュニケーションは言説的な接合を伴いながら，ディスコースのパワーを異なる領域に越境させながら支配と管理を生成拡大している。

　ラクラウ派の多くの研究は，アイデンティティとヘゲモニーに向けられる[18]。日本語でヘゲモニーは‘覇権’と訳されることが多いが，ポスト構造主義においてヘゲモニー概念は，社会において特定の意味や考えが確立されていくための格闘（Mumby, 2013）と考えられる。ラクラウ派のヘゲモニー概念は，ジェンダーや民族性など関係性が交錯する「接合点において意味が部分的に固定化されるディスコースの拡張過程を通じて倫理観や知識，政治的な統率を達成すること」（Torfing, 1999：302）と定義付けられる。したがってヘゲモニーとは，浮遊するシニフィアンが言説性を探る過程で起きる主導権争いのようなもので，ディスコースの意味の生成・獲得のプロセスとして考察される（Dey, et al., 2016）。ヘゲモニーは，組織のメンバーが積極的に特定の意味や価値を支持することであり，それが当たり前となることである。そしてその組織のコンテクストにおいて，組織の中で何が正しいことなのか，何が大事かという価値や意味を確定していくことである。組織のパワーや政治的側面はヘゲモニー概念を軸に考察でき，アイデンティティの形成や変化，葛藤において大きな役割を果たす。アイデンティティは決して個人的な所産ではなく，ヘゲモニーの中で常に変化し，関係性が交錯する中で特定のアイデンティティが強くなり，それ以外を周辺化していく。この過程は，マーケティングやPR上のメッセージを含めた組織とそのメンバーの日々の言語化であり，言説的活動を通じて形成される。このように，ヘゲモニーは外的な構造ではなく，言説的な構成としてとらえられる。

　さらに近年の「**物質性**（マテリアリティ）」の議論について，ポスト構造主義からの重要な示唆が与えられる。批判的実在論の研究者はポストモダニズムにおける相対的主義的主張や，「すべてはディスコースである」という主張に対し

て，物質性をもとにした現実の社会的構成という視点を強調している。つまり物質性の議論は，ディスコースと非ディスコースという区分を出発点とし，非言説的なものとは社会構造のような存在であったり，事件や事故というような出来事や現実であったりする。ラクラウの理論において，意味の生成と発展は物質性をもとにするのでなく，ディスコースそのものの中にある言説性という特性から考えるべきで，言説的な抽象性と物質性の両側面を包含すると主張する（Grant et al., 2011）。言説のもつ遂行性やテクストの概念から，この論争の出発点である言説的と非言説的（discursive vs non-discursive）という区分そのものが無効であると指摘し，ディスコースはあらゆる社会物質性（socio-materiality）の秩序化を成し遂げる（Laclau, 2005）と考える。

V. ポスト構造主義の可能性と貢献

　ポスト構造主義は，歴史的また地理的なコンテクストの中で起きている知識活動といえ，本章で示した視座などを中心に構成された緩やかな枠組みである。ポスト構造主義は，したがって，研究や議論が重ねられて生み出されているパラダイムであり，これらは言説的実践そのものである。それは定義によって規定されるような思想的立場ではなく，ポスト構造主義にとって研究はディスコースであり[19]，構造主義についての議論という言説的で弁証法的実践を通して生まれた。それはディスコースの特性の通り，語りが語りを生むように常に変化を伴っている。

　本章で素描したように，ポスト構造主義は，人々が歴史的に獲得してきた近代という知に対して，今一度，その諸前提を振り返ることを促すものである。つまり客観的に，合理的に，普遍的に世界をとらえることが可能であるという前提について見直そうという試みであり（竹田, 1984），近代の当たり前を疑い，常識に対して懐疑的になることである。人間を常にヨーロッパ的な〈社会〉や〈歴史〉とのかかわりにおいて見いだそうとする西欧近代の伝統的な思考方法に対する反省であり，近代の合理性を前提とした人間中心主義，西欧中心主義，

本質主義，理性（ロゴス）中心主義に対して，問題化することこそがポスト構造主義のパラダイムである。このような近代への反省のアプローチは，「ポストモダニズム」と多くの部分で重なるところがあり，本書のポストモダニズムの章を参照してもらいたい。

　ポスト構造主義に対するひとつの批判は，ポストモダン的視座が強くなり，相対主義に大きく傾斜するとき，結局のところ‘真実’はまったくなく，あらゆることについて何が正しいか判断ができないという批判的実在論からの指摘である。また資本主義などの経済的，社会的，政治的構造は，ディスコースによって作り上げられた仮想現実のようなものではなく，確かに存在するものであるという主張が，批判的実在論を重視するディスコース研究者の間で強くなっている。この批判的実在論とポスト構造主義の視座は，組織研究の方法論的な問題として議論の余地が大きい。Willmott（2005）はいくつかの論点示すが，そのひとつは，「研究」はあくまでもディスコースのひとつの形式であるというポスト構造主義の知見に対し，批判的実在論はあくまでも研究は理論的な一般化を前提としていると指摘する。前者はその意味で中立性よりも恣意性を自覚しながら反省的に研究し，組織における多様な権力や社会的なひずみへの批判と解放を目指す。後者は，研究の科学性や中立性を前提としている点で，研究者の無自覚な特権的意識が背後にあると批判する（Willmott, 2005）。方法論的に大事な問いは，「良い研究とは何か」，組織や社会をよくすることを目指すのか（ポスト構造主義），普遍的法則や真実を見つけ出すことか（批判的実在論），研究者が自らを反省的に考えねばならない。

　ポスト構造主義の可能性を考えよう。この視座を方法論の中心に据えた研究は，ヨーロッパでは活発だが，日本ではまだその意義が認められていない。日本においては実証主義的ロジックが中心であり，その方法論的要件をポスト構造主義に求めるのは適切でない。つまりポスト構造主義を，客観的真理追及のための方法として，またそれを支える普遍的パラダイムとして認めるかを議論するべきではない。むしろ社会や組織を良くしていくため，あるいは巧妙なパワーに抵抗するために，ポスト構造主義がどのように役立つかという観点で議

論されるべきである。研究もディスコースという視点から，使われて変化する
パラダイムであり，研究者の問題意識や目的意識，つまり方法論的価値論を重
視する。その点で，研究者の立ち位置を含めた「組織化の社会性」を考察する
にはとても意義のある視座となる。

　ヨーロッパでは，とくにクリティカル・マネジメント研究と結びつくことが
多く（第8章参照），テーマとしてはパワーの問題に焦点が向けられる。パワーは，
組織を動かす力としてのパワーもあれば，人々を巧妙に管理するパワー，そし
てパワーと対をなす抵抗という領域に応用できる。とくに新自由主義（ネオリベ
ラリズム）とグローバル化の問題は，組織と関連付けて研究すべきであろう。大
学や教育・研究機関という組織がネオリベラリズム的ディスコースに大きく影
響され，病院を含めた公共性の強い組織のネオリベラリズム化は検討する意義
が大きい。これに加えてパワーの問題は，アイデンティティとジェンダーの
テーマに関連する。アイデンティティはポスト構造主義的組織研究の大きな流
れとなっているが，どのようなコンテクストでアイデンティティを取り上げる
か，また複数のアイデンティティがどのように絡み交錯するか（インターセクショ
ナリティの視点）が大事となる。人種や民族性，または職業上の専門性（プロフェ
ッショナリズム），起業家，これらが組織化の過程で複雑に絡んでくるため，ア
イデンティティについてダイナミックな側面が研究されなくてはならない。さ
らに近年は，組織研究の中においても，「持続可能な開発目標（SDGs）」として
重視されているテーマ，エコロジーや企業の社会的責任，社会貢献などが取り
上げられる。貧困や格差の問題なども研究対象となり，これらが遠い世界の問
題ではなく，どのように自分たち組織の課題としてとらえるか，またSDGsの
個々のテーマを相互に関連付けていけるような研究が必要であろう。他にも多
様な研究の可能性があるが，大事な点は，組織化における自明の知を疑うこと
である。つまり日常のあたりまえを問題化することが，意義ある研究の出発点
となる。良い研究とは何か，誰のための研究か，研究の姿勢を振り返ることが
大切である[20]。

注

1) この章では，どの思想家が構造主義であるとか，ポスト構造主義であるとかいうラベル貼りを目的としない。たとえば，前期のフーコーは構造主義であるが，その後期はポスト構造主義であるというような分類は，現代思想を理解するためのマッピングとしては意義があるかもしれないが，その詳細な議論は本書の目的ではない。

2) このような問題は，多様な広がりをみせている。たとえば，大手広告代理店において新入社員の女性が過労自殺した事件は，〈過労〉という言説によってその現実が意味づけられた。しかしこれらは職場のジェンダー問題としても考察できたかもしれない。国会で議論された森友問題では，近畿財務局の職員が自殺に追い込まれた。これは職員の鬱という個人の精神的な問題ではなく，〈忖度〉という言説によって特徴づけられたパワーの問題として考えることが可能であり，組織のパワーに対する抵抗という意味が理解できる。

3) 記号は，フランス語ではシーニュ signe，英語ではサイン sign であり，「意味するもの」であるシニフィアン（signifiant；英語の signifier）と「意味されたもの」であるシニフィエ（signifié；英語の signified）から構成される。

4) 差異を説明するとき，ソシュールは「構造」という言葉を使うことはほとんどなく，「体系」という言葉が主に使われた（Dosse, 1991）。

5) 最も狭い意味での「構造主義」は，レヴィ＝ストロースの構造人類学を中心とした仕事を示唆するともいわれる（小阪 a, 1984a）。

6)「構造主義があるまとまったかたちで批判され，次の時代がやってきたというよりも，構造主義が明けたパンドラの箱から広がった展開が，単なる科学的な認識論にとどまらず乱反射的に展開され，構造主義批判が繰り返されているということである。」（小阪，1984a：34）

7) この批判をポスト構造主義とは異なる形で展開するのは，構造の二重性を理論の軸とするギデンズの「構造化理論」であり，類似した方向性としては「新制度学派」の社会学である。

8) ルイ・アルチュセールは本章で大きく取り上げていないが，構造主義の思想家の代表である。マルクスの思想を構造主義的に発展させた。

9) 言語学のような言葉そのものの理解を目的とする「談話分析」と呼ぶアプローチとは異なる。

10) Raffnsøe et al. (2019) は組織研究におけるフーコーの影響を「フーコー効果」と呼び，*Organization Studies* に掲載された諸論文を歴史的に概観し総括した。

11) たとえば，現代社会を象徴する事件は，2011 年 9 月にニューヨークの「ウォール街を占拠せよ」の運動であった。抑圧は経済格差の拡大として現われ，もたざ

る者の "We are the 99%" が，1％の金融資本をもつ者に対して抵抗の意思を示したのであった。

12) フーコーの方法は，クリティカル・マネジメント研究に顕著であり，第8章には「統治性」などの概念が紹介されている。

13) ヨーロッパの組織研究の中心的学術誌，*Organization* では，ラカン派組織論の特集号が発表された (Contu et al., 2010)。

14) ジジェクは，これに続けて次のようにいう。「受け取ってもらうために〈内容は無害〉と書かれているその贈り物の中から出現するのは，象徴的秩序である。贈り物が差し出されたとき，重要なのは中身ではなく，贈り物を受け取る瞬間に，贈った者と贈られた者との間に樹立される関係である。」(Žižek, 2006；日本語訳：31)

15) 物神性はマルクスが貨幣形態の形成とその物象化的特質から導き出した概念である。社会的諸関係をまるで〈物〉であるかのように理解し，それによって支配される。これを貨幣によるフェティシズムとしてとらえる。倒錯的な性癖という心理的傾向というよりは，誰もがもつファンタジーの形式と考えられる。

16) ラクラウはアルゼンチン出身で，亡命の後，エセックス大学にて政治哲学を指導してきた。彼の理論枠組みはポスト構造主義に分類されるが，ポストマルクス主義の批判的思想家でもある。

17) "partial fixation of meaning within discourse produces an irreducible surplus of meaning" (Torfing, 1999：300)

18) アイデンティティとヘゲモニーは，クリティカル・マネジメント研究の主要概念であり，第8章を参照いただきたい。

19) 研究はディスコースであるというとき，〈日常の語り〉と基本的に変わらない側面を強調する。研究の方が上級の知識であり，日常の語りは劣っているという視座を否定する。

20) 最後にひとつの留意を促したい。近年の研究は，研究業績を作るための研究，つまり「研究者のための研究」になっていることが多い (Alvesson, Gabriel, and Paulsen, 2017)。また Academy of Management の元会長である Paul Adler 氏との私的な対話の中で，氏が現在の学会状況について懸念を示唆していたことをよく覚えている。学会発表で，いろいろな思想家の名前を挙げて，「私はこのような哲学を使っている」というような哲学者のお披露目傾向があると苦言を呈した。Adler 氏の懸念は理解できる。この章では重要な視座を示したが，ほかにも有益で応用可能な多くの思想家や多様な哲学があり，その掘り起しも大事であるが，より大切なのは，組織の社会的現実に目を向ける姿勢であり，良い研究とは何かと自問自答することである。

さらに勉強すべき事柄

- 自分の仕事上の経験を振り返り，日常的に自明視している事柄から，研究すべきトピックをみつけてみよう。できるだけパートナーと対話しながら，ポスト構造主義的な視点で，多様な事柄（キーワード）を問題化し，そのキーワードがあなたに対してどのように影響しているか，巧妙なパワーの在り方について考察してみよう。
- 取り上げたトピックを，実証主義的な方法とポスト構造主義的方法で，どのように研究できるか考えてみよう。また，それらを比較して，2つの方法の違い，長所と短所をリスト化してみよう。

読んでもらいたい文献

清宮徹 (2019)『組織のディスコースとコミュニケーション：』同文舘出版　[とくに，8章と9章]
スラヴォイ・ジジェック著，鈴木晶訳 (2008)『ラカンはこう読め』紀伊國屋書店

引用・参考文献

Alvesson, M., Gabriel, Y., & Paulsen, R. (2017) *Return to Meaning : A social science with something to say*. Oxford : Oxford University Press.

Alvesson, M., & Kärreman, D. (2000) Varieties of Discourse : On the study of organizations through discourse analysis. *Human Relations, 53*(9), 1125-1149.

Böhm, S., & Batta, A. (2010). Just Doing It : Enjoying commodity fetishism with Lacan. *Organization, 17*(3), 345-361.

Burrell, G. (1988) Modernism, Post Modernism and Organizational Analysis 2 : The contribution of Michel Foucault. *Organization Studies, 9*(2), 221-235.

Clegg, S. R. (1987) The Language of Power and the Power of Language. *Organization Studies, 8*(1), 61-70.

Contu, A., Driver, M., & Jones, C. (2010) Editorial : Jacques Lacan with Organization Studies. *Organization, 17*(3), 307-315.

Cooren, F. (2015). *Organizational Discourse : Communication and constitution*. Polity

Dashtipour, P., & Rumens, N. (2018) Entrepreneurship, Incongruence and Affect : Drawing insights from a Swedish anti-racist organisation. *Organization, 25*(2), 223-241.

Dey, P., Schneider, H., & Maier, F. (2016) Intermediary Organisations and the Hegemonisation of Social Entrepreneurship : Fantasmatic articulations, constitutive quiescences, and moments of indeterminacy. *Organization Studies*, 37(10), 1451-1472.

Dosse, F. (1991) *Histoire du Structurealisme : 1945-1966.* (清水正・佐山一訳『構造主義の歴史（上）1945-1966』国文社，1999 年)

Driver, M. (2009) From Loss to Lack : Stories of organizational change as encounters with failed fantasies of self, work and organization. *Organization, 16*(3), 353-369.

Fairclough, N. (1989) *Language and Power.* London : Longman. (貫井孝典，吉村昭市，脇田博文，水野真木子訳『言語とパワー』大阪教育図書，2008 年)

Fairclough, N. (1995) *Critical Discourse Analysis : The critical study of language.* London : Longman.

Foucault, M. (1977) *Discipline and Punish.* London : Allen（田村俶訳『監獄の誕生：監視と処罰』新潮社，1977 年）

Foucault, M. (1977) *The Archaeology of Knowledge.* London : Tavistock. (中村雄二郎訳『知の考古学』河出書房新社，2012 年)

Foucault, M. (2001) *Fearless Speech.* Semiotext. (中山元訳『真理とディスクール：パレーシア講義』筑摩書房，2002 年)

藤巻光浩，柿田秀樹，池田理知子（2006）「コミュニケーションと権力」池田理知子編『現代コミュニケーション学』有斐閣

Gabriel, Y. (2004) Narrative, Stories and Texts, In D. Grant, C. Hardy, C. Oswick, and L. Putnam, (eds.) *The Sage Handbook of Organizational Discourse.* London : Sage. (高橋正泰・清宮徹監訳『ハンドブック組織ディスコース研究』p.115，同文舘出版，2012 年)

Gabriel, Y. (2008) *Organizing Words : A critical thesaurus for social and organization studies.* Oxford : Oxford University Press.

Grant, D., Iedema, R., & Oswick, C. (2011) Discourse and Critical Management Studies. In M. Alvesson, T. Bridgman, and H. Willmott (eds.). *The Oxford Handbook of Critical Management Studies.* Oxford University Press

Howarth, D. (2013) *Poststructuralism and After : Structure, subjectivity and power.* Palgrave Macmillan.

池田理知子（2015）『日常から考えるコミュニケーション学：メディアを通して学ぶ』ナカニシヤ出版

Jackson, N., & Carter, P. (1995) Organizational Chiaroscuro : Throwing light on the concept of corporate governance. *Human Relations, 48*(8) 875-889.

清宮徹（2015）「ディスコー的視座と組織化 ディスコー的視座と組織化 ディスコー

的視座と組織化：相互言説性のダイナミクス」『Transactions of the Academic Association for Organizational Science』(4) 2, 43-54.

清宮徹 (2019)『組織のディスコースとコミュニケーション：組織と経営の新しいアジェンダを求めて』同文舘出版

小阪修平 (1984a)「形而上学批判としての現代思想」宝島社編『わかりたいあなたのための現代思想入門』JICC 出版局

小阪修平 (1984b)「構造主義とは何か？ 構造という概念と構造主義のきわだった方夫雄とその展開」宝島社編『わかりたいあなたのための現代思想入門』JICC 出版局

Laclau, E. (2005) *On Populist Reason*. London : Verso.

Linstead, S. (2015) Poststructuralist Theory : Thinking organization otherwise. In M. Raza, H. Willmott, and M. Greenwood (eds.) *The Routledge Companion to Philosophy in Organization Studies*. Routledge.

丸山圭三郎 (1983)『ソシュールを読む』岩波書店

McKinlay, A., & Starkey, K. (1998) *Foucault, Management and Organization Theory : From Panopticon to Technologies of Self*. London : Sage.

Mease, J.J. (2017) Postmodern / Poststructural Approaches. In C. R. Scott and L. Lewis (eds.) *The International Encyclopedia of Organizational Communication*. John Wiley & Sons

Mumby, D. K. (2013) *Organizational Communication : A critical approach*. Los Angeles : SAGE.

Parker, I. (1992) *Discourse Dynamics*. London : Routledge.

Raffnsøe, S., Mennicken, A. and Miller, P. (2019) The Foucault Effect in Organization Studies. *Organization Studies, 40*(2), 155-182.

佐藤郁哉，山田真茂留 (2004)『制度と文化：組織を動かす見えない力』日本経済新聞社

竹田青嗣 (1984)「ポスト構造主義の挑戦」宝島社編『わかりたいあなたのための現代思想入門』JICC 出版局

Torfing, J. (1999) *New Theories of Discourse : Laclau, Mouffe, and Žižek*. Oxford, UK : Blackwell Publishers.

Tomlinson, F., & Colgan, F. (2014) Negotiating the Self between Past and Present : Narratives of older women moving towards self-employment. *Organization Studies, 35*(11) 1655-1675.

Willmott, H. (2005) Theorizing Contemporary Control : Some post-structuralist responses to some critical realist questions. *Organization 12*(5) 747–80.

Žižek, S.(2006)*How to Read Lacan.* London : Granta Publications.（鈴木晶訳『ラカンはこう読め』紀伊國屋書店, 2008）

第Ⅱ部　組織のパラダイムと諸理論

第5章　機能主義と組織理論

　社会進化論を批判する立場として登場した機能主義は組織理論の発展に大きな貢献をした。組織を機能的統一体としてみると，その要素がどのように全体を構成しているかがわかるため，何か問題がある場合，その原因を探る手立てがみえてくるからである。機能主義は，全体を構成する要素がどのような働きをして全体を支えているのか，対象物を構成する要素がどのような関係性にあるかを探るものであり，ある事象を機能面からの説明が可能になる。

────── キーワード：社会的事実，構造，機能要件，逆機能，経験的事実 ──────

I. 機能主義の発達

　Burrel & Morgan (1979) によると，機能主義は，20世紀における社会学の最も有力な枠組みであり，組織分野の研究を振り返ってもほとんどがそれによって説明できる。

　学問の発展は，神学的なものから形而上学的なものへ，そして実証的なものに主軸が移ってきた。そうした学問の歴史的発展を背景に，デュルケーム (Durkheim, E., 1858-1917) は，人間と社会の関係について，社会は個人を超えた集合的存在であり，機能分化するものだとみなすとともに，個々人の意識や行動とは関係なく存在すると主張した。そしてこの観点から，**社会的事実**とは，個人の外にあって個人の行動や考え方を拘束する力をもつものであり，集団あるいは社会で共有された行動・思考の様式である，ととらえた。

　社会とは何かについて，デュルケーム以前から探求されていたが，なかでもスペンサー (Spencer, H., 1820-1903) によって，進化論的に社会も進化するという社会的ダーウィン主義の発想が有力とされた。スペンサーは，進化とは，物質が確定できず非凝集的な同質状態から確定できて凝集的な異質状態に移行していくプロセスと見なした上で，生物進化論の自然淘汰と同じような力が人間社会にもみられると想定した。そうした社会進化の中心的アイディアは，環境

変化に対する適者生存であり，たとえば，軍事社会（個人は全体のために存在）から産業社会（社会は個人のために存在し，自由で平等な個人があって初めて自由な取引が可能）への進化は経済システムが環境変化に適応してきた表れといえる。

しかし社会の進化・発展という考え方に関して，レヴィ＝ストロース（Levi-Strauss, C., 1908-2009）ら文化人類学者は反論を呈した。その根拠は，未開社会から近代社会へ，といった二項対立的な見方がそもそも成り立たないことが，未開社会のままで存在するという実態調査研究で例証されるからである。

いずれにせよ，社会の見方の如何を問わず，求められるのは，社会の安定・秩序のメカニズムである。そして，この点について理論的解明を図ったのがパーソンズ（Parsons, 1902-1979）やマートン（Merton, R., 1910-2003）である。彼らは，デュルケームの社会的事実という考えを踏まえ，社会を多様な機能の複合体であると想定して機能面から分析し，社会学的機能主義の立役者になったのである。

もっとも，機能主義という用語は，彼らが用いる以前から使われており，その源泉をたどると，人類学に至ることができる。たとえば，人類学では先住民を比較分析する際，各先住民独自の行動様式に着目することによって，部分的に同じ特徴があっても全体としてみると異なることが多いことを明らかにする。そして，先住民としての全体像について理解するために，その構成要素（部分）の機能と部族の関係性の違いに注目することから，そのパターンがいろいろあることを主張する。すなわち，全体を構成する各部分の関係性によって，それぞれの役割の果たし方（機能）が異なるため，全体像は違ってみえるのである。

このように，人類学では全体を分析するために機能主義的分析方法が行われ，その方法がやがて社会学においても用いられたわけである。そしてとりわけ，進化主義的人類学を批判して機能主義的人類学を主張したブラウン（Brown, R., 1881-1955）やマリノフスキー（Malinowski, R., 1884-1942）の貢献が大きいといわれる。彼らは，フィールドワークの手法と機能主義的な説明様式を人類学に導入し，人類学の発展に貢献したのである。ただし，二人の方向性は異なっていた。ブラウンの機能主義で扱われる機能的説明は社会全体を目指すのに対して，マ

リノフスキーの機能主義は社会の制度や慣習などをその機能から説明しようとしたのである。

　以上の点を踏まえると，パーソンズの機能主義は，ブラウンのとらえ方を抽象化したものといえる。つまり，社会がどのように成り立っているかを普遍的理論として説明しようとしたのである。パーソンズが着目したのは，社会を構成する基本要素である。そして，その相互行為には，恒常的なものと恒常的でないものがあると想定し，恒常的な相互行為である構造及び恒常的でないがそれを成り立たせる機能要件があるととらえた。その上，機能要件はさらに細分され，AGIL として概念枠組みがまとめられた。

　Parsons (1977) によれば，社会が成立するためには，A「適応 (Adaptation)」，G「目標達成 (Goal-attainment)」，I「統合 (Integration)」，L「潜在的パターン維持 (Latency)」の 4 つの要件を充たす必要がある。もしこの中のひとつでも機能を発揮できなければ，構造が変容せざるを得ない。換言するなら，AGIL →構造 (原因変数としての AGIL であり，結果変数としての構造) である。

　機能要件である AGIL は相互行為のかたまりであり，社会そのものである。そのため，社会は機能要件を充たすという目的を実現するために動くとみることができる。それゆえ，機能要件による説明は，社会の目的論的記述となる。そこで，パーソンズの機能論は，一般的に構造機能主義と呼ばれることが多い。また，目的論的機能主義と呼ばれることもある (佐藤，2011)。

　パーソンズの以上のような見方は，機能主義の一般理論化を意図し，構造機能主義の発想を提示したものといえよう。つまり，生物学的な器官の分化の見かたを応用して社会レベルの機能分化をとらえ，機能要件論を提起したのである。パーソンズ以降，その説明力の高さから，機能主義は社会学に限らず心理学でも用いられるようになり，20 世紀後半の社会科学における主要な分析方法として広まることになったのである。

　これに対して Merton (1957) は，機能を社会分析の概念として扱い，次のようにとらえた。すなわち，機能は観察者の見地を含むが，当事者の見地は必ずしも含まない。そのため，社会的機能とは，観察できる客観的な結果を指すも

のであって，主観的な側面を指すものでない。つまりマートンは，機能を因果
関係の分析に有用だという元来の扱いに戻した上で，新たな使い方を提案した
といえる。機能は，説明の概念や様式でなく，因果のプロセスなのである。

　マートンは，機能主義に関連して次のような有用な概念も作っている。すな
わち，**機能的等価**（不可欠性公準の否定：Bを作り出す要因はA以外にもある。その原因
がCとすれば，AとCはBを作り出す点で等価である），**機能と逆機能**（ある原因がもた
らす結果はシステムという全体を存続させるものとさせないものがある），**顕在的／潜在
的機能**（範囲の取り方次第で機能が変わる），**中範囲理論**（抽象化と具体化を交互にやる），
予言の自己成就（社会的事実や制度を洗練して定式化），**準拠集団**（評価や行動の基準と
なる集団），などである。

　パーソンズやマートンらを中心に社会の機能主義的分析が隆盛を誇ったのは，
東西の冷戦構造を背景にした1960年代から80年代にかけてだった。当時の社
会は，不安定で混乱していたため，その状況を安定させる条件の解明が求めら
れたからである。しかし，社会学における機能主義は，東西冷戦構造の象徴で
あったベルリンの壁崩壊以降，社会の安定が期待される状況になったにもかか
わらず，社会的安定の実践に寄与することができないことが明らかになるにつ
れ，その勢いは急減した。

Ⅱ．機能主義の特徴

1. 社会システムの全体を分析

　機能主義の特徴は，研究対象の全貌を明らかにするために，それを構成する
要素のあり方に着目し，そこからとらえられる要素関係の本質を説明しようと
するものである。したがって，組織レベルの機能主義的分析では，組織そのも
のを全体的に理解しようとするため，組織を構成要素の分析を通じて組織の環
境適応など，個々に生起する組織的問題の本質を解明できる。

　別の観点からいえば，機能主義は研究対象とされる事項の問題にアプローチ
することであり，事項の構成要素分析を通じて本質がわかれば問題解決を図る

ことができるという点で，実践的インプリケーションが期待できる。具体的には，機能主義的分析によって組織の安定，成長という現象などを説明することができれば，その実現に資する示唆が得られるのである。したがって，組織の機能主義的分析においては，組織の求めるレギュレーション（規制）とコントロール（統制）をどのように使い分けることができるようになるかが課題になる。

　一般的に，社会科学における機能主義的アプローチは，社会（的世界）は総体的なものであることを所与に，社会を構成する要素に細分化するという自然科学で用いる分析手法を踏襲する。そのため，社会分析において機能主義の有効性を信奉する者にとって，社会をモデル化し理解する手段として，社会を機械的かつ生物学的機能のアナロジーを用いることが有用と考えられる。

　すでに指摘した社会的事実という概念でデュルケームが意図したのは，社会を客観的な事実関係ととらえ，その関係性を機能として説明する社会学を展開することだった。つまり，自然界にみられる安定と秩序が，（人間）社会でもあり得ると考えた上で，社会学はこうした規制された秩序のメカニズムを探求することだとみなしたのである。

　もっとも，Parsons（1977）によれば，社会はシステムであるため，その解明は機能主義的分析によってなされなければならない。すなわち，機能主義的分析は，構成要素である機能が社会システムを構築するという「機能要素→社会システム」の図式をベースに社会を分析するものと考えられるのである。しかも社会を構成する要素が何らかの意図をもっていることを前提とするので，これは目的論的な考え方ともいえる。

　パーソンズのこの考え方は社会学の世界を超えて広く影響したため，機能主義を標榜する者は，分解した機能の統合された状態を均衡概念でとらえる傾向がある。しかも，機能主義的立場では全体を措定するシステムが強調されるため，システムの統合と調和が期待されるモデルとされる。そのため，社会において実際に数多く生じるコンフリクト問題などが議論から排除される傾向があることから，機能主義では社会変動の説明モデルにはなりきれないとの批判が生じた。

またParsons（1977）は機能について，共通価値の受容というユニークな側面を指摘している。これは，以下のような事態を想定したものである。すなわち，行為者が対立する場合，お互い行為（出方）を探り合うため，「両すくみ」になって動けなくなってしまうことが多い。パーソンズはこの状態を，相互に偶発事項を処理しきれない状態であるとして「ダブルコンティンジェンシー（double contingency）」と呼んだ。しかし，行為者が相互に，共通する価値とそれを実現するための社会規範を受け入れることができれば，この状態から脱却し，対立を解消した社会的秩序をもたらすことが可能かもしれないとも想定した。これが共通価値の受容であり，規範の受容と同じく，その意味するところは，一方で各人が自らのものにすること（内面化），他方で社会が社会的価値を受け入れること（制度化）である。この発想は，その後，セルズニック（1957）の組織の制度化論に継承された。

2. 社会システムの部分を分析

　パーソンズの弟子であるグールドナー（Gouldner, A. 1920-1980）は，機能主義の考えを深めるとともに，その問題点も認識するようになった。たとえば，**機能的自律性**という，システムの部分が当該システムから分離する確率に関係した側面についてである。つまり，あるシステム内の相互依存性が高いということは，それを構成する部分の機能的自律性が低く，相互依存性が低い場合はこれとは逆に高い。つまり，機能の自律性は条件次第なので，その特定をいかにするのかという問題を避けられない。具体的にいえば，企業がグループ経営している場合，親会社に対する子会社の自律性が高い場合と低い場合の問題である。

　実際のところ，機能的自律性という概念が重要とされるのは，社会システムの部分（それらの相互関係）にはじめて焦点を合わせた見方だからである。機能主義の発想は通常，全体に焦点を合わせ，部分を全体との関係でとらえようとするところにある。これに対して，システムの部分が自己の機能的自律性を維持しようとする点に着目することで，グールドナーはシステムの部分をコント

ロールしようとする試みがいかにコンフリクトを生み出すことになるかを示したのである。

　また Gouldner (1955) は，システムの部分は，システムの取り込み (incorporation) に対抗するための手段を取る場合もあるため，部分が全体的自律性を損なわない範囲内でシステム自体に変化を生み出すことが可能だとみなした。さらに機能的自律性の特性に着目して，全体より部分を分析の中心におくとともに，全体と部分の矛盾に焦点を合わせると，システム全体よりその部分の利益と独立性に資するようなシステム変化とコンフリクトが生じることについて説明できることを明らかにしている。

　グールドナーは，マートンの逆機能現象の説明を理解した上で，システムの部分間の相互依存性の程度は異なるという観点から機能的自律性という新たな概念を構築し，システムの全体より部分に焦点を合わせた見解から統合の問題点を指摘したのである。

3. 機能主義の公準

　部分より全体を強調するパーソンズ流の機能主義に対して，グールドナーらは，全体より部分が重要だという機能主義を主張している。全体と部分の問題は，組織論における組織と個人の対立，両者の統合などの問題と相通じるところがある。また組織の安定と変化のジレンマ問題とも照応することであり，今なお組織における重要なテーマである。

　要するに機能主義は，社会 (組織) という存在が継続的なもので秩序とパターンをもつ，ということを前提とする考え方である。そして，その解明を構成要素の機能の関係性から探る考え方であり，目的合理性の規範に基づいている。以上のような機能主義の特徴を踏まえた Merton (1957) は，機能主義について，以下の3つの公準があることを指摘している。

　① 統一性：社会・文化が，全体としての社会システムに対して機能的であるという公準。

② 普遍性：社会・文化自体が，社会的機能をはたしているという公準。

③ 不可欠性：社会・文化は不可欠なものであるという公準。

しかし，これらの公準がすべて正しい指摘とは限らない。すなわち，社会は統一的存在でないため必ずしも統一性があるとはいえない。また，社会を構成する要素すべてが機能的貢献をしているわけでなく，そこに普遍性があるともいえない。さらに，社会は特定の活動に必ず依存するわけでなく，依存関係がなくても社会は成り立つため，不可欠性があるとは限らない。

マートンは，機能的要件が社会の決定要因でなく，社会が許容するものであること，また特定の機能を充足するだけで，社会に変異 (variation) を起こす可能性があることを認識していた。つまりマートンは，パーソンズの構造機能主義の充足性に疑問を呈し，新たな視点を機能主義に見いだしたのである。そして，既存の社会秩序についてアノミーなど問題があることを踏まえながら，社会は多様な観点から分析が可能であり，社会の安定・秩序でなく変動プロセスの解明も重要であることを主張したのである。

Ⅲ．機能主義の批判

機能主義は，社会システムや組織システムを構成する要素の関係性を科学的に説明する方法論だが，研究対象の分析方法をどうすべきかを示す研究戦略の側面をもっている。したがって，機能主義による科学的説明とは，研究対象とする社会システムや組織システムの働きや能力を明らかにするため，それらを構成要素に分解して，各構成要素が機能的にいかに統合されているかを明示することである。たとえば，自動車会社がどのように自動車を製造するかは，工場における生産ラインの各構成要素の機能が工場全体そして会社全体においてどのように統合されているかがわかれば説明がつくのである。

機能主義者にとって，科学は社会に秩序と規制をもたらすものであるという点で，社会のとらえ方は共通している。すなわち，社会は存在論的に，人間よ

り先に存在しているとみなされる。そして機能主義では，個々人とその活動が社会全体を構成するという観点から認識論的にそこに因果関係あるととらえられる。

したがって，機能主義の立場から社会現象を分析する場合，社会には客観的かつ普遍的な科学的基盤（公準）が存在するという前提がおかれる。もちろん，機能主義による言明を科学理論と呼ぶには，経験的事実（証拠）と照合することで客観的に評価できることが必要である。そのため，科学的視点に立脚していえば，社会的現象や組織現象の観察事項の説明が適切であるために，それらがどのような構成要素で成り立っているかを明示する必要がある。

つまり，機能主義は観察者とは別の外の世界を支配している規則や規制が存在していることを前提とする立場である。この場合，観察者は研究対象から独立した存在であり，あるがままの姿を観察する能力があるとみなされる。

機能主義の意味する内容は，社会学や人類学など研究者の立場によっていろいろあるため，機能主義的見解は多様になる。たとえば，組織現象の生起プロセスを説明する場合，機能主義的分析の仕方やその程度の違いが当然でてくる。機能主義は，歴史的にみれば，ドイツ観念論とそれに影響をうけたイギリス経験主義，そしてフランス啓蒙主義の伝統的思考方法が融合したものであり，さらにその定式化が繰り返され，発展してきたものである。しかし，機能主義の有効性が社会（組織）の均衡や秩序にあるとすれば，実際に生じる社会コンフリクトや組織変革の問題についての説明が機能主義ではできないという限界がつきまとう。

機能主義への批判はいろいろある。それらをあげると，第一に，社会システムを分析する際に，その構成要素と相互の関係性を深掘りすることを意図すると，パターン化という静態的な分析になってしまう。そのため，機能主義的分析では社会変動や組織変革などについて理論化できない点。第二に，研究対象となる社会や組織を構成する人間の解釈（意味形成）する側面が含まれない。それゆえ，システムの機械的な側面にのみ光を当てることになり，社会分析なのに人の存在が感じられない分析となる点。第三に，現実の社会現象や組織現象

について研究する場合，実際に観察してデータを集めることはできるが，それらは観察された事実（機能の発見）でしかなく，その関係性を明らかにする理論として主張するまでに至らない。その上，観察された事実から，文化人類学で提示されたような見えない構造といった抽象化した議論が展開できない点である。つまり，ある社会現象を起こしている人々の行動がどのような意味をもたらしているか，どうしてそのような意味形成に至るかの説明がないし，できないのである。

　機能主義のこうした理論化や意味形成の面での批判を補うために登場したのが，言語学に影響をうけた構造主義の発想である。たとえば，言語学者ソシュール (Saussure, F., 1857-1913) によれば，使用する言葉の意味は，とりまく環境（物質世界）のあり方とは関係なく，言語の構造から決まるのであって，使用する言葉は現実を説明するものでなく，現実を作るものだとみなされるのである。

　批判があるとはいえ，構造主義の基本的な考え方は，社会的・文化的現象が生起する背景には目に見えない社会的構造があるという考えが前提になっている。見えないものによって見える（社会）現象がもたらされる，という構造主義の発想は，組織分析にも適用可能である。すなわち，組織における人間行動は，人間関係論が明らかにしたように，公式的な組織構造ばかりでなく，見えない非公式な組織構造によっても影響をうけるのである。

Ⅳ．機能主義の組織理論

1. 組織研究の主流派

　組織現象の機能主義的分析（科学的分析）という観点からその発展を振り返る場合，Barnard (1938)，Simon (1957)，Selznick (1957)，March & Simon (1958) などがまず取り上げられる。そうした中で，Burrell & Morgan (1979) は，機能主義的組織論の系譜を3つに分類している。すなわち，① 公式組織を対象とした系譜，② ヴェーバーの官僚制論を基礎とした組織社会学の系譜，③ 人

間関係論の研究を基礎とした組織行動に着目した系譜である。こうした見方は，ファヨール（Fayol, H. 1841-1925）を代表とする古典的管理論（管理の機能に着目），ヴェーバーの官僚制論（組織の機能に着目），人間関係論（非公式構造の機能）という区分に照応する。またバレル＆モーガンは，機能主義的な組織理論は，社会システムとしての組織観と客観性を主軸とみなす。これは，彼らによる機能主義的な組織理論は，組織をシステムとしてとらえながら客観的に分析するという立場から生まれた理論モデルだからであり，古典的管理論，人間関係論，社会－技術システム論，近代組織論，オープン・システム論，コンティンジェンシー理論など，組織論のほとんどのモデルはこの範疇に入る。

　20世紀前半の組織理論では，Barnard（1938）による組織均衡論，Follet（1942）によるマネジメント機能論などが際立っている。とはいえ，大半の組織論はまだ規範的な性格が強く，官僚的組織論はその代表格である。官僚的組織は，非人格化した仕事体系の下で人間の相互関係や非合理的側面を排除した構造をもつが，それが維持されるのは，規則による職務遂行や仕事の専門化によって担保されるからである。Merton（1957）は，官僚制によって組織の効率が高まれば高まるほど，それを阻害する逆機能に着目して，そのメカニズムを目的の置換（目的の手段化），訓練された無能，形式主義などとして明らかにしている。これに対して，マートンの弟子であるSelznick（1957）は，組織（仕事をするために考案された合理的手段）と制度（社会の求める圧力から生まれた自然発生的所産）の概念を利用して，TVA（Tennessee Valley Authority）における官僚的組織が逆機能するメカニズムを制度化のプロセスに着目して定式化している。つまり，組織が制度化するのは新たな価値注入によってだが，その際にすでに注入された価値とコンフリクトが生じるために逆機能することを指摘したのである。

　マートンの指摘した官僚的組織の逆機能現象は，組織内部の問題として定式化したものであるのに対して，セルズニックは組織と外部環境との関係においても逆機能現象が生じることを指摘したといえる。

　20世紀後半の組織理論では，体系的なデータの収集と統計的分析による実証研究への志向が強い。その始まりは，1956年に発刊された*Administrative*

Science Quarterly（通称 ASQ）に負うところが大きい。この学術雑誌は，経営学の「科学化」を推進することが目的とされたものである。ASQ の初代編集長トンプソン（J. D. Thompson）は創刊号の寄稿で，自然科学と同じ方法論を導入することによって，経営学は「アート」から「サイエンス」へと脱却できると宣言した。そして彼は，バーナードやサイモンを引き合いにして以下のように述べている。

　　「概念に関しては，経営（administration）の文献は非常に抽象的なものから極めて具体的なものまで存在するが，両者が関係づけられることはほとんどない。たとえば，バーナード，ファヨール，フォレット，サイモン，アーウィック等による業績に多くの議論が展開されているが，彼らの生み出した概念や理論命題はほとんど実証されていない。他方で，経営問題に関する多くの調査は場当たり的な仮説をめぐって展開されており，仮にその分析に概念があるとしても，より一般的な理論に通用する概念に対しては，ほとんど注意を払われることがなかった」（ibid.: 106）。

　トンプソンは，バーナードやサイモンによる機能主義的な議論の意義は認めるものの，それらがいずれも概念や命題の提起で終始しており，検証可能なデータにもとづく実証分析が経営学（組織論）の「科学化」のために不可欠だと考えたわけである。そして，その後に発刊された March & Simon（1958）の『オーガニゼーションズ』にみられるように，機能主義的分析をベースに実証主義への方法論上のトレンドは，トンプソンの思惑通りに進んだ。
　このような歴史的な背景の中で，1960 年代から 1970 年にかけて，コンティンジェンシー理論（contingency theory）という名称で総称される一連の機能主義的な実証研究が登場し，ミクロ・レベルからマクロ・レベルにかけてさまざまな分析が行われ，組織研究の定量分析という方向性を決定づけた検証可能な事実ベースの組織分析が展開された。
　以下では，機能主義的な組織論の発展を集約しているコンティンジェンシー

理論の代表的なものをみてみよう。

2. 機能主義的組織論の集大成：組織のコンティンジェンシー理論
(1) 環境と組織

　コンティンジェンシー理論という用語は Lawrence & Lorsch (1967) が，一連のコンティンジェンシー・アプローチの研究群を総称したものである。このアプローチによって組織現象のコンティンジェントな側面（予測不可能な偶発的な事態）に着目した研究者は，環境変化が及ぼす組織への影響という視点から，観察データを収集・分析して，組織の環境適応を科学的根拠のある主張として理論的に展開したのである。代表的な例は，Burns & Stalker (1961)，Woodward (1965)，Emery & Trist (1965)，Thompson (1967)，Perrow (1967) などの一連の研究である。

　組織環境は変化するため，どのような環境を研究対象にするか，その内容をどのようにとらえるかなど，環境に対してさまざまな観点からアプローチできる。そして，環境を機能的に細分化するためには環境のどこに焦点を合わせるかを明確にすることが必要である。また，環境の組織に与える影響は特定の時点だけではない。時間の経過とともに環境状況が変わり組織に及ぼす影響も変わるのである。そこで Emery & Trist (1965) は，組織と環境との相互作用とそれぞれの有する資源特質に従って環境状況は機能的に4つのタイプに分類できるとした。

　すなわち第一は，静態―散在型 (placid-randomized) で，組織が必要とする資源が散在しているがその確保は安定しているという，いわゆる完全競争の状況である。第二は，静態－偏在型 (placid-clustered) で，まだ環境は平穏だが資源の偏向がみられる不完全競争の状況である。第三は，混乱―反応型 (disturbed-reactive) で，資源の取り合いに競争がみられるが相互依存的でもある寡占的競争の状況である。そして最後は，乱気流型 (turbulent) で，組織はもはや単独では資源の確保がどうしようもない状況である。これらは，時の経過とともに環境がどのようなパターンに変容する可能性があるかを明らかにしている。

以上のように，組織の環境は，想定する領域や状況によって機能的分析に役立つ分類・細分化が可能である。そして，組織の環境は，実態として存在する客観的環境と組織成員の認知に基づく認知環境に区分可能である。この観点からいえば，組織の行動には認知環境が，その行動結果には客観的環境が反映すると想定される。

　いずれにせよ，組織行動に関わる環境特性を変化に応じて把握する場合，環境を要素に細分化して操作化（変数化）することが必要である。そこでThompson (1967) は，環境を同質—異質，安定—不安定の次元で操作化し，環境の不確実性に程度のあることを示した。また Duncan (1972) は，組織環境を単純—複雑，安定－ダイナミックといった次元で操作化を試みた。しかし，こうした環境の二次元分析は環境特性の静態的な分析にならざるを得ない。そのため，動態的な環境を前提とした不確実性を解明する分析が多様に模索されたが，機能主義的分析の枠内では容易でなく，それらは途絶した。

　組織と環境の関係を明らかにすることは，オープン・システムとしての組織の研究に欠かせない。これを踏まえ，環境特性の把握が進むにつれ，環境と組織の有効な関係パターン解明を志向した実証研究が，コンティンジェンシー・アプローチとして展開されたのである。

(2) オープンシステムとしての組織分析

　オープン・システムとして機能する組織は，合理性追求だけでは存続・発展することができない。環境からの要請は，コストを削減するための合理性追求のみではなく，手段を択ばずといった非合理的な資源獲得活動もあり単純でないからである。そうした多様な環境要請に組織が応えられるかどうかが，組織の環境適応問題である。「適応」という用語は，機能的適応という形で生物学をはじめいろいろな分野で用いられているが，組織の場合，環境の要請に対して組織がその構造・プロセスをどう対応させて有効性を確保するかということである。したがって，静態的には環境と組織の適合パターン，動態的には環境の変化に対して組織がどのように対応するかのプロセスが問題となる。

オープン・システムとしての組織の環境適応に関する研究は，とらえる立場からいろいろと行われるが，それらを組織が環境に対していかなる関係にあるかを中心に整理してみると，(1) 環境決定論，(2) 決定主体論に大きく区分することができる。

　環境決定論はコンティンジェンシー理論 (Contingency Theory：CT) が主張するところであり，基本的には，環境⇒組織⇒有効性という図式によって，組織が有効に機能するには，ある特定の環境状況 (不確実性，技術，規模など) に対して組織の構造形態が反応的に自然に決定されてくるという考えである。

　Burns & Stalker (1961) の研究は，CT の先駆けといわれる研究のひとつであり，その後に多大な影響を与えている。彼らは，英国の 20 企業を調査して，組織は有機的システムと機械的システムという 2 種類にパターン化できることを発見した。そして，安定的な環境において機械的システムが有効であるのに対し，不安定な環境においては有機的システムが有効であると結論している。

　この主張はその後，多くの研究者に影響し，より精微化されたものになった。たとえば，タヴィストック研究所の社会・技術システム論の影響をうけた Woodward (1965) の研究によれば，小バッチ・単品生産，大バッチ・大量生産，装置生産という製造技術の差によって業績の高い有効な組織の構造は異なる。すなわち，小バッチ・単品生産から装置生産というように生産技術が複雑になればなるほど組織構造も複雑になるが，小バッチ・単品生産と装置生産では共通して有機的な管理システムが有効で，大量生産では機械的な管理スタイルが有効であると主張したのである。

　一方，英国のアストン大学を中心としたアストン・グループの研究は，1961年から 68 年にかけて組織構造の詳細な比較研究によって，組織構造の重要次元 (集権化) を明らかにするとともに，それに与える状況要因としては技術より規模の方が重要であることを主張した。すなわち，生産技術と組織構造の間に有意な関係はみられず，規模が拡大すると活動の構造化が高くなること，当該組織がインプットやアウトプットの面で他の組織への依存度を高めると権限がトップに集中することなどが指摘されたのである。

またアメリカでは Lawrence & Lorsch (1967) が，環境の不確実性に対する組織の対応について実証研究を行った。その内容は，タスク環境の不確実性の程度によって，有効な組織構造も異なるという命題の検証である。彼らは3つの異業種 (プラスチック産業，食品産業，容器産業) の組織を対象に，それぞれ異なる環境状況に対して意思決定者のとらえ方がどうかの視点から研究を展開した。その分析においては，組織における生産，販売，研究開発の各部門の分化 (分権化の度合い) と統合 (集権化の度合い) に関心がよせられた。そして，組織が有効的であるためには，組織の意思決定者が環境をダイナミックで不確実だと認知する場合，組織がメンバー志向で分化することが必要であり，他方，意思決定者が安定して確実な環境だと認知する場合，組織は統合することが必要である，という仮説が実証された。彼らの研究成果が示したのは，有効な組織ほど環境の要請をほとんど満たしているということである。

以上のようなコンティンジェンシー理論 (CT) について，Galbraith (1973) は，(1) 唯一最善の組織編成の方法はない，(2) どの組織編成の方法もすべて等しく有効であるとは限らない，とその特徴を挙げている。またこのような CT に対して，Kast & Rosenzweick (1973) は，一般システム論の抽象性の度合を現実適用のために少し低くしたもので，中範囲理論として有意義だとみなした。すなわち，組織はいくつかの下位システムから構成され，環境という上位システムとは境界によって識別されるが，さまざまな環境状況に応じて組織がいかに機能するかを明らかにするのがコンティンジェンシー理論である，という点である。

以上のような点を踏まえながら Child (1972) は，CT が環境決定的だと批判して戦略的選択論 (決定主体論) を主張している。環境状況によって組織が一元的に決まってしまうという環境決定論に立てば，同一環境状況にある組織はその適応パターンがすべて同じになるはずなのに，実際には組織の環境に対する正反対の対応でも，いずれもすぐれた組織成果をあげている場合がある。こうした環境決定論では説明できない実状に対して，チャイルドは，「組織は戦略に従う」というチャンドラー命題に着目し，意思決定者の決断 (戦略的選択) の

組織に及ぼす重要性を主張したのである。

　組織は環境によって一方的に決まるのではなく，環境⇔戦略的選択→組織→有効性という図式で表されるように，環境と組織の間に戦略的選択という意思決定者の決断が介入して組織構造が決定される。優先度の高い要因は環境より戦略的選択にあり，組織は環境に制約された意思決定者が決めるのである。環境と組織の関係が問題とされても，組織を構成する意思決定者の機能が問われるわけである。

　組織の機能的分析は，今でも組織研究の主流派といえるが，すべての組織現象が機能分析できるわけではない。それこそ機能主義の限界である。

さらに学習すべき事柄

・機能主義は安定性を前提としているが，安定していない現象について機能主義的分析は有効でないのだろうか。変化している現象を想定して考えてみよう。
・コンティンジェンシー理論は中範囲理論だといわれるが，本当だろうか。コンティンジェンシー理論を取り上げて検討してみよう。

読んでもらいたい文献

佐藤俊樹（2011）『社会学の方法―その歴史と構造―』ミネルヴァ書房
デュルケーム，É. 著，菊谷和宏訳（2018）『社会学的方法の規準』講談社学術文庫

引用・参考文献

Barnard, C. I. (1938) *The Functions of the Executive.* Harvard University Press.（山本安次郎・田杉競・飯野春樹訳『新訳 経営者の役割』ダイヤモンド社，1968 年）

Burrell, G., & Morgan, G. (1979) *Sociological Paradigms and Organizational analysis.* Heinemann.（鎌田伸一・金井一頼・野中郁次郎訳『組織理論のパラダイム』千倉書房，1986 年）

Emery, F. E., & Trist, E. L. (1965) The Causal Texture of Organizational Environments. *Human Relations,* 18：21-32.

Fayol, H. (1916) *Administration Industrielle et Generate.* Bulletin de la Societe de l'Industrie Minerale.（山本安次郎訳『産業ならびに一般の管理』ダイヤモンド社，1985 年）

Follett, M. P. (1942) *Dynamic Administration.* Harper & Row.（米田清貴・三戸公訳『組織行動の原理　動態的管理』未来社，1972 年）

Galbraith, J. R.（1973）*Designing Complex Organizations*. Addison-Wesley.（梅津祐良訳『横断組織の設計』ダイヤモンド社，1980 年）

Gouldner, A.（1955）*The Patters of Industrial Bureaucracy*. Routledge & Kegan Paul.（岡本秀昭・塩原勉訳『産業における官僚制─組織過程と緊張の研究─』ダイヤモンド社，1963 年）

カルナップ，L. 著，永井成男・内田種臣・内井惣七・竹尾治一郎訳 (1977)『カルナップ哲学論集』紀伊國屋書店

Lawrence, P. R., & Lorsch, J. W.（1967）*Organization and Environment : Managing Differentiation and Integration*. Harvard University, Division of Research.（吉田博訳『組織の条件適応理論』産業能率短期大学出版部，1977 年）

March, J. G., & Simon, H. A.（1958）*Organizations*. John Wiley & Sons.（高橋伸夫訳『オーガニゼーションズ　人間性を重視した組織の理論』ダイヤモンド社，2014 年）

Merton, R. K.（1957）*Social Theory and Social Structure*. rev. ed., Free Press.（森東吾・森好夫・金沢実・中島竜太郎訳『社会理論と社会構造』みすず書房，1961 年）

Parsons, T.（1937）*The Structure of Social Action*.（稲上毅・厚東洋輔訳『社会的行為の構造』木鐸社，1976 年）

Parsons, T.（1977）*Social Systems and the Evolution of Action Theory*. Free Press.（田野崎昭夫監訳『社会体系と行為理論の展開』誠信書房，1992 年）

Perrow, C.（1967）*Complex Organizations : A Critical Essay*. Scott, Foresman and Company.（佐藤慶幸訳『現代組織論批判』早稲田大学出版部，1978 年）

Selznick, P.（1957）*Leadership in Administration*. Harper & Row.（北野利信訳『組織とリーダーシップ』ダイヤモンド社，1963 年）

Simon, H. A.（1997）*Administrative Behavior. 4th ed*. Free Press.（桑田耕太郎・西脇暢子・高柳美香・高尾義明・二村敏子訳『新版 経営行動』ダイヤモンド社，2009 年）

Thompson, J. D.（1967）*Organizations in Action*. McGraw-Hill.（大月博司・廣田俊郎訳『行為する組織』同文舘，2012 年）

Woodward, J.（1965）*Industrial Organization : Theory and Practice*. Oxford University Press.（矢島鈞次・中村寿雄訳『新しい企業組織』日本能率協会，1970 年）

第6章　解釈主義と組織理論

　本章では，まず解釈主義の源流としての解釈学の系譜を，古代ギリシアの解釈術から現代の解釈学まで辿る。つぎに現代の解釈学を代表する，哲学的解釈学，自己の解釈学，文化の解釈学について学ぶ。そして，解釈主義の別名でもある解釈社会学の代表的な理論を概観する。最後に，解釈主義的組織論と呼べる，これまでの経営分野における研究を紹介する。

—— キーワード：解釈学,解釈学的循環,解釈パラダイム,組織文化,組織シンボリズム ——

Ⅰ．解釈主義と源流としての解釈学

1. 解釈パラダイムと解釈学

　人文・社会科学における解釈主義は認識論的には前章で論じた機能主義の対極に位置し，質的研究を総称する概念として用いられることもある。しかし「より正確には，社会生活の研究に際し，人間科学の方法の一つである**理解**を中心に据え，人間行為の意味は当の行為に内在すると仮定し，研究者の課題はそうした意味を解明することであると考える，一群のアプローチをいう」(Schwandt, T. A., 2007：訳釈27)。解釈社会学や理解社会学とも呼ばれる。

　解釈主義は，アメリカでは第2次世界大戦中にアメリカに亡命した，Schutz (1932, 1970) が Husserl (1954) の現象学と Weber (1913) の理解社会学をアメリカの社会学に注入したことをひとつの契機として起こる，解釈社会学と呼ばれる一連の社会理論を指す。具体的には，現象学的社会学，シンボリック相互作用論，エスノメソドロジーなどが挙げられる。Burrell & Morgan (1979) によると，これらの学派は彼らが4つに分類したパラダイムのうち，解釈パラダイムに属す。

　しかし，解釈主義の諸理論に通底する方法論の原点は，古くは古代ギリシアの解釈術，そしてそれを一般解釈学，さらに哲学的解釈学へ昇華させたヨーロッパ哲学の伝統に求めることができる。組織研究において，一般に解釈主義的

アプローチの研究は，解釈パラダイムの諸学派を理論的背景として展開されてきたと理解されている。しかし，解釈学の基本である，人間行為の意味を解釈し，また全体と部分の循環性に着目する，組織研究としては，Roethlisberger & Dickson（1939）の人間関係論や Barnard（[1938] 1968）の組織論にまで遡ることができる（稲垣，2002；小原，2014）。

　そこで，本章では，解釈パラダイムの諸学派の源流である，古代ギリシアの解釈術からはじまる解釈学の歴史から論じる。ヨーロッパ哲学の伝統の中で行われた，これらの論考は，解釈パラダイムの諸学派の理論を擁護するメタ理論（哲学）ともいえる。そこで，本節で解釈学の系譜を辿り，次節では伝統的な解釈学を継承し，現代の人文・社会科学の方法論に大きな影響力をもつ，現代の代表的な解釈学として，ドイツの哲学者 Gadamer（1960）の哲学的解釈学とフランスの哲学者 Ricoeur（1983，1984，1985）の自己の解釈学を概観する。また，ヨーロッパ哲学の伝統に属さないが，同じく人文・社会科学に影響を与えている，Geertz（1973）の文化の解釈学も紹介する。

2. 解釈術から一般解釈学へ

　すでに述べた通り，解釈主義の源流は，解釈学とその原型としての解釈術に求められる。Dilthey（1957）によると，解釈術は古代ギリシアに誕生した。ホメロスら詩人に対する解釈にはじまり，ソフィスト（弁論家・詭弁家）たちの教育，あるいはアリストテレスの『弁論術』や『詩学』において，解釈の技術が活用されていたのである。

　古代ギリシア時代の後，アレクサンドリア（古代エジプトの都市で，当時世界最大の図書館があった）で，古代ギリシアの文学・哲学を解釈する文献学として体系化された。その後，解釈学はルネサンス期を迎えるまで古代ギリシア・ローマとキリスト教の伝統の中で，古代の文学や哲学，聖書，法典を解釈するための学問として発展した。やがて，それは，文献学的解釈学，神学的解釈学，法学的解釈学と，個別領域の特殊解釈学として確立していった。

　そして，19 世紀に入って，Schleiermacher（1959）によって「一般解釈学」

が構想される。これは，これまで，文献学，神学，法学の補助的な位置づけであった解釈学を文字通り「解釈」を中心に体系化した学問である。これが現代の解釈学の嚆矢といわれる。

3. 精神科学の方法論

　Schleiermacher の功績を『解釈学の成立』の中で積極的に評価する Dilthey (1957) は，19 世紀から 20 世紀初頭にかけて，当時学術界で支配的な自然科学に対して，人間の「生」，つまり歴史的社会的現実を対象とする学問の総体を「精神科学 (Geisteswissenschaften)」(原語では，複数形)[1] と名づけた。精神科学は現代ではあまり聞かない用語であるが，今日でいう人文科学を中心に社会科学を包摂する学問領域といえる。そして，Dilthey は，精神科学の方法論として，理解と解釈に関する理論である解釈学を位置づけた。それは解釈学的哲学とも呼ばれる。

　Dilthey は，自然科学の方法の本質は，説明することであるとし，それに対して，精神科学の方法の本質は，理解するであるとした。何を理解するのか。それは人間的「生」である。歴史的社会的現実としての生の表示である。その中でも，「体験」の表現が重要とされた。人間が人間的生を体験し，その生の表示が表現されることで，その表現が理解されるのである。換言すると，人間が生き，経験した歴史的社会的現実を理解することである。ここで，「理解」とは，自己の体験を他者の「表現」に移入する「自己移入」によって，他者を「追体験」，または「追構成」することである (丸山, 1997)。

　しかし Dilthey (1931) にとって，解釈学には「解釈学的循環」というアポリア (解くことのできない難問) があるとされた。それは，部分は全体から理解されなければならないが，全体は部分から理解されなければならない，という循環である。たとえば，文献を解釈する際，まず部分の理解からはじまるが，部分を理解するためには，全体が理解されていなければならない。しかしその全体を理解するためには，個々の部分の理解が必要である。限りない循環である。Dilthey にとって，これはあらゆる解釈の限界ととらえられた。

4. 解釈学的現象学

　Dilthey の解釈学を受容し，Husserl の「現象学」を踏まえて，大きく哲学的に発展，転回させたのは，Heidegger（1927）である。Heidegger は，現象学を存在者の存在に関する学，つまり存在論であるとし，現存在[2]の現象学とも呼んだ。そして，この現存在の現象学は根源的語義においては解釈学であるとされた。現存在の現象学が意味するところは「解釈する」ことであり，現象学的記述の方法的意味は「解釈」であるとされた。

　Dilthey にとって，解釈学は，精神科学の方法論であったが，Heidegger において解釈学は「解釈する」こと，存在論の方法，つまり哲学そのものの方法へと深化した（Pöggeler, O., 1972b）。また Dilthey にとって，「理解」は「説明」と同様に認識様式であった。しかし，Heidegger（1927）において「理解」は，人間の存在様式とされた。Heidegger の用語を用いると，現存在（人間）は被投的企投である。つまり，被投された世界内存在としての現存在（人間）は企投する（常に可能性に向かっていく）という存在様式の中へ被投されている（投げ出されている）のである。Heidegger は次のように述べる。

　　　「現存在は，理解するものとして，自らの存在をさまざまな可能性に向けて企投する。このように理解するという仕方でさまざまな可能性に向かって存在し，これらの可能性を開示し，自身（現存在）の内に戻ることで，あるひとつの存在となる」（1927 : 148，筆者訳）。

　ここで，理解には企投的性質も含意されており，理解自身が完成する可能性をもっている。この理解の完成が解釈であるとされた。理解は解釈において理解自身になるのである。解釈とは，理解されたものを知得することではなく，理解において企投されたさまざまな可能性を完成させることなのである。

　そして「理解に寄与すべきすべての解釈は，解釈されるべきものをすでに理解していなければならない」（1927 : 152，訳 : 277）のである。わかりやすく表現すると，「解釈」とは，あらかじめ理解していることを，さらに展開・分節し，

何らかの言語的表現で「理解」を仕上げることである（丸山，1997）。

　しかし，あらかじめ理解していることを解釈するということは，そこには，解釈の前提となる理解が先行して存在することを意味する。これは，あらゆる解釈は先行理解に規定され，理解は解釈において理解自身となるということである。ここには，Dilthey がアポリアとした「解釈学的循環」と同様の問題が現れる。しかし，Heidegger はこの「先行理解と解釈の循環」問題を存在論として積極的に展開した。彼は「決定的なことは，循環の内から抜け出ることではなく，循環のうちへ正しい仕方にしたがって入り込むことなのである」（1927：153，訳：278）と主張した。

　そして，理解の「先行構造」という概念を提示する。これは，「先行把持」「先視」「先行把握」という３つの契機からなる。先行把持とは，日常的な解釈において，すでに理解されているものに向かって開かれた視野の中であるものを確定するはたらきのことである。先視とは，先行把持で取り入れたものを特定の解釈可能性に向けて照準を合わせることである。先行把握とは，先行把持の中で先視的にとらえたものに対して，解釈がある程度概念的な把握を行っていることである。Heidegger は，このような理解の「先行構造」の様相を「解釈学的状況」と呼んでいる。

　Heidegger は，この「解釈学的状況」においてテクストの解釈を説明する。解釈とは，過去を理解しつつ体得することである。理解するということは，理解したことを，それまでの自己の状況に沿って，あるいはこの状況に対して根源的に反復することである。つまり，テクストを理解することで，自己理解が変容することを含意している（丸山，1997）。

Ⅱ．現代の解釈学

1．哲学的解釈学

（1）真理と方法

　Heidegger によって，大きく変貌を遂げた解釈学は，Gadamer（1960）によ

って、さらに転回する。Heidegger において哲学そのものの方法へと深化した解釈学であるが、この用語が哲学に限らず人文・社会科学の領域で今日一般的に用いられることに大きく貢献したのは、Gadamer である。

Gadamer は、主著である『真理と方法　哲学的解釈学の要綱』の序論で、近代科学の科学的方法論の普遍性要求に対して異議を唱え、科学の外部において真理が経験できる場を提示する。その代表的なものが、哲学の経験、芸術の経験、歴史的経験である。そして、これらの真理経験の場に密接な関係をもつのが精神科学なのである。ここで、真理経験は「解釈学的経験」を含意し、哲学的解釈学は、近代（自然）科学の方法に対して、精神科学の真理を擁護する理論体系ということができる。

(2) 芸術経験における解釈学

Gadamer（1960）は、解釈学的現象である芸術経験について、芸術作品の存在論とその解釈学的意義の観点から論じる。その際、存在論的解明の手がかりとして、「遊び」の概念を用いる。「遊びがそれ自身の目的を果たすのは、遊ぶ者が遊びに没頭している場合だけ」（訳：146）である。「遊びの主体は遊ぶ者ではなく、遊ぶ者を通じて遊びが現れるにすぎない」（訳：147）。Gadamer によると、芸術経験も同様である。芸術作品は、美的意識をもった自立的な主体が鑑賞する対象ではない。「芸術作品が、その本来の存在を獲得するのは、それが経験となり、芸術を経験する者を変化させる場合なのである」（訳：147）。

たとえば、演劇や音楽は、時代や状況に応じて、さまざまに「解釈」され、再現される。しかし、そこには「解釈の単なる多様性しか認められないということではない。むしろそこでは、先達をたえず模範にしながら、またたえず生産的に変革していく中で一個の伝統が形成されていくのである。(中略) こうした伝統は、作品そのものと分かち難く融合しており、このような模範との対決は、作品そのものとの対決に劣らず芸術家の創造的な再生産活動を呼び起こすものなのである」（訳：172-173）。

(3) 解釈学的経験と先入見

Gadamer は，Dilthey にとって解釈学は歴史意識の普遍的・包括的な媒体であり，Schleiermacher 的な手段以上のものであったが，Dilthey において歴史研究は解読であって，歴史的経験ではないと主張する。Gadamer にとって歴史研究は，歴史的経験をしていることを意味した。

Gadamer は，解釈学的経験である歴史的経験を考察するにあたり，Heidegger が発見した解釈学的循環における解釈学的状況とも呼ばれる理解の先行構造を踏襲する。しかし Gadamer (1960) は，先行理解の中に，「先入見（Vorurteil（先行判断））」という概念を加える。先入見は人間存在の歴史的現実であり，解釈学的循環における理解の条件であるとされた。また彼は先入見と共に，伝統を積極的に再評価した。「伝統はつねに自由と歴史そのものを構成する契機である」（訳：444）。過去から現在へ伝承される伝統は，われわれの存在を形作るだけでなく，つねに再構築されるのである (Bernstein, R. J., 1983, 訳：281-282)。

解釈学的経験である歴史研究において，われわれは，伝承が語りかける内容（伝統）をその対象としながら，つねに伝承の中にいる。つまり，歴史研究は伝承の研究であるだけでなく，伝承の仲介でもある。そして，伝承される内容（伝統）は，自分の手本であり，自己の再認識を含意する。これが解釈学的循環における理解の条件である先入見を構成するのである。

(4) 作用史と地平の融合

Gadamer は，全体と部分の循環である解釈学的循環における先入見や理解，理解する者が，伝承が語る事柄（伝統）に結びついていることに対して，「帰属性」という概念を提示する。この概念は，Heidegger の哲学における「被投性」に相当する（丸山, 1997）。Heidegger において，現存在は企投する存在様式の中に被投されているとされたが，Gadamer においては，伝承が語る伝統を理解する者はすでに伝統に帰属しているとされた。

先行理解である先入見のもと，伝承が語りかけてくる事柄を理解しようとす

る解釈学的状況において，歴史的関心は伝承された作品や事柄だけでなく，そ
れらが歴史の中で及ぼした作用にも向かう。伝承が語る「歴史的現象を理解し
ようとするとき，われわれは作用史のさまざまな作用にさらされている」
(Gadamer，訳：471)。そのときの意識を作用史的意識と呼ぶ。そしてそれは解
釈学的状況の意識なのである。

　Gadamer (1960) は，こうした作用史の作用が働いている状況 (解釈学的状況)
における有限な存在である人間の制限された視界を表す概念として「地平」を
提示する。この地平は，われわれが持ち込む先入見によって形成される。しか
し，それは固定されたものではない。過去[3] と出会い，そこで語り出す伝承を
理解しようとすることで，先入見は試され，そのため，「現在の地平はつねに
生成され続けている」(訳：479)。「理解とはいつもそのようにそれ自体で存在
しているように思われる地平の融合の過程である」(訳：479)。

　地平の融合に至る伝承と出会う地平では，歴史意識が生じている。歴史意識
において，過去のテクストと現在の緊張関係が経験される。Gadamer は，こ
の過去のテクストと現在の解釈者との間に生じる緊張関係を「テクストとの対
話」と呼んだ (丸山，1997)。

(5) 解釈学の存在論的転回

　さらに，Gadamer (1960) は，言語を手がかりに解釈学の存在論的転回につ
いて論じる。「言語とは，そこにおいて対話者同士の意思疎通と，事柄につい
ての了解が行なわれる中間 (Mitte) なのである」(訳：680)。そして，伝承の本質
は言語性にある。語り伝えであれ，文字によるものであれ，言語的な伝承は，
われわれに語りかけてくる。特に，文字という形での伝承は，どの時代に読ま
れても同時代のものとなる。「文字を理解することは，(中略)，現在においてい
われた内容に参与することを意味する」(訳：691)。「言語という形式と伝承さ
れる内容は，解釈学的経験においては分離できない」(訳：764) のである。

　言語は，世界の中に存在する人間が備えた，単なる機能や能力というもので
はない。人間は，言語によって世界をもつことができる。またそのことを示す

のも言語である。人間にとっての世界は，そこで一緒に生きている他の生物にとってとは異なり，言語によって構成されている。つまり，対話における了解において，「世界」が開示されるのである。「言語という中間（Mitte der Sprache）があるからこそ，われわれの世界経験の総体，とりわけ解釈学的な経験が展開するのである」(訳：787)。

Gadamer の哲学的解釈学は，Habermas や Rorty をはじめ多くの欧米の哲学者，人文・社会科学者へ大きな影響を与えた。Gadamer に代表される解釈学を適用した日本の経営分野の研究として，石井 (1993) や稲垣 (2002)，小原 (2014) が挙げられる。

2. 自己の解釈学

(1) 現象学の解釈学的転回

現代において，解釈学的哲学者としては，前項の Gadamer と双璧といわれるのが，フランスの哲学者 Ricoeur（1983, 1984, 1985）である（杉村，1998）。Gadamer が解釈学を論考したドイツの哲学者の系譜に連なるのに対して，Ricoeur は，別の経路を経て自己の解釈学と呼びうる解釈学的哲学に到達する（Grondin, J., 2006, 2013)。

Ricoeur は，フランスの反省哲学（デカルトの『省察』に代表される）の伝統から出発し，「実存哲学（中略），歴史認識の理論，聖書解釈，精神分析，言語理論，行動理論，時間や記憶や認知の現象学，物語論および倫理学」(Grondin, 2006, 邦訳：95) に関する著作を著わした。Gadamer と最も異なるところは，フロイトの精神分析，構造主義の記号論，英米の分析哲学をも受容しているところである。

Ricoeur は，Heidegger の存在論の方法としての解釈学を認めているが，Heidegger が解釈学にとって伝統的な認識論的問いを素通りしたことを批判している。Ricoeur にとって，解釈学は存在論的問いだけでなく，認識論的で方法論的かつ言語論的な問いに取り組むものなのである。存在論は，Heidegger にとっては出発点であったが，Ricoeur にとっては到達点であったといえる。

また，Ricoeur は，当初 Gadamer に対しても批判的であったが，後に
Gadamer の論考に近づき，両者は互いに接近することになる。Grondin（2006）
は，Gadamer においては解釈学の現象学への転回，Ricoeur においては現象学
の解釈学への転回が語られていると論じている。

　Ricoeur の解釈学は，Gadamer と異なり，複数の著作の中で議論されている。
大きな流れとしては，象徴にはじまり，テクスト，そして自己の解釈学に至る。
まず，解釈学は二重の意味の表現としての象徴のみに関わるとされた。ここで，
二重の意味とは，表に現れている意味とそこに隠されている意味のことである。

　本章では，Ricoeur（1983, 1984, 1985）の主著のひとつである『時間と物語』
において論考された「ミメーシス」の概念のみ紹介する。Flick（Flick, U.,
1995）は，社会科学の質的研究におけるテクストの構成と解釈において，この
ミメーシスが有益であることを論じている。

(2) ミメーシス

　『時間と物語』では，「時間とは何か」というアポリア（解くことのできない難問）
に対して，アリストテレスを起源とする「物語の詩学」で挑む形をとりながら，
「テクスト世界の開示」という概念を理解させるテクストの解釈学が展開され
る。

　アリストテレスの『詩学』における重要な概念として，ミュトスとミメーシ
スの2つがある。ミュトスは，筋，そして筋を立てる技法を意味し，ミメーシ
スは，人間の行為の模倣あるいは再現という意味である。Ricoeur は，特に行
為のミメーシスに注目し，それを単なる模倣ではなく，「創造的模倣」である
ととらえた。また，ミメーシスの中心的はたらきを統合形象化の活動であると
した。さらに，ミメーシスの概念を拡張し，中心に詩的な統合形象化の活動を
据え，その前後に2つの詩的製作の操作を配置した。3つに分節されたミメー
シスを，ミメーシスⅠ，ミメーシスⅡ，ミメーシスⅢと名づけた。

　ミメーシスⅠは，筋立てにおける行為の模倣に関する先行理解を含意する。
詩人と読者に共通した，人間の行為に関する象徴的，時間的，構造的なものに

ついての先行理解である。

　ミメーシスⅡは，具体的に筋を組み立てる統合形象化の操作である。この筋立ての操作は，人間の行為に関する先行理解である前過程（ミメーシスⅠ）と後続過程（ミメーシスⅢ）を媒介する。筋は3つの媒介機能をもつ。まず，出来事あるいは事件と，それについてのまとまったひとつのストーリーとしての全体とを媒介する。つぎに，どんでん返しや受難など，調和と不調和との媒介である。最後に，年代順的時間と非年代順的時間との多様な組合せを可能にする媒介機能である。

　ミメーシスⅢは，作品受容による再形象化である。これは，「テクスト世界と，聴衆または読者の世界との交叉」（Ricoeur, 1983, 訳：127）と表現される。聴衆や読者において，ミメーシスの過程は完了する。テクストは，それを受容する者との相互作用によってはじめて作品となるのである。人間の現実の行為がテクスト化され，受容者によって解釈されることで，テクストは再度現実に戻る。ここには，人間の行為における時間性と物語性の循環が含意され，ミメーシスの循環と呼ばれる。

　Gadamer 同様，Ricoeur の解釈学も人文・社会科学において大きな影響力をもつ。次項で紹介する，Geertz も『文化の解釈学』で，Ricoeur を引用している。日本の経営分野の研究において，Ricoeur のミメーシスの概念を質的研究の方法論に適用したものとして，増田（2013）が挙げられる。

3. 文化の解釈学

　Geertz（1973）は，自身の論文集『文化の解釈学』に，序論的な役割を担う1章を加筆し，文化の解釈学的理論の記述（厚い記述）のための手法について論じている。

　Geertz（1973）は，文化とは本質的には記号論的なものであり，人間が自身ではりめぐらし，からめとられている「意味の網」であるという。「文化は象徴に表現される意味のパターンで，歴史的に伝承されるものであり，人間が生活に関する知識と態度を伝承し，永続させ，発展させるために用いる，象徴的

な形式に表現され伝承される概念の体系を表している」(訳：148)。そこから，文化の研究は意味を探究する学問であり，「表面的には不可解な社会的表現を解釈する」(訳：6) 解釈学的学問に属すことになる。

　Geertz によると，人類学者が行っているのは，エスノグラフィーである。その知的作業は「厚い記述」の試みであるという。厚い記述とは，たとえば，人々のささいな行為にある意味，人々が行っていることを彼ら自身が解釈していることを，研究者がさらに解釈し，分析により意味の構造を探索し，記述することを含意する。また，Geertz は，厚い記述であるエスノグラフィーを，難解なテクストの解釈にも例えている。

　また，Geertz (1973) は，文化は解釈できる記号が互いに絡み合った体系であり，コンテクストであり，その中で生起する社会的事象，出来事などが理解できるように厚く記述されるものであるという。その「記述は，特定の人びととの経験に対する解釈によってなされなければならない」(訳：25)。それゆえ，人類学の著述は二次的，三次的解釈であり，「作られるもの」という意味において「創作」であると主張する。

　そして，Geertz は，エスノグラフィー的記述の特徴を 4 つ挙げている。ひとつ目は，解釈するということ，2 つ目は，解釈の対象は社会的対話の流れであること，3 つ目は，解釈によって対話で語られたことが消滅しないようにすること，そして最後に，微視的であることである。微視的であるとは，まず，人類学者は対象の集団を研究するのではなく，その集団において研究することである。そこに世界にとっての大きな意味を見いだすことは企図されていない。微視的な視点から解釈されたエスノグラフィー的事実とは，特別優れたものというのではなく，ただ特殊なものであるという。

　そのため，厚い記述と切り離せない文化理論では，抽象化によってではなく，この特殊性の中から一般性が生まれてくるという。これは，厚い記述の事例を通した一般化ではなく，医学や深層心理学での臨床推理のように，事例の中で一般化するということを意味する。この臨床的な概念化は，すでに入手できたデータの解釈であるため，未来を予測するものではない。しかし，解釈による

理論的枠組みは，過去にだけ適合すればよいのではなく，「新しい社会現象が
現れても耐えられる解釈を生みだせるものでなければならない」(訳：46) ので
ある。

　Geertz の文化の解釈学は，組織エスノグラフィー研究や組織文化の研究に
大きな影響を与えている。

Ⅲ. 解釈社会学

1. 現象学的社会学

　Schutz (1932) が生前に出版した書籍は，アメリカ亡命前に上梓した『社会
的世界の意味構成』のみである。これは，Husserl (1954) の超越論的現象学の
諸概念を用いて，Weber (1913) の理解社会学に関する哲学的な基礎づけを試
みた論考である。この書で，Schutz は，Weber の理解社会学において曖昧な
まま放置されていた基礎概念である「主観的意味」の概念を現象学的に分析し，
主観的意味と客観的意味，自己理解と他者理解，意味措定と意味解釈，因果適
合性と意味適合性などの難解な概念を解明した。

　Schutz が Husserl の現象学と Weber の理解社会学を携えて，アメリアへ亡
命した当時のアメリカ社会学は，Parsons に代表される機能主義 (システム論的)
社会学が中心であった。機能主義社会学では，社会システムを実在するものと
して認識する。それに対して，Schutz が構築を目指した現象学的社会学は認
識論的には対極に位置する。そこでは，日常生活世界 (人間の経験の構造) を記述
することに主眼が置かれた。

　Schutz が体系化を目指した現象学的社会学は，死後に編纂された著作集『現
象学的社会学』(Schutz, 1970) と，Schutz の草稿に弟子の Luckmann が加筆し
て共著として出版した『生活世界の構造』(Schutz & Luckmann, 2003) にまとめ
られた。

　Schutz は，いかに日常生活世界が個々人の社会的行為として経験され，構
成されるのか，説明を試みた。その際に彼は，「自然的態度」という概念を用

いる。自然的態度とは，われわれが主観的意味連関として現前に現れる日常生活世界の実在と，この日常生活世界は私的な世界ではなく，相互主観的な世界であることを疑わず，自明のことであるとする態度である。このように，Schutz は，問われることのない日常生活世界に対する自然な世界観を指摘し，研究者は日常生活世界におけるこの自明性を一旦停止しなければならないと説く (Schwandt, 2007)。

Schutz の現象学的社会学は，Berger & Luckmann (1966) の知識社会学 (『日常世界の構成』) や，Garfinkel (1967) のエスノメソドロジーに大きな影響を与えた。前者は，「第 3 章　社会構成主義」で紹介しているので，本章では，次項で後者について述べる。

2. エスノメソドロジー

エスノメソドロジーは，英語では，Ethno-（人々の）methodology（方法論）である。Garfinkel (1967) の造語であり，人々の社会生活の方法に関する彼自身の研究方法に名づけられた名称である。Garfinkel は学問の系譜的には，機能主義社会学の Parsons の弟子であるが，前項で述べた通り，Schutz の影響をうけ，新しい社会学の学派を作った。Schutz の影響といえる，個人の生きられた経験を，記号化された対象の世界へ変換する際の類型化の考え方の基底には，Parsons の影響も窺える。

エスノメソドロジーでは，社会的行為を規範や規則に準じて，あるいは行為者の主観的意図や信念によって説明するのではなく，研究者は，現実の社会的行為がいかなる方法や手順，組織でなされているかを調査する。日常生活で「当たり前」（当然）のこととして行われている，約束や交渉などの相互行為を，人々はいかに（いかなる方法で）実行しているかに着目する。

それゆえ，研究者は，日常生活で「当たり前」とされている行為，たとえば，会話なら，会話を「行為」ととらえ，それがいかに組織化していくかを記述する。エスノメソドロジーの具体的研究方法は，構成主義のエスノグラフィーの形をとることもあるが，その多くは，会話分析である。

3. シンボリック相互作用論

　アメリカの解釈主義（解釈社会学）の社会理論の中で，ヨーロッパの現象学と解釈学の影響を直接的にうけずに，アメリカ独自の哲学プラグマティズムを基底に理論構築されたものとして，シンボリック相互作用論が挙げられる。他の学派同様に，シンボリック相互作用論にもさまざまな形式が存在する。しかし，共有されている基本部分は，Blumer (1969) の『シンボリック相互作用論　パースペクティブと方法』に準拠している。

　シンボリック相互作用論という用語は，Blumer (1969) によると，彼自身の造語であるようだが，彼は，先達のプラグマティズムの哲学者であり社会心理学者である，Mead の影響を強くうけている。Mead と Blumer のシンボリック相互作用論に共通する前提は3つある (Schwandt, 2007)。

　第一に，人間（行為者）が自分の環境の中で他者や対象に対して行う行為は，他者や対象が行為者に対してもつ意味に基づいているという前提である。第2に，それらの意味は，シンボル媒介的な社会的相互行為（コミュニケーション）から生じるという前提である。第3に，それらの意味は，それぞれの行為者による解釈によって確立され，また修正されるという前提である。

　これらの前提のもと，シンボリック相互作用論に基づく研究では，まず，あるがままの現実としての社会的相互作用過程を分析の対象とする。つぎに，参与観察やフィールドワークなどによる質的研究法の手法が用いられる。そして，社会的行為における意味的・シンボル的側面に主眼を置いた調査が行われる。今日でも，シンボリック相互作用論は，解釈主義的アプローチの研究に大きな影響を与えている。

Ⅳ. 解釈主義的組織論

1. 解釈学的アプローチ

　組織論における解釈学的方法と記述は，すでに述べた通り，Roethlisberger & Dickson (1939) の人間関係論にまで遡ることができる (稲垣, 2002；小原,

2014)。彼らによると，作業現場における出来事や事物は，社会的な価値や意味をもつ存在として解釈しなければならないものである。出来事や事物はそれ自体の実体のレベルと，それに付与される意味のレベルで存在している。そして，意味のレベルの方がより重要であると強調している。

解釈学において，意味の解釈と同様に重要な概念である「解釈学的循環」，つまり全体と部分の循環性に着目した研究として，Barnard (1938) が挙げられる (稲垣，2002；小原，2014)。Barnard によると，管理過程は「全体の統合の過程であり，局部的な考慮と全体的な考慮との間，ならびに一般的な要求と特殊な要求との間に効果的なバランスを見いだす過程である」(訳：248)。また，管理過程においては，全体としての組織とそれに関連する全体状況を感得することが重要であると指摘している。この全体を感得する行為は，科学というよりもアートの性格をもつ非論理的なもので，直観やインスピレーション，感覚で表現されるべき，論理に従わない「飛躍」が存在するという。

Barnard の管理過程に関する論考は，Heidegger により存在様式とされた，解釈学的循環の実践論ということができるであろう。

2. 行為準拠枠

機能主義的組織論の方法論では，人間の社会的行為である組織現象を十分に説明できないため，Silverman (1970) は機能主義研究者でありながら，Schutz や Weber の社会学を組織研究に積極的に取り入れ，行為を適切に分析・理解するための行為準拠枠の理論を展開した。

Silverman (1970) は，行為準拠枠に関していくつかの命題を提示している。たとえば次のような命題である。① 社会学は行動を観察するよりもむしろ行為を理解することに関心をもっている。② 意味は社会によって与えられる。③ 社会が人間を規定すると同時に，人間もまた社会を定義する。④ 相互作用を通じて人間も社会的意味を修正し，変化させ，変換させる。⑤ 人間の行為の説明を行うためには，関係者たちが自分たちの行為に付与する意味を考慮にいれなければならない (Burrell & Morgan, 1979=1986：240)。

Silverman は，機能主義的アプローチでは見落とすことになる，行為者の主観的意味を理解することの重要性を理解していた。Burrell & Morgan（1979）によると，Silverman の行為準拠枠の理論は，機能主義者パラダイムにおいて主観主義者の領域に最も近い理論である。

3. 組織文化論と組織シンボリズム

1980 年代に入ると，組織研究において組織文化に着目した研究が増えてくる。組織文化論は，機能主義と解釈主義のいずれのアプローチでも研究が行われている。機能主義的組織文化論が客観的実在物としての組織文化がなぜ維持存続するのかを論点とするのに対して，解釈主義的組織文化論は，どのように組織文化は生成するのかを問題にする（坂下，2002）。

また，組織文化を解釈学的に研究することは，文化をメタファーとして扱い，シンボルの意味解釈に繋がるため，解釈主義的組織シンボリズムに密接に結びつく。組織シンボリズムは，組織の意味の創造と維持を行うシンボリック行為のパターンにその理解の焦点をおき，組織は，共有されたシンボルと意味システムと理解される（高橋，1998）。同様に，組織文化は，人間の相互作用によって生じ，シンボルを通して学習され，伝承される，特定の集団によって共有されたシンボルと意味のシステムということになる（高橋，1998）。

組織文化を解釈学的に研究した代表的なものとして，Smircich（1983a，1983b）が挙げられる。Smircich（1983a）は，文化に関する組織と管理の研究を5つに分類している。交差文化−比較経営，企業文化，組織の認知，組織シンボリズム，構造的−心理ダイナミック・パースペクティブの5つの分野に関わる研究である。最初の2つの研究は，システム理論の枠組みに基づき文化を組織変数としてとらえている。他の3つの研究は，組織を観念づけるルート・メタファーとして文化をとらえている（高橋，1998）。

Smircich（1983b）は，エスノグラフィックな実証研究である。Smircich は，小規模の保険会社で，トップマネジメント・グループのオブザーバーとして，6週間の参与観察を行った。ただ観察するだけでなく，インタビューも行い，

生活史の手法を用いて組織に関するドキュメントも入手している。こうした質的調査により，Smircich は，トップマネジメントのメンバーが月曜の朝の会議という「組織的儀礼」や，「全員一丸」という「組織的スローガン」，「チャレンジ」という「組織的ボキャブラリー」などの組織的シンボルの意味を解釈し，その意味解釈を通して，組織文化を維持している動的なプロセスを明らかにした (坂下，2002)。

　しかし，解釈学的組織文化論と呼べる研究はまだそれほど多くは行われていない (坂下，2002)。

4. 組織化の進化論モデル

　さらに，解釈主義的組織論は，主観的解釈的視点から組織を動態的なものととらえる組織化の議論へ展開する。代表的な研究が，Weick (1979) の組織化の進化論モデルである。この理論は，組織の現象を空間的にとらえた「構造」ではなく，時間と共に変化していく「過程」に着目する。Weick は，組織化の過程を，行為者間の二重の相互作用による相互連結行動によって多義性 (曖昧さ) の削減に妥当であると関与者が思える文法であると定義している。

　Weick の組織化の進化論モデルは，自然淘汰説に依拠して，「生態学的変化」→「イナクトメント (enactment)」→「淘汰」→「保持」という構成になっている。生態学的変化は，人や組織の活動の中で生じる通常とは異なる違いや差異など不連続性を感得させる現象・事象としての変化である。イナクトメントは，自然淘汰における変異に該当するが，組織メンバー自身が能動的に環境を新たに創造するという意味が込められた用語である。まさに，メンバー自身が生物学的変化に対応して，自ら新しい環境・意味を「イナクト」するということである。淘汰は，新たにイナクトされた環境・状況がもつ多義性を削減する過程である。そして，保持は，イナクトされた環境，つまり合意された意味形成を組織的に蓄積することである。

　この保持された，イナクトされた環境は，組織文化を形成する要素である。そして，組織化の進化過程において，それらは，新たにイナクトされた環境と

の相互作用により，編集，改訂，更新されていく。このように，組織の現象は，組織化の動的なプロセスととらえることができるのである。

　以上のように，Weick の組織化の進化論モデルは，機能主義的な視点とは異なる，解釈主義的視点からの理論である。まさに，それは，一般解釈学が提起した解釈学的循環に理論的に準拠し，かつ組織メンバーにとっては Heidegger が認識様式から存在様式へ転回した，解釈学的循環の実践論ということができるであろう。

注
1）ドイツ語で，現在もドイツでは，人文科学全般を指すものとして使用されている。
2）ドイツ語 "Dasein" の訳語で，一般には「ここにいること・現に存在すること」を意味するが，Heidegger（1927）の用語では，世界内に存在する自己の存在（ここにいること）を問題にする（物や道具のような存在者とは異なる）存在者としての人間を含意する。
3）ここでの「過去」は，まず過去に出会う文脈においてはある伝統が形成・継承されてきた時代を指すが，その伝承を理解し，現在の地平がたえず生成され，地平の融合に至る過程においては，たった今過ぎ去った時間をも含意する。

さらに学習すべき事柄
・解釈主義の諸理論を支える哲学である，解釈学とプラグマティズムについて，さらに調べてみよう。
・クラブ活動やアルバイトなどの組織活動において，個々のメンバーがその組織にどのように関わっているのか，解釈学的循環の視点から，観察し，分析してみよう。

読んでもらいたい文献
魚津郁夫（2006）『プラグマティズムの思想』筑摩書房
Dewey, J.（1899）*The school and society*.（宮原誠一訳『学校と社会』岩波書店，2005 年）
　上記 2 冊は，プラグマティズムの入門書と基本文献である。解釈学と解釈主義の基本文献は，「引用・参考文献」に挙げている。それらも是非とも読んでもらいたい。

引用・参考文献

Barnard, C. I. ([1938] 1968) *The Functions of the Executive.* Harvard University Press. (山本安次郎・田杉競・飯野春樹訳『新訳　経営者の役割』ダイヤモンド社, 1968 年)

Berger, P. L., & Luckmann, T. (1966) *The Social Construction of Reality – A Treatise in the Sociology of Knowledge.* New York. (山口節郎訳『日常世界の構成　アイデンティティと社会の弁証法』新曜社, 1977 年)

Bernstein, R. J. (1983) *Beyond objectivism and Relativism ; Science, Hermeneutics, and Praxis.* the University of Pennsylvania Press. (丸山高司・木岡伸夫・品川哲彦・水谷雅彦訳『科学・解釈学・実践　客観主義と相対主義を超えて I・II』岩波書店, 1990 年)

Blumer, H. (1969) *Symbolic Interactionism : Perspective and Method.* Prentice-Hall, Inc., Englewood Cliffs, New Jersey, U.S.A. (後藤将之訳『シンボリック相互作用論　パースペクティブと方法』勁草書房, 1991 年)

Burrell, G., & Morgan, G. (1979) *Sociological Paradigms and Organisational Analysis.* Heinemann. (鎌田伸一・金井一頼・野中郁次郎訳『組織理論のパラダイム―機能主義の分析枠組―』千倉書房, 1986 年)

Dilthey, W. (1931) "Der Fortgang ueber Kant," *Wilhelm Diltheys Gesammelte Schriften, 8. Band,* Leipzig und Berlin V, Stuttgart. (塚本正明訳「解釈学の成立」O. ペゲラー編・瀬島豊ら訳『解釈学の根本問題』晃洋書房, 1977 年)

Dilthey, W. (1957) "Die Entstehung der Hermeneutik," *Gesammelte Schriften. Bd.* V, Stuttgart. (久野昭訳『解釈学の成立』以文社, 1973 年)

Flick, U. (1995) *Qualitative Forschung.* Hamburg : Rowohlt Taschen Verlag GmbH. (小田博志・山本則子・春日常・宮地尚子訳『質的研究入門』春秋社, 2002 年)

Gadamer, H. G. (1960) *Wahrheit und Methode Grundzuege einer philosophischen Hermeneutik.* J.C.B. Mohr (Paul Siebeck) Tuebingen. (轡田收・麻生建・三島憲一・北川東子・我田広之・大石紀一郎訳『真理と方法 I　哲学的解釈学の要綱』法政大学出版局, 1986 年, 轡田收・巻田悦郎訳『真理と方法 II　哲学的解釈学の要綱』法政大学出版局, 2008 年, 轡田收・三浦國泰・巻田悦郎訳『真理と方法 III　哲学的解釈学の要綱』法政大学出版局, 2012 年)

Garfinkel, H. (1967) *Studies in Ethnomethodology.* NJ : Polity.

Geertz, C. (1973) *The Interpretation of Cultures.* Basic Books, Inc. (吉田禎吾・柳川啓一・中牧弘允・板橋作美訳『文化の解釈学 I・II』岩波書店, 1987 年)

Grondin, J. (2006) *L'hermeneutique.* Presses Universitaires de France, Paris. (末

松壽・佐藤正年・及川直志訳『解釈学』白水社，2018 年）

Grondin, J. (2013) *Paul Ricoeur*. Presses Universitaires de France, Paris.（杉村靖彦訳『ポール・リクール』白水社，2014 年）

Heidegger, Martin (1927) *Sein und Zeit*.（原佑訳「存在と時間」『ハイデガー』中央公論社，1980 年）

Heidegger, M. (1927) "Verstehen und Auslegung／Die Aussage als abkuenfiger Modus der Auslegung," *Sein und Zeit*. Tübingen.（溝口兢一訳「解釈学的循環の問題」O. ペゲラー編・瀬島豊ら訳『解釈学の根本問題』晃洋書房，1977 年）

Husserl, Edmund (1954) *Die Krisis der Europäischen Wissenschaften und die Transzendentale Phänomenologie*. Martinus Nijhoff, Haag.（細谷恒夫・木田元訳『ヨーロッパ諸学の危機と超越論的現象学』中央公論社，1974 年）

稲垣保弘 (2002)『組織の解釈学』白桃書房

石井淳臓 (1993)『マーケティングの神話』日本経済新聞社

丸山高司 (1997)『ガダマー　地平の融合』講談社

増田靖 (2013)『生の現場の「語り」と動機の詩学　観測志向型理論に定位した現場研究＝動機づけマネジメントの方法論―』ひつじ書房

小原久美子 (2014)『経営学における組織文化の位置づけとその理論的展開』白桃書房

Pöggeler, O. (hrgs.) (1972a) *Hermeneutische Philosophie*. Nymphenburger Verlagshandlung GmbH., Muenchen.（ペゲラー編・瀬島豊ら訳『解釈学の根本問題』晃洋書房，1977 年）

Pöggeler, O. (1972b) Pöggeler, O. (hrgs.) *Hermeneutische Philosophie*. Nymphenburger Verlagshandlung GmbH., München.（瀬島豊訳「解釈学の歴史と現在」ペゲラー編，瀬島豊ら訳『解釈学の根本問題』晃洋書房，1977 年）

Roethlisberger, F. J., & Dickson, W. (1939) *Management and the Worker*. Harvard University Press.

Ricoeur, P. (1983) *Temps et reci, Tome I*. Editions du Seuil.（久米博訳『時間と物語 I』新曜社，1987 年）

Ricoeur, P. (1984) *Temps et reci, Tome II*. Editions du Seuil.（久米博訳『時間と物語 II』新曜社，1988 年）

Ricoeur, P. (1985) *Temps et reci, Tome III*, Editions du Seuil.（久米博訳『時間と物語 III』新曜社，1990 年）

坂下昭宣 (2002)『組織シンボリズム論』白桃書房

Schleiermacher, F. D. E. (1959) *Hermeneutische Philosophie*. Nymphenburger Verlagshandlung GmbH.（久野昭・天野雅郎訳『解釈学の構想』以文社，1984 年）

Schutz, A.（1932）*Der sinnhafte Aufbau der sozialen Welt : Eine Einleitung in der verstehende Soziologie von Alfred Schuetz.* Verlag Springer, Wien, Suhrkanmp, Frankfurt a. M.（佐藤喜一訳『社会的世界の意味構成—ヴェーバー社会学の現象学的分析—』木鐸社，1982 年）

Schutz, A.（1970）*On Phenomenology and Social Relations.* The University Of Chicago Press, Illinois, U.S.A.（森川眞規雄・浜日出夫訳『現象学的社会学』紀伊國屋書店，1980 年）

Schutz, A., und Luckmann, T.（2003）*Strukturen der Lebenswelt.* UVK Verlagsgesellschaft mbH.（那須壽監訳『生活世界の構造』筑摩書房，2015 年）

Schwandt, T. A.（2007）*The Sage Dictionary of Qualitative Inquiry 3rd Edition.* London and New Delhi : Sage Publications, Inc.（伊藤勇・徳川直人・内田健訳『質的研究用語事典』北大路書房，2009 年）

Silverman, D.（1970）*The Theory of Organizations.* London : Heinemann.

Smircich, L.（1983a）Concepts of Culture and Organizational Analysis, *Administrative Science Quarterly,* 28（3）巻号：339-358.

Smircich, L.（1983b）Organizations as Shared Meanings,, in Pondy, L. P., Frost, P. J., Morgan, G., & Dandridge, T. D.（eds.）*Organizational Symbolism.* JAI Press, 55-65.

杉村靖彦（1998）『ポール・リクールの思想　意味の探索』創文社

高橋正泰（1998）『組織シンボリズム』同文舘出版

Weber, M.（1913）Über einige Kategorien der verstehenden Soziologie, in : *Logos, Internationale Zeitschrift für Philosophie der Kultur.* 4. Band, 3. Heft J. C.B.Mohr, Tubingen.（海老原明夫・中野敏男『理解社会学のカテゴリー』未来社，1990 年）

Weick, K. E.（1979）*The Social Psychology of Organizing.* McGraw-Hill, Inc.（遠藤雄志訳『組織化の社会心理学』文眞堂，1997 年）

第7章　ポストモダニズムと組織理論[1]

　ポストモダニズムは，批判主義，懐疑主義，そしてモダンの脱構築としてみられている。モダニズムといわれる近代科学の特徴は，世界を人間の意識と物理的世界に切り離し，世界を唯一絶対の原理によって説明できるという命題に見いだされる。自然はある一定の普遍的法則に従っているという考え方から，あらゆるものは条件さえわかれば予測可能であるとみなされてきた。このような近代の科学的神話から，組織論もまた組織を客観的で，法則的に説明しようとしてきた。ポストモダニズムは，このような科学的方法を万能な方法とみなすというモダニズムの科学観への懐疑的態度および批判的態度を基礎とする。ストモダニズムとしての組織の理論は，機能主義の概念の下で発展してきた組織研究分野に，新しい組織理論の展開の可能性を示していると位置づけることができる。

―― **キーワード：モダニズム，機能主義，解釈主義，組織シンボリズム，メタファー** ――

Ⅰ．はじめに

　ポストモダニズムは，批判主義，懐疑主義，そしてモダンの脱構築としてみられている。モダニズムといわれる近代科学の特徴は，世界を人間の意識と物理的世界に切り離し，世界を唯一絶対の原理によって説明できるという命題に見いだされる。自然はある一定の普遍的法則に従っているという考え方から，あらゆるものは条件さえわかれば予測可能であるとみなされてきた。このような近代の科学的神話から，組織論もまた組織を客観的で，法則的に説明しようとしてきた。しかし，カオスの理論に代表されるように，「世界はある種の機械のように，決定論的に説明される」ということへの疑問が湧いてきているように思える。ポストモダニズムは，一言でいうと，このような科学的方法を万能な方法とみなすことへの懐疑的態度であり，「近代の合理主義を見直し，人間と科学技術の在り方を問い直す」ことである。

　この懐疑的態度すなわち懐疑主義は，まさに近代科学を誕生させた基本的態

度でもあった。この態度からすれば，「われわれの世界は本当に人間の意識と切り離して考えることができるのであろうか」という疑問を改めてもつことが必要であるように思える。従来の組織論の特徴は，近代社会科学を支配してきた機能主義的立場であった。機能主義的組織論は，「組織は目的を達成するための合理的手段の選択とる命題」にみることができる。

　この機能主義的組織論の論理は，組織論が成立して以来中心的概念であったが，社会科学の発展によりその限界もまたみられるようになっている。それは，基本的な科学観であり，その支配的なパラダイムにあるといえる。社会科学における真理とは何かを考えなければならない。人間の生み出した現象に，自然科学的な真理，法則性が存在するのであろうか。この疑問は，社会科学において基本的な命題である。しかし，組織を理論的に把握する組織論の認識レベルは，確実に進歩してきている。それはさまざまなラベルを貼ってはいるものの，またこれまでの理論の焼き直しのごとく見えるかもしれないが，確実であるように思える。これからの組織には，客観性を求める機能主義的発想ではなく，多様な価値を生み，それらを容認する解釈的な発想が必要とされる。高付加価値を創造することが組織にとって不可欠の要素となり，組織コントロールを重視する機能主義的組織論は，これまでのような存在の意味を失いつつあるといえるかもしれない。組織現象には，技術的なそして機能的合理性だけでなく，社会的に構成される現実といった相互作用的で解釈的な，そして精神的な側面の考察が必要とされてきているし，矛盾する論理を扱うパラドックス的組織理論が求められている。組織には，高付加価値を創造するために，コントロール，創発性，自律性，サポート，およびスピードといった論理を融合されることが必要となり，シンボリックな意味の世界があってその組織は機能することになる。

　主にヨーロッパの思想や哲学の伝統から発展したとされるポストモダンは，さまざまな思想的変革を経て展開してきている（岩内他，2005：4）。そのひとつがポストヒューマニズム（posthumanism）でありポスト構造主義である（岩内他，2005：10）。ポストモダンはモダンの理論を批判するとともに新たな分析方法や既存の理論とは一線を画す立場を主張している。それは，フェミニズムやディ

第7章　ポストモダニズムと組織論　**131**

スコース分析であり，脱構築でもある。

　このポストモダニズムの理論として位置づけられる組織の理論は，科学的方法論，組織観，および人間観に従来の機能主義的組織論とは異なったパラダイムを投げかけている (e. g., Morgan et al., 1983；高橋，1992)。このような組織の視座を検討しながら，ポストモダニズムと組織の理論について検討することにする。

II．ポストモダニズムと組織

1. ポストモダニズムの理解

　ポストモダニズムという言葉は，科学研究に携わるものにとっては，魅力的ではあるがとらえどころがなく，特に従来の組織研究の方法を踏襲する研究者にとっては曖昧で，意味がなく，時には嫌悪感を抱く言葉であるかもしれない (e. g., Alvesson, 1995；Kilduff & Mehra, 1997)。その理由は，ポストモダニズムを定義することが非常にむずかしいからであろう。その内容は多岐にわたり，一貫性を欠き，標準的な意味をもっていないように感じられる。しかしながら，このことこそがモダニズムとポストモダニズムを峻別する重要な鍵である。20世紀の科学は，モダニズムの結晶であり，絶対的真理を追究する科学の姿であった。そこには，客観的で，規則的な法則性に貫かれた世界が描かれ，合理的で，標準化された社会が措定されていた。このような社会の在り方が，今，問われている。われわれの世界は，機械仕掛けの規則的な，かつ客観的合理性に支配された世界として理解できるのであろうか。この問題を今一度，問い直さなければならない。その疑問こそが，ポストモダニズムを特徴づけているとみることができる。ポストモダニズムは，「既成の確立された知識に対する 20 世紀の最も偉大な挑戦のひとつである」(Wisdom, 1987：5) といえよう。

　社会科学におけるポストモダニズム[2] は，合理性や真理，進歩の概念に疑問を抱くということを共通の基盤としている。理論や歴史を統一するという概念や正当化が困難な対象を見いだすことによって，ポストモダニストは歴史の可逆性，偶発性の重要さ，そして世界の浅薄さや相対性が，社会理論にとって重

要な特徴であることを示唆している (Burrell, 1989)。ポストモダン的志向の核心は，社会現象のすべてを説明するというグランド理論を求めるものではない。すべての「説明」は不確かなそして部分的なものなのである (Alvesson & Berg, 1992 : 218)。また，ポストモダンなパースペクティブは，組織の秩序を前提とはしていないし，無秩序を重要な要素とみているわけではない。むしろ，たとえば文化を秩序化の道具として考える概念そのものに抵抗するのである。

　方法論的にも，ポストモダニズムの考え方は，研究を行う際の近代的もしくは合理的方法の実在的で洞察に満ちた批判に基づく現実の知覚に対する存在論的・認識論的態度としてみることができる。この意味からすれば，組織シンボリズムに代表される諸理論は組織研究分野におけるポストモダニズムの研究であるといえよう。

　時代区分的な見方からすると，ポストモダニズムは脱工業化主義 (post-industrialism) と結びついているといえよう。脱工業化社会の特徴は広く組織論や管理論で認識されているところであるが，仕事の意味の変化，社会的現実についての情報技術のインパクト，工業部門の縮小，そして新しい代替的組織形態の展開やサービスおよび情報部門の拡大として知られる (Lash & Urry, 1987)。従来の社会科学に基づく組織論は，現実の産業的 (技術－経済的) もしくは政治的・制度的側面に焦点を当ててきた。ポストモダニズムは文化の側面，たとえば思想，感情の構造，そして審美的な経験に焦点を当てる。この意味からすれば，ポストモダンな新しい時代は生産プロセスにかかわって組織化された強固に秩序化された工業社会と比べて，緩やかに結びつけられた多元的で，豊かなそして可変的な大衆社会をあらわしている (Alvesson & Berg, 1992 : 216-217)。このように，ポストモダニズムは，増大する信念の多元性によって特徴づけられる (Jencks, 1989 : 50) といえる。

2. 組織のポストモダニズムの背景

　Kilduff & Mehra (1997) が指摘するように，最近の組織に関する研究には，明らかにポストモダンな研究が現れてきているようである (e. g., Boje, 1995 :

Kilduff, 1993；Martin, 1990)。新しいスタイルの理論的・認識論的な志向をとっ
たり，イデオロギーを探求するための方法論的かつ理論的方法として，ポスト
モダニズムから何らかの示唆を得たりした者もいるようであるし，ポストモダ
ニズムとしてみられる新しい組織の特徴を明らかにして，ポスト官僚制組織に
ついての研究がみられる (Alvesson, 1995：1058-1059)。Berg (1989) は，完全に
操作的で前進的な戦略的選択下にある意識的で成熟した人間によって動かされ，
かつしっかりと結びつけられた合理的機械として組織を語ることを拒否し，カ
オスや曖昧性を，そしてイメージと超リアリティの役割を強調している。必ず
しも合理性に基づく機能主義的組織論が，すべてこのように完全で，合理的な
そして機械的な組織を主張しているわけではないが，少なくとも客観的合理性
と規則性を志向してきたことは事実である。しかし，このことを過大に強調す
ることは誤解を招く恐れがあることもまた事実である。ただ重要なことは，こ
れまで支配的であった組織論が無視したり，その研究に入れなかったりした範
囲を考慮する必要があるということである。認識論的にも新たなパラダイムが
要請されているのである。

　組織論におけるポストモダンの問題点は，次の5つに要約される (Kilduff &
Mehra, 1997：462-466) [3]。

(1) 通常科学についての問題：革命的立場

　ポストモダニストはメタ理論を否定し，すべてのグランド・セオリーに疑い
をもっている。この批判に対して，Merton (1957) は中範囲理論を提唱し，デー
タの適応範囲の限定性を示した。しかし，グランド・セオリーや中範囲理論に
よる研究プログラムにコミットすることには，ポストモダン主義者から疑問が
提示されている。かれらは，Kuhn (1962) が「通常科学」と呼んだ重要性を議
論している。多くの科学者は受け入れられたフレームワーク内でパズル解きを
しており，Kuhn (1970) 自身が明らかにしたように，このことは革新的な思考
ではなく，規範的な立場であるといえる。「科学者は革命的であって，パズル
の解決者ではない」という立場から，科学者は競合するパラダイム間を移動す

ることはありえないとする見方を「危険なドグマ」として，Popper (1970) は
退けている。ポパー流の見方をポストモダンとはいえないとしても，既存のパ
ラダイムに対する革命的な立場や，研究の問題によるであろうが，パラダイム
間の移動の可能性を議論した点は，ポストモダニズムと通じるものがある。ポ
ストモダン主義者は多くの異なる理論的立場が同時に有効であること，そして
基本的な仮説に関するこれまでの，そして現在の批判的議論の重要性を擁護す
るのである。

(2) 真理についての問題：フィクションの重要性

　真理とは，人がそれを幻であることを忘れた幻であるかもしれない
(Nietzsche, 1873/1995)。このパースペクティブに従えば，真理としてみなされ
るものは固定化されたものではなく，社会的な伝統から派生したものであるが
故に，真理の追究は社会科学の目標としては根深い問題となる。真理は，自然
に固有なものではなく，人間によって織りなされる伝統に基づいている。人間
は，人間によって創造される世界に反応する。科学者は人々が知覚し，創造す
るフィクションを理解しなければならない。

　ポストモダンは，共有された社会的世界の創造にもつ個人の知覚の重要性を
強調し，「個人がいかに経験を意味づけし，社会的世界を構築し，維持するか」，
そして「いかに社会的構築が確実なものとして現れるのか」に研究の注意を払
ってきている。

(3) 表象の問題：客体は主体である

　世界を的確に表すという問題は，ポストモダンの議論において重要な問題と
なってきている。ポストモダンな立場は，方法論的純粋さに対するあらゆる主
張の土台を削り取ろうとしている。ポストモダン主義者にとって，事実につい
ての自然発生的で客観的な描写を行うことのできる方法論はないのである。科
学は自然を映す鏡ではないが故に，科学テキストでみられる客観性は人を惑わ
せるものとなる。科学の仕事は，修辞的な伝統や当然とみなされている仮説に

関する解釈のコンテキストの中で行われているのである。

(4) 記述の問題：スタイルの問題

　もし科学が部分的であれ修辞的な産物であるならば，そのスタイルが重要となる。いかに客観性がみられようと，またいかに事実がテキストにみられようと，テキストの修辞的検討を免除することをポストモダン主義者は拒否している。すべてのテキストは，どのように議論が表現されるべきであるかに関わる一連の選択をあらわしており，これらの選択はテキストの中に織り込まれている。ポストモダンなパースペクティブからすれば，研究者は社会科学においても，審美的に満足したテキストを生み出すことになる。

(5) 普遍可能性の問題：無知の前進

　ポストモダンなパースペクティブからすれば，社会科学の目指すものは普遍可能性ではない。つまり，社会科学における普遍可能性の危機には多くの理由が考えられる。それは，(a) 結果に影響を与える可能性のあるすべてのコンティンジェンシー要因を隔離することは不可能であること，(b) 社会科学研究の歴史的な立場に立つという本質，そして (c) 研究結果が政策的勧告に置き換えられたり，若しくは研究の潜在的主体にまで行き渡るという容易さ，である。もし社会科学が行動の法則を生み出すビジネスではないとしたら，その目的はいったい何であろうか。社会科学は実務者と読者の間に興味と興奮を引き起こす限りにおいて，価値があるものであるかもしれない。科学における前進の概念は，われわれは知れば知るほど，知らないことを知ると一般的によくいわれている神話である。

　以上のようなポストモダニズムの論点を理解することによって，社会科学としての組織論においても重要な示唆を得ることができる。Clegg (1990：203) は，モダニティとポストモダニティの組織論的次元を，専門化対拡散化，官僚制対デモクラシー，階層対市場，権限の剥奪対付与 (disempowerment vs empowerment），硬直性対柔軟性，個人化対集団化，そして不信対信頼とみなしている。しかし，ポストモダニズムの観点からすれば，このような二分法的なとらえ方は当てはまらない。そもそも世界を二分法的にとらえる必要はないのである。したがって，Clegg (1990) が憂慮するようなポストモダンな組織論と伝統的な組織論の分離やそれにともなう社会科学の分化は，その必然性をもっていない。

Ⅲ. ポストモダニズムとしての組織シンボリズム，そして組織の理論

1. ポストモダニズムとしての組織シンボリズム

　組織や管理の理論の発展からすれば，組織の文化研究にはじまる組織シンボリズムは，組織研究に重要な貢献を果たしているといえる (Alvesson & Berg, 1992 : 200)。第一に，文化の概念を導入することで，組織を全体 (集合体) としてとらえる有力なメタファーを組織論は得ることができたこと。つまり，組織化された行為の基礎としての共有された意味や価値に注意を払うことによって，新たな基礎的な理解が示されたことである。したがって，組織シンボリズムの考える文化とは，変数としての文化ではなく，メタファーとしての文化である，という見方である。先に述べたように，組織のポストモダニズムは社会的世界としての現実を重視し，組織の意味づけを指摘している。このパースペクティブは，組織シンボリズムが考える組織の世界である。

　第二に，組織シンボリズムは組織現象を分析する際に，新しい科学的見方を提供している。それによって，以前は説明できなかった事柄を説明することができる可能性を示したことである。それは，パラドックス・パラダイムであり，二律背反する命題を同時に考えることの重要性である。

　最後は，組織シンボリズムの分野における近年の研究発展が，組織のポストモダンな考え方への道を開いたことである。たとえば，われわれが見たものに適用されるだけでなく，どのように研究を進めればよいか，について適用でき，特に進めている研究と，それを表現するに使用される言語の合理性に関する一般的仮説に疑問を提起するような科学的研究モードが，ポストモダンな考え方

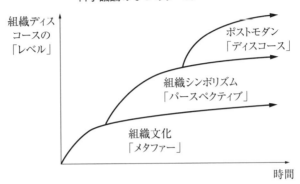

図表 7-1　組織文化と組織シンボリズム分野における
科学議論の 3 つのレベル

出所）Alvesson & Berg（1992 : 201）

の好例である。

　これらは，組織のディスコース（discourse）[4) における 3 段階のレベルを形成
していると考えられている（図表7-1）。組織に関する知識がはっきりとこのよ
うに発展していると断言できるわけではないが，組織シンボリズムはまさにこ
のポストモダンな世界を解明していく，有力なパースペクティブのひとつとし
て位置づけることができる[5)。

　Burrell & Morgan（1979）のパラダイムに基づく組織の諸研究から，組織シ
ンボリズム研究へのアプローチを，以下のように考えることができる。

　第一の機能主義者パラダイムによれば，社会は具体的で，現実の存在であり，

図表 7-2　4 つのパラダイムによる社会理論の分析

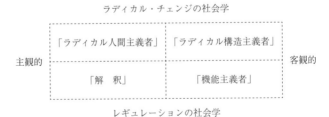

ラディカル・チェンジの社会学

「ラディカル人間主義者」	「ラディカル構造主義者」
「解　釈」	「機能主義者」

主観的　　　　　　　　　　　　　　　　　　　　　　客観的

レギュレーションの社会学

出所）Burrell & Morgan（1979 : 22, 訳 28）

ある事柄を秩序だて，統制するように指向される体系的特徴をもつという仮説に基づいており，シンボルを情報や意味を運ぶものとして考え，シンボルが社会秩序を維持することに果たす無意識―しかし自発的な―の機能を強調する。

　次の解釈パラダイムによれば，社会的世界はまさに不安定な存在論的状態をもっており，社会的現実は何ら具体的な意味において存在しないという見方に基づいている。社会の現実は，個人の主観的そして相互主観的経験の産物であり，社会は観察者というより行動の参加者の立場から理解される。個人が世界を創造する本質的媒体としてシンボルはみなされ，理論や研究は，これが発生するプロセスの理解に向けられる。

　ラディカル人間主義者パラダイムは，解釈パラダイムと同様に，現実が社会的にいかに創造され，維持されるかを強調するが，意識の病理学として描かれるものに分析の興味を結びつけるのである。このパースペクティブは，人間の心のチャンネルを開き，抑圧し，統制する，精神的－社会的プロセスによってシンボリック・モードという媒体を通して現実が創造され，そのプロセスが影響されるという見方に基づいている。

　最後のラディカル構造主義者パラダイムによって定義される現実は，ラディカル人間主義者パラダイムと同様に本質的に支配力として社会をみる立場により主張される。しかし，社会的世界は確固たる，具体的な，存在論的現実構造をもっているという唯物論者の概念に結び付いており，これらの現実は対立する要素間の固有の緊張や矛盾によって特徴づけられ，全体としてのシステムの急激な変化が必然的に導かれる。ラディカル構造主義者の関心は，これらの本質的緊張状況の理解に向けられ，社会でパワーをもった人はさまざまな支配形態を通してそれらをチェックし，把握しようとするということにある。

　科学に対してはさまざまな見方あるいはパラダイムがあり，そこに現在の科学論や科学方法論の混在と混乱がある一方で，パラドックス的な言い方をすると，発展の可能性も存在するといえるのである。これらの現状からすれば，唯一絶対の基準を見いだせず，したがって多くの考え方が共生できるという多義性を認める解釈主義的相対主義の考え方にしたがった方が，組織論を考えてい

く上では，より生産的であるようである。その意味からすれば，解釈的機能主義の組織論を考える基盤をそこに見いだすことができるのである。

　ポスト官僚制組織が盛んに議論され，従来の機能主義的組織論を越えた組織モデルが模索されている。機能主義的組織論と位置づけられる Thompson (1967) の組織モデルは，オープン・システム・モデルのレベルにとどまっており，人間組織としての組織を十分に説明しているわけではない。Boulding(1956)のシステム階層でいうレベル8の組織を扱うためには，シンボリックな意味世界が考えられなければならないのである。

　新しい組織の論理[6]には，創造性，特に付加価値の創造が不可欠となる。目標に対して合理的であるという機能からは，高付加価値は生まれない。能率と有効性，および合理性を考える組織の機能の概念は，シンボリックな意味世界があって初めてその存在が組織にとって重要となる。組織の合理性は，機能によるというよりは，組織のもつ意味や価値によって決定されるのである。ここに解釈主義的組織論を考えなければならない理由があるのであり，組織シンボリズムはこの組織論の新たな要請に応える論理を含んでいる。そして組織論において，ポストモダンな発想を受け入れる窓口として組織シンボリズムを位置づけることができるのである。

　従来の実証主義，客観主義，合理主義の立場に立つ機能主義は，組織論の成立以来，中心的パラダイムとして，社会科学とりわけ組織論の分野では圧倒的な支持を得てきたが，その本質的要件によって内部崩壊の危機に陥り，新たな研究視点の挑戦をうけているのである。この新しい考え方をもつ解釈主義的研究の代表的研究のひとつとして，組織論においては組織シンボリズムを位置づけることができるのであり，これら解釈主義的組織論の展開こそがポストモダニズムの組織論を考える契機となっているといえる。

2. 組織シンボリズムからポストモダン組織の理論へ

　ポストモダニズムによるパラダイムは，組織モデルとして組織の意味の創造と維持を行うシンボリック行為のパターンにその理解の焦点をおき，組織は共

有された意味や価値を創出するシステムとして理解される。シンボルは意味の
ある関係の中で連結されており，ある状況下で人々の活動がどんな関係にある
かを示し，このパースペクティブは個人が自分の体験をいかに理解し，解釈す
るか，そしてこれらが行動にいかに関連するかについて組織の分析を集中する。
つまり，組織のポストモダニズムにより形成された世界は，組織の一貫した秩
序とその正当性を提供するとともに，組織メンバーがその組織の客観的現実を，
主観的現実として共有するというプロセスを可能にする。

　理論モデルにおけるメタファーは，混沌を理解可能なものとし，複雑な問題
をわかりやすいイメージに要約する。そしてそれらは，組織における人間の態
度，評価，行動に影響をあたえるのである。組織にとっての文化，シアター，
言語ゲーム，意味形成のメタファーは，人間が組織の現実を意味のあるものと
して創造するためにシンボルを活用する方法と，われわれがそれを理解する理
論的，実践的洞察力を生み出している。

　方法論的観点からみれば，多様性を受容することから科学研究は研究接続の
約束として主張することができよう (e. g., 高橋, 1985, 1992)。組織シンボリズ
ムの研究態度は，研究者と研究される現象を結びつける仮定と実践のネット
ワークを理解する重要性を強調し，そしてそれは唯一の方法の選択をするとい
うより，理論と方法，概念と対象，研究者と研究対象の間の異なる関係をとも
なう約束の仕方の方法を含むものとして研究過程を考える (Morgan, 1983a,
1983b) ことなのである。したがってこの研究態度には，主観的余地が排除され
ることはない。むしろ主観的研究態度を主張するといえるのである。

　この組織のポストモダニズムの研究は，従来の組織の理論に対する批判的態
度のみならず，生成的社会プロセスとしての本質を分析する理論的，方法論的
アプローチを用いるという二重の挑戦を試みている (e. g., 高橋, 1992)。組織の
シンボリズム研究にみられる新たな視点は，組織は目的を達成するための機能
的存在であるだけでなく，むしろ共有された意味や価値のシステムとして理解
される。ポストモダニズムの組織にあっては組織の社会的関係の中で，ある状
況下で人々の活動がどんな関係にあり，意味をもつかが重要である。個人は自

分の行動をいかに理解し，解釈するか，そしてこれらの行動がいかに関連するかについて組織の行為の理論が分析される。したがって，組織研究は，① 組織は何を成し遂げ，また ② 組織はいかにして能率的にそれを成し遂げるかという視点よりは，① 組織はいかにして成し遂げ，② 組織化される意味は何か，という解釈的視点に重点をおくことになる。つまり，組織研究には，意味，信念を生み出し，伝説，神話，そして物語を養成し，儀式，儀礼，セレモニーによって運営されるという組織シンボリズムのパースペクティブを考えることが必要かもしれない (e. g., 高橋，2006)。

　組織シンボリズムは，明らかに従来の組織論とは異なった視角をもっており，組織における単なるシンボルの研究ではなく，組織論の存立に関わる基本的な科学観，研究アプローチの問題提起を含んでいるというこれまでの機能主義的組織論への本質的挑戦であるといえよう。これまでの機能主義的組織論は，意味現象を機能の側面から扱ってきている。しかし，価値観の多様化がおこっている現在，機能優先の組織概念から意味充実と創造の組織論理への転換が求められている。ポストモダニズムによる研究は，社会構成主義のパラダイムそしてディスコース分析などの研究方法による新たなメソドロジーを提供し，今後の組織研究の発展に新たな 1 ページを開く研究であるとともに，組織の解釈主義的研究の先駆けとして位置づけることができるのである。

Ⅳ. 結　び

　近代哲学が出発点としたように，われわれの世界が「一方に人間がいて，他方で物理的世界が存在する」という二分法的なとらえ方によって理解されるということには，懐疑の念をもたざるを得ない。少なくともわれわれが認識する現実世界は，人間が理性をもって，普遍的で絶対的な法則によって動く物理的世界を理解するというより，人間がその意識の中で世界を共有するのであり，伝統と表現されるように，人間は世界を受け継ぎ，後世に引き継ぐものであると理解される。われわれは，観客として幕の上がった舞台で演じられる機械仕

掛けの劇をみているのではなく，われわれ観客と一体となった幕のない舞台で
上演される，そしてリハーサルのない劇に参加しているのである。

ポストモダニズムは，曖昧で，内容的には意味がないと批判されるかもしれ
ないが (Alvesson, 1995)，それでもなお近代社会科学への懐疑主義としての意
味をもっている。ポストモダニズムとは，単純化していえば，近代の利便性，
効率性，無駄を省く思想に対して異議を唱え，象徴的な意味，解体された意味
空間を取り戻そうとする運動なのである (今田，1994：55)。

また，ポストモダニズムはモダニズムの一次元とみられるかもしれない
(Calhoun, 1992)。しかしパラドックス的にいえば，ポストモダニズムのもつ多
元性や多様性，そして逆説性からすると，モダニズムはポストモダニズムの一
次元とみることができるであろう。

これまで論じてきた組織シンボリズムの研究が明らかにする組織現象と組織
研究の方法論は，ポストモダンな世界へと導く糸口を，組織論に示していると
して十分に評価される。社会科学の研究は，研究者から切り離されて論じられ
るのではない。少なくとも社会科学において，組織は研究者と研究者とのネッ
トワークの中で論じられ，組織現象は研究者からその対象として切り離されて
論じられるのではないのである。ポストモダニズムとしての組織の理論は，機
能主義の概念の下で発展してきた組織研究分野に，新しい組織理論の展開の可
能性を示していると位置づけることができるし，また近代の科学観への懐疑的
態度および批判的態度を基礎とするポストモダニズムの一翼を担っているとい
えるであろう。

注
1) この章は，高橋 (1998) を大幅に修正および加筆して掲載している。「Ⅰ．はじ
　めに」は高橋 (1998：1-4) から，「Ⅱ．ポストモダニズム」は高橋 (1998：1-4,
　7-9) から，「Ⅲ．ポストモダニズムとしての組織シンボリズムそして組織の理論」
　は高橋 (1998：11-12, 6-7)，「Ⅳ．結び」は高橋 (1998：12) から修正および加
　筆している。
2) Kilduff & Mehra (1997) は，ポストモダニズムを懐疑的ポストモダニズムと肯
　定的ポストモダニズムに分け考察している。詳しくは，Kilduff & Mehra (1997：

455-456）を参照のこと。

3）高橋（2005：70-72）においても記載されているので，参考にされたい。

4）ディスコース（discourse）とは，言説と訳される場合が多いが，ここでは議論もしくは論説，あるいは論理的思考力を意味する言葉である。

5）Hatch（1997：4-7）は，組織論に影響を与えた主要なパースペクティブを4つあげ，シンボリック−解釈のパースペクティブをモダン・パースペクティブとポストモダン・パースペクティブの間に位置づけており，文化研究はポストモダン・パースペクティブとしている。

6）新たな組織タイプとしては，たとえば，自律的な単位とコントロールの組織構造を合わせもつ未来創造型組織（Galbraith et al., 1993）やポスト官僚制組織を研究したインターラクティブ・タイプ（Heckscher, 1994）などをあげることができる。

さらに学習すべき事柄

・研究のメソドロジーについては多くの文献があるので，本書に掲載されていないパラダイムやパースペクティブについてもポストモダニズムと比較してみよう。

・本書のポストモダニズムを参考にして，研究の基本的スタンスと具体的な研究手法を各自で立してみよう。

読んでもらいたい文献

アンソニー・ギデンズ著，松尾精文・藤井達也・小幡正敏訳（2000）『社会学の新しい方法規準―理解社会学の共感的批判―』而立書房

プシュカラ・プラサド著，箕浦康子監訳（2018）『質的研究のための理論入門―ポスト実証主義の諸系譜―』ナカニシヤ出版

引用・参考文献

Alvesson, M. (1995) The Meaning and Meaninglessness of Postmodernism : Some Ironic Remarks. *Organization Studies*, 16-6 : 1047-1075.

Alvesson, M., & Berg, P. O. (1992) *Corporate Culture and Organizational Symbolism*. New York : Walter de Gruyter.

Berg, P. O. (1989) Postmodern Management? From Facts to Fiction in Theory and Practice. *Scandinavian Journal of Management*, 5 : 201-217.

Boje, D. M. (1995) Stories of the Storytelling Organization : A Postmodern Analysis of Disney as"Tamara-land."*Academy of Management Journal*, 38 : 997-

1035.

Boulding, K. E. (1956) General Systems Theory: The Skeleton of Science. *Management Science*, 2-3：197-208.

Burrell, G. (1989) Post Modernism：Threat or Opportunity? M. C. Jackson et al. (eds.), *Operational Research and the Social Sciences*. New York：Plenum.

Burrell, G., & Morgan, G. (1979) *Sociological Paradigms and Organizational Analysis：Elements of the Sociology of Corporate Life*. London：Heinemann.（鎌田伸一・金井一頼・野中郁次郎訳『組織理論のパラダイム―機能主義の分析枠組―』千倉書房, 1986 年）

Calhoun, C. (1992) Culture, History, and the Problem of Specificity in Social Theory. In S. Seidman and D. Wagner (eds.), *Postmodernism and Social Theory*, 244-288. Cambridge, MA/Oxford：Blackwell.

Clegg, S. (1990) *Modern Organizations：Organization Studies in the Postmodern World*. London：Sage.

Galbraith, J. R., Lawler, E. E., III, & Associates (1993) *Organizing for the Future：The New Logic for Managing Complex Organizations*. San Francisco：Jossey-Bass.（柴田高・竹田昌弘・柴田道子・中條尚子訳『21 世紀企業の組織デザイン』産能大学出版部, 1996 年）

Hatch, M. J. (1997) *Organization Theory：Modern, Symbolic, and Postmodern Perspectives*. New York：Oxford University Press.（大月博司・日野健太・山口義昭訳『Hatch 組織論―3 つのパースペクティブ―』同文舘, 2017 年）

Heckscher, C. (1994) Defining the Post-Bureaucratic Type. In C. Heckscher and A. Donnellon (eds.), *The Post-Bureaucratic Organization：New Perspectives on Organizational Change*：14-62. Thousand Oaks, CA：Sage.

今田高俊 (1994)『混沌の力』講談社

岩内亮一・高橋正泰・村田潔・青木克生 (2005)『ポストモダン組織論』同文舘

Jencks, C. (1989) *What is Post-modernism?* (*3rd ed.*). New York：MIT Press.

Kilduff, M. (1993) Deconstructing Organizations. *Academy of Management Review*, 18：13-31.

Kilduff, M., & Mehra, A. 1(1997) Postmodernism and Organizational Research. *Academy of Management Review*, 22-1：453-481.

Kuhn, T. S. (1962) *The Structure of Science Revolutions*. Chicago：University of Chicago Press.（中山茂訳『科学革命の構造』みすず書房, 1971 年）

Kuhn, T. S. (1970) Reflections on My Critics. In I. Lakatos, & A. Musgrave (eds.), *Criticism and the Growth of Knowledge*：213-278. Cambridge：Cambridge

University Press.

Lash, S., & J. Urry（1987）*The End of Organized Capitalism*. Cambridge：Polity Press.

Martin, J.（1990）Deconstructing Organizational Taboos：The Suppression of Gender Conflict in Organizations. *Organization Science*, 1：339-359.

Merton, R. K.（1957）*Social Theory and Social Structure*. Glencoe, IL：Free Press.（森東吾・森好夫・金沢実・中島竜太郎訳『社会理論と社会構造』みすず書房, 1961年）

Morgan, G.（1983a）Research as Engagement：A Personal View. In G. Morgan（ed.）, *Beyond Method,* 11-18. Beverly Hills, CA：Sage.

Morgan, G.（1983b）Research Strategies：Modes of Engagement. In G. Morgan（ed.）, *Beyond Method*, 19-42. Beverly Hills, CA：Sage.

Morgan, G., Frost, P. J., & Pondy, L. R.（1983）Organizational Symbolism. In L. R. Pondy, P. J. Frost, G. Morgan, & T. C. Dandridge（eds.）, *Organizational Symbolism（Monographs in Organizational Behavior and Industrial Relations）*, 1：3-35. Greenwich, CT：JAI Press.

Nietzsche, F.（1873/1995）On Truth and Falsity in their Extramoral Sense（M. A. Mugge, Trans.）. In R. Grimm & C. M. Vedia（eds.）, *Philosophical Writings,* 87-99. New York：The Continuum Publishing Company.

Popper, K. R.（1970）Normal Science and its Dangers. In I. Lakatos & A. Musgrave（eds.）, *Criticism and the Growth of Knowledge*, 51-58. New York：Cambridge University Press.

高橋正泰（1985）「組織シンボリズムの方法論」『商学討究』（小樽商科大学）, 36(2)

高橋正泰（1992）「組織シンボリズム ―組織論の新しい視角―」池田光則・國島弘行・高橋正泰・裴富吉共著『経営学の組織論的研究』白桃書房

高橋正泰（1998）「組織シンボリズムとポストモダニズム」『日本経営学会誌』第3号, 千倉書房

高橋正泰（2005）「第4章 ポストモダニズムと組織ディスコース」岩内亮一・高橋正泰・村田潔・青木克生『ポストモダン組織論』同文舘

高橋正泰（2006）『組織シンボリズム ―メタファーの組織論―』（増補版）同文舘

Thompson, J. D.（1967）*Organizations in Action*. New York：McGraw-Hill.（大月博司・廣田俊郎訳『行為する組織―組織と管理の理論についての社会科学的基盤―』同文舘, 2012年）

Wisdom, J. O.（1987）*Challengeability in Modern Science*. Dorset, England：Blackmore Press.

第8章　クリティカル・マネジメント研究と組織理論

　批判的経営研究またはクリティカル・マネジメント研究（CMS）は，主流派経営学に対する代替的な方向性を，方法論，理論，実践の点で提起する。初めにCMSとは何か，基礎的考え方を紹介する。多くの組織研究が客観主義や科学主義に陥っている中，CMSはこれを批判し，方法論上の「価値論」を再評価し，反省的な方法を提起する。またCMSの主要なパラダイムとして，批判理論とポスト構造主義を考察する。さらに，批判的概念の中核となるアイデンティティとヘゲモニーを組織研究の観点で議論し，近年とくに重視する建設的な批判の方向性を考察し，CMSの意義を検討する。

キーワード：経営主義，規律型権力，統治性，イデオロギー，ヘゲモニー

　ヨーロッパの経営学において，クリティカル・マネジメント研究 (Critical Management Studies：批判的経営研究) は，1990年代以降，多様な研究アプローチを包含しながら，ひとつの大きな流れを形成している (以降CMSとする)。それは，現在のビジネススクールを中心とした主流派経営学[1] が，無自覚に前提している「マネジリアリズム (managerialism：経営主義)」と呼ばれる価値観，つまり経営の効率性，生産性や経営資源の管理を中心的主題とする前提，またグローバル化と新自由主義的競争を当然とする視点に対し警鐘を鳴らしている。

　この章では，人々が知らず知らずに前提としてしまっている主流派経営学の視座に対して，どのような**代替的な視座**が可能であり，どのようにして主流派の限界を批判的に乗り越えることができるかを検討する。それは，企業や組織の経営が幅広い価値観を尊重し，多様な人種や民族の共存や地球環境の健全化や国際平和に貢献するという，理想の実現に向けて実践する方向性である。したがって本章の目的は，CMSの考察を通じて組織と経営の (言説的) 活動が，よりよい社会の形成に結びつく方向性を模索するものである。

I．クリティカル・マネジメント研究の基礎

　はじめに，CMS の多様性を明らかにしたい。CMS は決して，組織研究の領域に特有なだけではない。近年の CMS は組織研究に偏る傾向がみられるが，本来は会計学，経営教育，戦略論，マーケティング，人的資源管理という経営学全般にわたって，従来の枠組みを反省する視点から経営学全般をとらえなおす試みである (Alvesson, Bridgman & Willmott, 2009)。従来の経営学の枠組みの中において，主流派を形成している視座とは異なる代替的な研究を提起するのが CMS であり，主流派によって周辺化された（メインの課題でない）事柄に目を向けることこそに意義を見いだす。しかしこれは，陽が当たらない課題，ニッチな課題を取り上げるという意味ではない。CMS は，生産性や管理を目的とする主流派経営学の関心とは異なるテーマを積極的に取り上げ，公平性や平等，権力への抵抗などという視点で見逃されている重要な課題に目を向けることで，代替的な研究を提起する。このように，CMS は経営学の多方面における「知的な運動」であることを確認したい。

　多様な CMS の実践に共通している 3 つの点がある。1) 脱当然化，2) 反成果主義，3) 反省的アプローチである (Fournier & Grey, 2000；Alvesson et. al., 2009)。これらは研究領域やテーマだけでなく，パラダイム横断的に重視している路線／着眼点である。「脱当然化」とは，私たちが暮らしている日常の中で，目の前に現れて日々何気なく，それが普通だと思っていることを再検討するものであり，既存の秩序に対して「これが自然なのだ (naturalization)」とすることを乗り越える試みである。人々は現在の秩序がどうであろうと（自分にとって有益にしろ，自分にとって不都合にしろ），それが"当然"で"当たり前"という態度をとることで，その秩序を再生産してしまう。CMS はこの当然化／当たり前化するコミュニケーション・プロセスに注目し，とくに資本主義的な関係性（たとえば，企業という組織は労働者を解雇できる権利をもっている）を自然なものとみなすことに疑念を呈する。目の前にある当然は，歴史的な背景や文化的な文脈に依存するのであり，それが自然の摂理であるかのように認識されることに批

判の目を向ける。

「反成果主義」とは，成長や効率性，生産性が第一という価値観への代替的な視座である。私たちはいつの間にか，会社は経済的に発展することが自然であると考えたり，組織や国家が生産的であることが何よりも大切であるという価値観にとらわれている。日本のある女性国会議員が同性愛者について記した言説であるが，「彼ら彼女らは子供を作らない，つまり "生産性" がない。そこに税金を投入することが果たしていいのかどうか」と明言した。じつはこのような価値観は，LGBT の問題に留まるのではなく，いたるところで成果の上がらない／生産的でない人は虐げられるという差別に結びつく。たとえば，引きこもりの人が生産的ではないから，企業で働けないから普通ではない人として貶められている。障がいをもった人に対する偏見はまだまだ根強く，"生産的でない" とされる人々に対する差別や搾取は，残念ながら経営学の問題として光が当てられることは少ない。関連する重要な視点として CMS が問題視するのは，組織を "改善" したり "変革" や "戦略" を考えたりするとき，組織の経済的発展や利益／生産性の向上を，自然と思い描くことである。CMS はこれを問題視し，経営施策を成果主義的に考えるのではなく，別の方向性，つまり多様性が共存できる組織や弱者を考慮した組織を尊重し，それを戦略目標とすることを重視する。成果のみを求めることより，人々が共存できる民主的な組織化こそを第一とするのだ。

「反省的アプローチ」は，主流派経営学において支配的な研究方法である客観主義と科学主義に対して，方法論的な挑戦を意味する。それは研究者の立場の問題でもあり，研究に対する中立的（ニュートラル）な立場と知の普遍性に対する懐疑的な視座と連動する（詳細は本章の第Ⅱ節参照）。

CMS が共有するこれらの 3 つの路線に加え，CMS の特徴は，次のようにまとめることができる。

〈特徴 1〉 主流派経営学が目を向けるテーマより，幅広い多様な課題を取り上げる。また同じテーマであったとしても，異なるアングルから考察する（たとえば，一般的なマーケティングではなく，ソーシャルマーケティング）。

〈特徴2〉主流派経営学が立脚する画一的な方法論に対して，認識論上の批判を行うことをひとつの目的とし，方法論上の多様性や代替的方法を重視する。

〈特徴3〉CMSはメタ理論ではなく，また単一のパラダイムに依拠するものではない。CMSは知的な運動であり，多様な活動領域をもった複数形の研究である。

〈特徴4〉CMSは特定の経営領域に向けられたものではなく（組織研究だけに限らず，会計学，マーケティング，人的資源管理など），あらゆる経営領域において可能で批判的な代替性を求めている。

〈特徴5〉CMSが展開する"批判"は，"経営実践"と"経営研究"の両方に向けられる。

Ⅱ．科学主義の幻影：方法論上のオルタナティブ

1. 良い研究とは？：研究トピックの選択と研究関心

　授業で調べてレポートするような課題と異なり，大学の卒業論文や大学院の修士論文・博士論文のように，自由にテーマや問題が設定できるとしたら，どのようなトピックを選ぶだろうか。じつは，このテーマ選択自体が大きなポイントとなる。組織研究では，どのようなトピックが中心的に研究されているだろうか。たとえば，イノベーションや組織変革をテーマにし，事例やモデルを提示することは典型であろう。主流派経営学における研究トピックの多くは，企業経営者の立場から考察するような経営主義的テーマ，つまり経営管理の効率や効果を向上させる，あるいは従業員の管理や統制などをテーマとすることが中心であった。企業収益を優先し，競争優位を導く経営戦略や組織の研究は，学会発表や論文を通して，次から次と類似したテーマで言語化されてきた。これが経営学の主流派を形成し，この流れの中で研究トピックを選択することが当たり前となっていたのだ。

　しかし大事なことは，「良い研究とは」いったいどのようなものかを考える（反省する）ことである。職場の女性の問題や性的少数派の問題を取り上げるこ

とは，経営学においてあまり多くない。グローバル化と貧困の問題，スラム化の問題，また環境の問題など，主流派経営学にとって関心の薄いテーマこそ，CMS が関心を寄せるところである。「良い研究」を考えるとき，CMS は無自覚な経営主義的前提を問い直し，主流でない研究テーマにも大きな光を当てることができる。非生産的なテーマが周辺化され，駆逐されることに異議を唱え，主流派経営学が言説的な生成によって経営主義を当たり前化し，無自覚化するプロセスにこそ着目すべきと考える。また，白人主義や欧米中心主義のような暗黙化する視座について反省を促し，これに疑念を投じることを大事にするのだ。

2. 方法論的価値論の意義

　組織研究者にとって経営主義的なトピック選択は，自然で当たり前の思考回路になっており，研究のもつバイアスに関わってくる。研究だけにとどまらず，日常の行動においても，人は常に何かのバイアスのもとに行動し，それについて無自覚なことが多い。たとえば，日本人は，日本の企業の優位性を念頭に置き，アメリカ企業や他のアジア企業より優れているというバイアスをもっていることがしばしばある。このような「自民族中心主義 (エスノセントリズム)」は多かれ少なかれ，人々の生い立ちに始まり，自らの環境の中で醸成される。他にも，男性中心の社会にあって，それに無自覚であることが多く，また職場のセクハラにも気づかぬふりをする。会社の業績の方が大事で，これらは小さな問題であると無視する。上司のパワーハラスメントが習慣化し，部下に苦痛やストレスを与え，自殺に追い込むような職場があることは確かだ。社会におけるパワーと抵抗の問題は，極めて大きな課題となってきている。

　このような組織の社会問題や抑圧的パワーの問題を，後回しにして注目しない傾向には，研究に経営主義的イデオロギーが反映されている。研究関心や研究のトピック選択には，すでにイデオロギーや環境的な文脈が反映されるにもかかわらず，主流派経営学はこれを方法論的に価値中立的であると明言する。また第三者的研究であるかのように明言することで，理論的な一般化 (常識化)

を図ることは，経営主義の目的を達成することにつながる。つまり，社会科学の研究は極めて政治的であり，研究活動における中立的な立場には限界がある。なぜなら人は社会関係の中にあってこそ存在可能であり，トピック選択における無自覚さが顕著なように，その意味で，人は中立であり得ないからだ。何らかの社会的なパワー関係の中で存立している限り，中立性を客観的に示すことができないのである。したがって研究論文の中で「中立的」であると宣言することは，とても不誠実なことである。

　このような議論は，研究方法論上の「価値論 (axiology)」と呼ばれ，存在論と認識論とともに議論されてきた。CMS は方法論的な「価値論」を，他の2つ以上に重視する (Ezzamel, & Willmott, 2014)。伝統的に社会科学では，極力，バイアスをもって研究に臨まない姿勢を大事にし，それを「価値自由 (value free)」としてきた。CMS はこの価値自由の視座を批判し，人間の社会関係的な存在を前提とした視座を強調する。知の形成が社会関係の中で政治的に行われるという視点から，研究が中立的であり，第三者的であるという言説に，大きな疑念を呈するのである。研究者を，まるで神々のように特権的な人々に仕立て上げる「価値中立性」言説を，CMS は否定する。これは CMS のアプローチにとって，研究における最も大事な最初の一歩である。

　CMS にとって良い研究とは，経営者の立場からのみ有益な研究ではない。良い研究とは，支配的なグループのために行うものではなく，辺境化され抑圧される少数派に寄り添う研究であり，多様なステークホルダーに貢献するような研究である。それは，実証主義のように方法的中立性を重視し，普遍的な理論（客観的な理論の一般化）を生み出すことではない。CMS は「良い研究とは何か」を問い続け，研究と自分自身のあり方を振り返ることを大事とし，研究の文脈的な経緯を自覚する自らのポジショニングを重視する。

3. 問題化によるリサーチクエスチョン

　CMS の特徴は，前節に上げたような研究方法論上の価値自由に対する反省や，研究者の立場やその文脈の振り返りだけではない。研究に対する問いのア

プローチが，伝統的実証主義の方法と異なっている。ポイントは，定説化した理論，普遍的一般化された理論に対してチャレンジするその方法である。誰もが当然と思う現存の理論を疑い，それにチャレンジする形で研究への問いを発展させる方法を，「方法論的問題化」という（Alvesson & Sandberg, 2013）。研究も語りのひとつの形式であるという視点をもとに，多様な研究の中で支配的な研究として拡大するプロセスは，社会における支配的な言説の形成と同じであり，このアカデミズムにおける理論的支配にチャレンジする研究を重視する。

　アルベッソン（Alvesson）たちは，近年の研究の質的低下を批判するとき（Alvesson, Gabriel, & Paulsen, 2017），その批判の焦点を，リサーチクエスチョン（RQ）の立て方に置く。主流派の RQ は「知識補充型」といえ，彼らは「ギャップスポッティング（gap spotting）」と呼び，〈溝埋め〉の方法といえる。先行研究を概観し，文献調査の結果，まだあまり研究が行われていない領域や研究の手薄なトピックを取り上げて，RQ を設定する。理論をより充実し一般化する目的のため，その理論の補充や拡大と発展を目指している。アルベッソンたちの批判によると，ギャップスポッティングのアプローチは，ドミナント（支配化）の補足と強化につながる。同時に，ビジネススクールの競争や学術研究のマーケット化によって，研究実績を向上するためには最も近道の方法であり，最終的には「良い研究」と論文本数が本末転倒し，研究実績を伸ばすための研究に陥っていると批判する（Alvesson, et al., 2017）。

　これに対して「方法論的問題化」は，学術研究において当たり前になっている理論や，暗黙の了解となっているパラダイムについて疑問を呈し，問題化するものである。それはまさに，なぜこの理論が支配的になったかの言説的な発展を考察することである。決して文献調査や先行研究の分析を否定しているのではない。問題化は，多様な研究がどのようにして中心化し，支配的となり，当たり前化していくかを批判的に考察することを重視する。CMS は研究の出発点であるテーマ設定や RQ の立て方に，ポスト構造主義的な非本質主義や言説的な多様性の視座を包含している[2]。

Ⅲ．CMS のパラダイム

　そもそも CMS における「批判的」とは，どのようなことであろうか。CMS
を日本で「批判的経営研究」と訳すと，マルクス主義的な経営学を思い浮かべ
る人も多いであろう。また日本語で「批判」というと，まるで悪口を言って相
手を傷つけるかのごとく，あまりよい意味で理解されないかもしれない。日本
の文化的背景には，批判的な態度や言動は好まれない傾向がある。しかし，
ヨーロッパにおいて「批判的」とは，ひとつの理解の方法と考えてよい。多様
な理論や視座の中で，特定のアプローチが主流を形成することに対し，そのよ
うな一般的な（支配的な）理解とは異なるオルタナティブな理解の方法を模索す
ることに意義を見いだす。同様な意味で，経営や組織という現代社会の経済活
動とそれに関わる諸問題を，批判的な方法で理解するというのが CMS である。
　CMS は，多様な「批判的」アプローチを包含している。もちろんマルクス
的批判の視座も含まれるが，一般的には 4 つの思想的源流をもっている[3]。ひ
とつは，マルクス主義的な伝統をもとにした労働過程理論（Labor Process
Theory）である。ところが労働過程理論の限界と反省をもとに，多くの批判的
研究者はドイツ的伝統の批判的視座であるフランクフルト学派，とくにハーバ
マス（Jürgen Habermas）の社会理論を土台として，CMS は 1990 年代に形成され
活発化した。3 つ目は，フランス的な批判の伝統から，フーコー（Michel
Foucault）を中心としたポストモダン的またはポスト構造主義的視座に依拠した
研究が多くなった。さらに第 4 の理論的柱は批判的実在論（critical realism）であ
り，極端なポストモダニズム的な相対主義に反対し，CMS の重要な視座にな
っている。

1. 批判理論

　ここでは，CMS が初期に重視した「批判理論（Critical Theory：CT）」のパラ
ダイムを考察する。フランクフルト学派のパラダイムと諸理論は，経営学や組
織研究にオルタナティブな理解を与え，主流派経営学が前提とするパラダイム

を批判的に乗り越える試みが行われる。とくに，資本主義社会という歴史的な文脈に焦点を当て，資本主義的なイデオロギーへの批判的アプローチを試みた。たとえば，Alvesson & Willmott（1992：日本語版 2001）は，以下の点に焦点を当てる。1）経営と技術と組織化プロセスの非客観的な観点の展開，2）不均等な権力関係の解明，3）日常的封じ込めに対する対抗，4）利害関係の変更性の暴露，5）言語とコミュニケーション的行為の中心性への着目。CT は，このような議論を考察する理論的枠組みを提供し，以下のような重要概念が提起される。

(1) イデオロギー批判

「イデオロギー」とはここで，行為や思考することを方向付ける暗黙の理解・価値観といえる。大事な点は，特定の価値観が支配的となり，その他の価値観を排除するようなパワー関係が表れることである。とくに現代社会においては，成果主義的価値観が資本主義経済の中核となり，経営組織は発展のための成果を優先し，組織の多様性の大切さや民主的コミュニケーションの意義については副次的とする。CMS はこのようなイデオロギーを「経営主義」と呼び，経済的な価値を優先する日々の思考のあり方に対して反省を促す。経営者のみならず，ごく一般的な人々（会社の従業員，教師，医師，看護師など多様な職業と職種にわたる人々）が，経済効率や利益優先，経済発展優先の志向を無自覚にもつことに警鐘を鳴らす。CMS は，これを一般的に「イデオロギー批判」と呼び，経営主義に対して批判し，代替的な提案を行う。

その一例は，不祥事事件に顕著にみられる。2014 年大阪のホテル系レストランを皮切りに，旅館やレストランなどで食材偽装が次々と明るみになった。メニューに芝エビとありながら，実際はより安価である別のエビを食材として提供していた事件である。イデオロギー批判のポイントは，この偽装は高級食材をうたいながら，実際は材料費の安いものを使うことが，経営主義の体現となっている点である。偽装は常に安いものにすり替えられている。経営者の指示や命令ではなく，従業員は自然と安い方，つまり「低コスト」という言葉にひきつけられていく。CMS は，コスト意識そのものが悪いというのではなく，

社会関係の中でこれが優先される価値観が当たり前となって，消費者を組織的に騙したことを批判する。

(2) 啓蒙と解放

CT の影響が表れる概念は，**啓蒙** (Enlightenment)[4] と**解放** (emancipation)[5] である。前者はイデオロギー批判のひとつの重要な方法であり，支配的な価値観に対する批判と，それに対抗的な知的運動であり，代替的な視座の展開といえる (Alvesson & Willmott, 2012)。無自覚な価値観に対する気づきが極めて重要である。後者は，「自己反省や闘争の過程を通じて得られる，多様な支配の形態から自由になれる」(Alvesson & Willmott, 2012 : 177) ことである。多くの人は知らず知らずに経営主義的価値観に依拠し，これに対する抵抗や解放は，あまり大きな声になることがない。しかし近年は，「ブラック企業」や「働き方改革」というディスコースによって，過度な超過勤務や深夜営業などの改善に目が向けられるようになった。たとえば，日本人は商業施設などの正月営業が当たり前となり便利さを享受したが，しかし 2020 年には働き方に対する反省から，多くの企業が正月休み返上の営業を取りやめ，経営主義的価値観から部分的に解放されたといえる。

(3) コミュニケーション的行為

ハーバマスは，**コミュニケーション的行為** (communicative action) という概念を提起する (Harbermas, 1984)。コミュニケーション的行為は相手との承認を得た相互理解を志向し，真実性・正当性・誠実性を満たすことによって，円滑なコミュニケーションを生み出す。この視座をもとに現代の社会を，「**ゆがんだコミュニケーション**」として考察する。ハーバマスは「戦略的行為」とコミュニケーション的行為を区別し，前者は結果志向的な合理的行為とみなし，後者は行為者相互間の主観的な了解を志向する行為と考える。戦略的行為が社会の中心となっているかのように，「すべての構造と行動は道具的で自明であるように見えているが，実はそれらはコミュニケーションを中心としている。…CT がな

すべきことは，コミュニケーションのプロセスを歪曲させる力を見抜くために，発言がどのように組織化されているかを調査すること」(Alvesson & Willmott, 1992（日本語版 2001：16））と提起する。

　多くの企業不祥事は，このゆがんだコミュニケーションによって説明が可能である。それは，企業が組織ぐるみで嘘をつくような不祥事に顕著であり，組織虚偽といえる (Kiyomiya, et al, 2006)。前述の食材偽装もそうである。レストランと客は，信頼関係をもとにメニューを介してコミュニケーションをとるわけだが，レストラン従業員（調理スタッフとフロアスタッフ）は，虚偽メニューによって相互理解という信頼関係をゆがめてしまった。レストラン側は，調理スタッフとフロアスタッフとの間で起きたミスコミュニケーションと説明する。しかしこの説明は，不祥事は組織内伝達の過ちであると言っているにすぎず，合目的的な行為の失敗を強調する戦略的行為からの説明にすぎない。組織虚偽の不祥事はよりシステマティックであり（単純ミスではなく），これこそがゆがんだコミュニケーションの実態といえる。虚偽メニューに麻痺した組織の日常性であり，組織虚偽が再生産され無自覚となり，当然化が発生した。人々があまり気に留めない，現代社会の巧妙なパワーの現実である。

　このように CT は CMS の中心的な理論枠組みを提供するが，近年の CMS はポストモダンやポスト構造主義 (Poststructuralism：PS)[6] というパラダイムに代表される視座によって，CT の限界を克服し，資本主義的問題に限らず，ジェンダーなどを含めたより幅広い理論枠組みを好むようになってきた。

2. ポスト構造主義／ポストモダン的批判

　CMS は，フーコーを代表とするフランスのポストモダンやポスト構造主義 (PS) の視座に依拠する傾向が強まっている[7]。清宮 (2019) は，フーコーが受け入れられる背景のひとつに「経営組織論の近代的アプローチの問題，つまり経済合理性のような近代の前提に限界が生じており，フーコーの視座はその点を追求する視座を提供するからだ」(p.239) と提起する。つまり，現代組織の多様な問題は組織の自明の理に根差している点にあり，専門的知識や技術的知識に

問題があるのではない。別の言い方をすると，経理や人事管理など企業経営の特別な知識に問題があるのではなく，またコンサルタントや経営戦略の専門家的な知識によって解決できる問題でもない。問題はむしろ，私たちがビジネスや組織の経営において当たり前としていた常識，合理主義や資本主義という経営主義的前提にこそ着目すべきと CMS は考える。

　それに加え，フーコーが着目するディスコース（言説）が社会言語学などと結びつき，学際的でかつ幅広いトピックに応用できるようになった。とくに，「知＝パワー」という概念化によって，抑圧─被抑圧的権力ではなく，日常の言説が規律ある従順な組織メンバーを作り上げていくパワーのプロセスに，CMS は着目する。ここでは特に，規律型権力と呼ばれるパワーの在り方と統治性の概念について考察する。

(1) 規律型権力

　フーコーの「パワー（power）」の概念は，人々がもつことができ，奪い合う対象としての権力と異なる。それは「規律型権力」と呼ばれ，人々を躾けること，自分自身で自らを管理するような自律したよい子を生み出すことである。Fairclough (1989) は，抑圧 vs 同意（coercion – consent）という対比で抑圧型権力と規律型権力を説明する。フーコーのパワーはこの点で，否定的でも肯定的でもない。日常のどこにでもあるのがパワーであり，人々はそれに気づいていないことが多い。企業という制度化した人々の集団はまさにこの典型であり，組織目標達成のために組織にとって従順なよい社員を生み出している。とくに，チームワークや仲間意識を強調することで，規律型権力が強化される。巧妙なのは，組織のメンバーが自ら関与しているため気がつかないことが多く，知らず知らずのうちに「目立たない管理（unobtrusive control）」がなされていることだ（それは安心や心地よささえ感じさせてしまう）。つまり強権的で明らかな管理ではないために，むしろ抵抗しにくく，現代社会においてより効果的に力強い統制となる（清宮，2019；Barker and Cheney, 1994；Graham, 1995；Barker, 1999）。日本のような「協調的組織行動」が強く求められる社会的・文化的コンテクストに

あって，規律型権力は巧妙に働く。明示されたルールや規制ではなく，組織メンバーに共有化された組織の意味，浸透している暗黙の共通認識による「同調統制 (concertive control)」が容易となる (Papa et al., 1997 ; Kiyomiya, 2011)。

とくに，組織の〈秘密の共有化〉は同調統制に強く結びついている。たとえば，2001 年に発覚した三菱自動車のリコール隠しである。三菱自動車品質保証部が，リコールを伴うような重大な故障記録を当時の監督官庁である運輸省に提出せず，その資料をロッカールームに隠していたという事件だ。その提出されるべき書類には，アルファベットの H の印がつけられていた。"秘匿"とか"秘密"の頭文字の H という意味であったらしいが，この意味を共有している人々は会社でも限られたメンバーであり，グループ内に共犯関係が成立した。これを告発することはある種の掟を破ることであり，グループからの逸脱を意味するものであり，最終的にそれは会社からの排除につながる。この秘密の共有構造は，結局内部告発で明るみになったが，このリコール隠しは 30 年以上の間続けられていた。〈秘密の共有化〉によって，グループメンバー間の規律型権力が強化され，同調統制が成立すると同時に，その価値観が当たり前化されたのだ。

(2) 統治性

フーコーの重要概念 (Raffnsøe et al., 2019) には，統治性 (ガヴァメンタリティー：governmentality) がある。この概念の矛先は，グローバル化から日常生活に至るまで，社会の隅々に広がる新自由主義 (ネオリベラリズム)[8] に向けられている (Martin & Waring, 2018)。統治性とは「制度，手続き，分析や考察，計算，そして戦略などによって生み出される合奏曲のようなもの」(Foucault, 2007：108) であり，パワーの一形式である。統治性は逸脱 (deviance) をコントロールすることを目指し，① ルールに対する服従を強制，② 人の振る舞いを管理，③ 真実という言説的なロジックによる正当化，④ ルールに従わない行動を逸脱とみなす，⑤ 逸脱は怖いものと思わせる，という効果をもたらす (Jackson & Carter, 1998)。これによって，人々は自ら進んで管理の罠に飛び込みながら，

そこにおける安定さに居心地の良さをもつのである。その点で、〈管理された人間〉という表現は的確ではなく、管理の仕組みの中に自ら身を委ね、人々は逸脱行為を許せる範囲に限定する。つまり、企業や学校、家族という制度化した組織の中で逸脱は封じ込められる（清宮，2019）。

　清宮（2019）は、フーコーの「ドレサージュ」という概念を統治性の一形式として取り上げる。それは馬術の「調教」という意味であり、人々は組織の中で「飼いならされ」その調教状態から抜け出せないのである。たとえば、日本ではよく「社会人」とか「組織人」というディスコースが使われるが、これこそがドレサージュの装置（仏語：dispositif，英語：apparatus）といえる。企業の新入社員研修の中でも、学生と社会人の違いが強調され、組織内のストーリーテリングを通じて「組織人化」が進められる。企業不祥事で内部告発をむずかしくしているのは、ドレサージュの装置が働いているからだといえる。会社のルールや訓示、目標設定などの厳しい規律統制がドレサージュを生むのではなく、むしろ自由であるがゆえに逸脱してはいけないという組織化こそがドレサージュである。2014 年に電通の新入社員が自殺に追い込まれた事件は、過労死として語られるが、これもドレサージュの結果である。電通の自由な社風と「鬼十則」という厳しい掟が作り上げたドレサージュであり、そこから抜け出す唯一の方法が、この新入社員にとっては命を絶つという形での抵抗であったのかもしれない。

Ⅳ．CMS のアプローチ

　CMS の多くの研究が、そのパラダイムをポスト構造主義に依拠するとき、フーコーの視座にとどまらず、ジャック・デリダ（Derrida, J.）やジャック・ラカン（Lacan, J. M. E.）、エルネスト・ラクラウ（Laclau, E.）などの社会理論に土台を置くようになる。テーマとしても資本主義社会のイデオロギーや経営主義だけでなく、ジェンダーや LGBT、年齢差別、人種問題、貧困など、ビジネスと組織の多用な社会的問題[9] に目を向ける。それは、組織化のプロセスを通じて

当たり前化（ノーマル化）と中心化／周辺化する多様なパワーの問題であり，社会の諸側面が交錯する問題である。たとえば，貧困と人種の両方の問題であったり，ジェンダーと年齢差別の問題 (Spedale et al., 2014；Tomlinson & Colgan, 2014；Riach et. al., 2014) であったりというように，社会的諸側面が複雑に絡み合っている。このような複雑化する問題を理解するため，中核となる概念は「アイデンティティ」であり，「ヘゲモニー」である。

　アイデンティティとは，〈自分とは何か〉についての答えとして現れるような存在，たとえば"日本人"であったり，"父親"であったり，"○○の社員"であったりというような関係的な存在として示される。それはしばしば，〈自分らしさ〉として表現されることもある。アイデンティティとは，「はっきりと認められ定義づけられる特定のもの (人や集団) であり，その他のものから区別可能にする性格や特質」(Gabriel, 2008：136) と考えられる。人々は自らの関係性において，アイデンティティが交錯する中で格闘しながら生活している。その意味でアイデンティティはダイナミックであり[10]，「複合的で多元的，異種混淆的」(池田，2015：84) である。アイデンティティは「他者との関係において構築されるのであり，他者との差異によって自分自身の何かが見えてくる」(清宮，2019：298) のである。

　CMS が特に着目するのは，「アイデンティティ・ワーク」という考え方で，仕事や職場の中で，アイデンティティを形成したり保持したりする活動である。常に異種混淆的でダイナミックなアイデンティティは，関係性とその文脈において格闘し変化する。たとえば，CMS は〈専門家〉のアイデンティティやアイデンティティ・ワークについて研究する。技術者，教育者，医療などの専門家のアイデンティティが，〈管理者〉としてのアイデンティティが強化されることで，〈専門家〉的アイデンティティを副次的にしてしまう事例研究が示されている (Boussebaa & Brown, 2017；Brown & Coupland, 2015)。専門家は，専門家的行動をするのではなく，経営者として行動することで，より経営の合理性を優先する。たとえば，病院において，医師が患者の生死よりも，入院ベッドの効率を優先するような，専門家と管理者のアイデンティティのせめぎ合いで

ある。このような異なるアイデンティティの葛藤プロセスを通して，ネオリベラリズム的価値観との関係を批判的に考察する。ジェンダーに関する問題も，アイデンティティのアプローチから考察することで，人事管理上の制度的な問題を超えた議論を可能にする。つまり，制度的な機会均等の問題に終わることなく，組織における社会構造的側面と社員間の行為の側面の双方を同時に視野に入れることが可能となる。これらに共通する批判的アイデンティティ研究は，「アイデンティティ・レギュレーション」(Alvesson & Willmott, 2002) というアイデンティティを管理することによって，組織目標（〈隠れた目的〉を含む）や組織戦略を達成することに向けられる。これは，組織の文化による管理からアイデンティティの管理へと，組織の戦略が巧妙に発展したといえる。

　ヘゲモニーという概念は，古典的マルクス主義を現代に発展させたグラムシ (Antonio Gramsci) による批判概念であり，しばしば「覇権」と訳されるように，特定のグループのパワーが支配的となる意味で使われてきた。ポスト構造主義において，ヘゲモニー概念はディスコースの概念と連動し，社会において特定の意味や考えが確立されていくための格闘 (Mumby, 2013) と考えられ，組織における意味形成を言説的にコントロールすることで，特定のグループや何らかの視座が支配的となるパワー関係である。何が正しいかという正当化の言説が特定の意味解釈に中心化する過程を通し，あるべき姿や当然と思うことを，言説的に統制することがヘゲモニーである。従業員が会社側の都合のいいように表象の意味を解釈し行動することはまさにヘゲモニーであり，筆者は，企業不祥事に現れる意味支配を「コーポレート・ヘゲモニー」として考察し，会社は明確な指示を出すことなく，従業員の行動を管理していると指摘した (Kiyomiya, 2011)。先ほど例にあげた三菱自動車のリコール隠しは，顕著な例である。何が正しいか，何をすべきか，会社から指示されなくとも従業員はそれを理解している。「忖度」という流行語になった社会現象も，まさに組織のヘゲモニーであり，組織にとっての意味が管理された中で，行動が規定される。

　アイデンティティやヘゲモニー，その他の CMS の主要な概念は，主に定性的なアプローチによって研究されている。エスノグラフィーの手法によって，

フィールドワークによる事例を研究することが一般的である。ユニークな事件や特徴ある組織をフィールドとして，批判的な考察が行われる。インタビューなども使われ，複合的なデータ収集の方法がとられている。これらは，仮説－検証の方法論ではなく，見えにくくなっているパワーの現実をどのように分析・解釈するかである。フィールドにおいては，仮説に関わる“証拠”を見つけるのではなく，パワーという現実を構成する過程を記述することである。それは実証主義が依拠する伝統的な問いかけを逆にして考えることである。つまり「真実は何か」ではなく，「真実はどのようにして生み出されるか」を問うことが CMS にとって大切なのである。したがって，方法論上の一貫性を重視すると同時に，複合的な方法（とくにデータの多様性）は大事なアプローチである (Broadfoot, et. al., 2004：日本語版 2012；清宮，2019)。

V. CMS の貢献と意義

CMS は主流派の経営学と経営手法に対して，代替的な視座と指針を示す試みである。それには，批判だけを目的とするのではなく，「解放」を目的とする具体的な方法を模索することが重要である。ただしそれは，理想の経営モデルを掲げることではなく，明確な目標やガイドラインを設定することでもない。CMS は社会構成主義的視座同様に，批判的でありながら，建設的な変革を目指す。近年，多くの CMS 研究者は批判中心の CMS から，より建設的な変革を目指す方向に重点を置き始めている (Prasad, et. al., 2018)。それは大きな社会変革を目指すのではなく，身近な職場や組織における代替的な抵抗の形と民主的な改革に目を向けている (Kelemen & Rumens, 2008)。これらを批判的遂行性 (critical performativity) や，ミクロな解放 (micro emancipation) として概念化し，それが CMS のひとつの方向性となっている (Alvesson & Willmott, 2012)。伝統的な左翼思想が求めてきた社会構造の大きな変革ではなく，小規模でありながら職場の民主的な発展を目指すことを重視し，これを通じて最終的には組織経営の収益を含めた経営改革につなげていく。たとえば，“品質”や“エンパワー

メント"などのような通常の経営実践の中に，ミクロな解放を入れ込むことが可能となる（Alvesson & Willmott, 2012）。これらの経営概念は，フーコー的な規律型権力の視点から，従業員をコントロールする装置として批判の対象と考えることもできる。他方で，プラスの側面（組織のデモクラシー）を推進することで，ミクロな解放を実現することが可能である。つまり，すべてが一概に否定的な装置なのではなく，功罪両方の側面をもっているのだ。経営のディスコースについて，経営者にとって有益な意味ではなく，オ・ル・タ・ナ・テ・ィ・ブ・な意味に上書き・し，ミクロな解放を行う。したがって，多様な経営概念の中で批判的な実践（批判的遂行性）を行うことが，現実的な CMS の方向性である。

そこで大切なのは，経営実践や概念について当然であったり，自明の理であったりするような日常に対して，批判的視座から振り返ることである。筆者は日本の"自己啓発"の強さを批判的に応用し，自分自身について振り返る「自己問題化」と，自分と周りの関係性を振り返る「関係的問題化」を提起する（Kiyomiya, 2016）。さらにそれらを包括的にとらえるための「4つの反省的態度」（清宮，2019：391）を提案する。1）ポストモダン的反省，2）資本主義的言説への反省，3）ジェンダー言説への反省，4）異文化的視座からの反省である。1）と2）はについては，この章で多くの理論的また方法論的視座を提供した。3）については，日本の経営組織の研究において発展途上の領域であり，この視座から職場を振り返ることが大事である（清宮，2019）。4）については，とくにヨーロッパ中心の CMS にとって大きな弱点であり，アジア的な視座，非キリスト教的視座などの異文化的視点は，今後の CMS の発展に欠かせない方向性となるであろう。その意味でも，日本における CMS の発展は大きな貢献となる。

注

1) 本章では，主流派（mainstream）経営学という表現によって，経営学全般にわたって支配的な経営・組織研究が念頭に置かれている。研究もひとつの言説（ディスコース）であるが，そこには多様性よりも，中心化と支配のパワーが働いている。主流派経営学とは，そのような支配的な立場のグループである。
2) ポスト構造主義的視座と言説（ディスコース）については，第4章を参照。

3) *The Oxford Handbook of Critical Management Studies*（Alvesson, Bridgman & Willmott, 2009）において，4つの理論的アプローチがそれぞれ独立した章として紹介されている。

4)「啓蒙」という言葉を聞いて，ルネッサンスを乗り越える運動として，17世紀以降のヨーロッパに起きた啓蒙思想（啓蒙主義）を思い起こすかもしれないが，それとは異なる。

5)「解放」は，武力による権力に対する闘争と解放という古いイメージとは異なる。自己反省や対話を通した知的運動である。

6) PSによるCMSを説明する前に，PSとCTは対立関係にあるのではない点を確認する。PSの観点からCTの欠点を強調することが多いが，むしろ，実は補完的側面が大きく，共通点に着目することも大きな意義がある（Alvesson & Deets, 2005）。

7) ポストモダニズムについては，第Ⅱ部第7章を参照。

8) ネオリベラリズムは，「単純な需要と供給によるフリーマーケット，つまり"神の見えざる手"によって価格が決まるシステムとは異なり，積極的に企業や国家，コンサルタントが介入していながらも，（まるで）見えざる手による自由競争，フリーマーケットによって決定したという合理性を主張」（清宮，2019：248）し，富や権力の獲得やその集中に正当性を与えるのである。

9) CMSが目を向ける多様な問題とは，不公平や不平等，貧困の拡大など，社会的問題であり，業績の向上というような経営問題ではない。

10) 社会心理学的なアイデンティティの概念（とくに，社会アイデンティティ理論）は，個人にとって特有で静態的な特徴ととらえている点が，CMSの重視するアイデンティティ理論と大きく異なる。

さらに学習すべき事柄

・2019年9月，「気候変動会議」に出席するため，スウェーデンの16歳の少女グレタ・トゥーンベリさんが，ヨットでニューヨークまで航行した。地球温暖化に対して，「なぜ環境問題よりお金の話をするのか，経済発展を優先するのか，地球温暖化はすでに待ってくれない」と，強いメッセージを発した。彼女の行動と発言がCMSとくに経営主義の視座とどのように関係するか，議論してみよう。

・21世紀に入って持続可能性（サステナビリティー）や企業の社会的責任（CSR），法令順守（コンプライアンス）などの考え方が現れたが，CMSの視点から，これらの施策は有効なのか，どのような意義があるのだろうか，議論してみよう。

読んでもらいたい文献

アルベッソン＆ウィルモット著，CMS研究会訳（2001）『経営と社会：批判的経営研究』同友館

清宮徹（2019）『組織のディスコースとコミュニケーション：組織と経営の新しいアジェンダを求めて』同文舘出版［とくに10, 11, 12章］

引用・参考文献

Alvesson, M., & Deetz, S. (2005) Critical Theory and Postmodernism: Approaches to organization studies. In C. Grey and H. Willmott (Eds.) *Critical Management Studies: A reader*. Oxford: Oxford University Press.

Alvesson, M., Bridgman, T., & Willmott, H. (eds.) (2009) The Oxford Handbook of Critical Management Studies. Oxford: Oxford University Press

Alvesson, M., Gabriel, Y., & Paulsen, R. (2017) *Return to Meaning: A social science with something to say*. Oxford: Oxford University Press.

Alvesson, M., & Sandberg, J. (2013) *Constructing Research Questions: Doing interesting research*. London: SAGE.

Alvesson, M., & Willmott, H. (1992) *Critical Management Studies*. Sage Publications.（CMS研究会訳『経営と社会：批判的経営研究』同友館，2001年）

Alvesson, M., & Willmott, H. (2002) Identity Regulation as Organizational Control: Producing the appropriate individual. *Journal of Management Studies, 39*(5), 619-44.

Alvesson, M., & Willmott, H. (2012) *Making Sense of Management: a critical introduction* (*2nd*). London: SAGE.

Barker, J. R. (1999) *The Discipline of Teamwork*. Thousand Oaks, CA: Sage Publications.

Barker, J. R., & Cheney, G. (1994) The Concept and the Practices of Discipline in Contemporary Organizational Life. *Communication Monographs, 61*, 19-43.

Bell, E., Kothiyal, N., & Willmott, H.C. (2017). Methodology-as-technique and the Meaning of Rigour in Globalized Management Research. *British Journal of Management, 28*, 534-550.

Boussebaa, M., & Brown, A. D. (2017) Englishization, Identity Regulation and Imperialism. *Organization Studies, 38*(1) 7-29.

Broadfoot, K., Deetz, S., & Anderson, D. (2004) Multi-levelled, Multi-method Approaches in Organizational Discourse. In D. Grant, C. Hardy, C. Oswick, and L. Putnam (eds.) *The Sage Handbook of Organizational Discourse*. London:

Sage. (「組織ディスコースにおけるマルチレベル，マルチメソッドアプローチ」
高橋正泰，清宮徹監訳『ハンドブック組織ディスコース研究』同文舘，2012年)

Brown, A. D., Colville, I., & Pye, A. (2015) Making Sense of Sensemaking in Organization Studies. *Organization Studies, 36*(2) 265-277.

Ezzamel, M., & Willmott, H. (2014) Registering 'the Ethical' in Organization Theory Formation: Towards the disclosure on an 'invisible force'. *Organization Studies. 35*(7)：1013-1039.

Fairclough, N. (1989) *Language and Power.* London: Longman. (貫井孝典，吉村昭市，脇田博文，水野真木子訳『言語とパワー』大阪教育図書，2008年)

Foucault, M. (2007) *Security, Territory, Population. Lectures at the Collège de France, 1977-1978.* New York: Palgrave Macmillan.

Fournier, V., & Grey, C. (2000) At the Critical Moment: Conditions and prospects for critical management studies. *Human Relations, 53* (1), 7-32.

Gabriel, Y. (2008) *Organizing Words: A critical thesaurus for social and organization studies.* Oxford: Oxford University Press.

Graham, L. 1995. *On the Line at Subaru-Isuzu: The Japanese Model and the American Worker.* Ithaca. NY: Cornell University Press. (丸山恵也訳『ジャパナイゼーションを告発する：アメリカの日系自動車工場の労働実態』大月書店，1997年)

Harbermas, J. (1984) *The Theory of Communicative Action: Volume 1: Reason and the rationalization of society.* Beacon Press. (河上倫逸訳『コミュニケーション的行為の理論（上)』未来社，1985年)

池田理知子 (2015)『日常から考えるコミュニケーション学：メディアを通して学ぶ』ナカニシヤ出版

Kelemen, M., & Rumens, N. (2008) *An Introduction to Critical Management Research.* London: SAGE.

Kiyomiya, T. (2011) *Corporate Hegemony in Japanese Collaborative Management: A case study of corporate misconduct in Japan.*『英語英文学論集』52(1)：113-135.

Kiyomiya, T. (2016) Self-problematization and Relational Problematization: A critical constructive approach in the Japanese context. In C. Grey, I. Huault, V. Perret and L. Taskin, (eds.) *Critical Management Studies: Global voices local accent.* Routledge, 126-143.

清宮徹 (2019)『組織のディスコースとコミュニケーション：組織と経営の新しいアジェンダを求めて』同文舘

Kiyomiya, T. Matake, K., & Matsunaga, M. (2006) Why Companies Tell Lies in Business: A Japanese case in the food industry. In S. May (ed.) *Case Studies in Organizational Communication*. 287-304. Thousand Oaks, CA: SAGE.

Martin, G. P., & Waring, J. (2018) Realising Governmentality: Pastoral power, governmental discourse and the (re)constitution of subjectivities. *The Sociological Review, 66*(6), 1292-1308.

Mumby, D. K. (2013) *Organizational Communication: A critical approach*. Los Angeles: SAGE.

Papa, M. J., Auwal, M. A., & Arvind, S. (1997) Organizing for Social Change within Concertive Control systems: Member Identification, Empowerment, and the Masking of Discipline. *Communication Monographs, 64* (3) 219-249.

Prasad, A., Prasad, P., Mills, A., & Mills, J.H. (eds.). (2018) *The Routledge Companion to Critical Management Studies*. Routledge.

Raffnsøe, S., Mennicken, A., & Miller, P. (2019) The Foucault Effect in Organization Studies. *Organization Studies, 40*(2), 155-182.

Riach, K., Rumens, N., & Tyler, M. (2014) Un/doing Chrononormativity: Negotiating ageing, gender and sexuality in organizational life. *Organization Studies, 35* (11) 1677-1698.

Spedale, S., Coupland, C., & Tempest, S. (2014) Gendered Ageism and Organizational Routines at Work: The case of day-parting in television broadcasting. *Organization Studies, 35*(11) 1585-1604.

第Ⅲ部　組織のリサーチ・デザインと理論構築

第9章　リサーチ・デザイン

> リサーチ・デザインの良し悪しによって，リサーチの効率性は変わる。リサーチ・デザインをみれば，どのような方法でデータ・情報を入手・分析し，問題の解明に有用な因果論的推論をどのように行い，実践的な示唆も含む理論仮説に至るプロセスどうなのかがわかる。そのため，リサーチ・デザインは，設定した理論仮説を客観的事実でもって検証するために，どのようにデータ・情報を収集して客観的な証拠固めをするかを示す工程表ともいえる。

—— キーワード：問題意識，構成概念，記述，説明，因果メカニズム ——

　リサーチ (research) とは，オックスフォード英語辞典によると，「事実をとらえて新しい結論に至るために現状・資料等を体系的に調査・研究すること」である。したがって，問題を解明するために行われるアンケートやヒアリング調査はもちろん，現状を解明するための参与観察，統計データの分析など，リサーチの例としてはいろいろと例示することができる。また，企業経営における諸問題に対して実務家が解決策を探ることもリサーチといえる。

　リサーチの内容やプロセスについて，いかにデザインしたらいいのだろうか。一般的に，デザインという用語は，ファッションや広告分野で使われるが，経営の分野でも，組織デザイン，職務デザインなどでよく使われる。たとえば経営活動は，制約された経営資源をもとに行われるため，これらは制約下のデザインとなる。この点は，芸術系の分野でも同様である。デザイナー自身に能力の制約があるばかりか，時間的にも空間的にも制約があるからである。また研究者についていえば，倫理的側面の制約もあり，研究上いろいろと制約が伴う。こうした特徴を認識すれば，リサーチ・デザインを考察する際に，リサーチは自由でなく，制約条件が伴うものだということを前提とする必要がある。

　リサーチ・デザインがうまくできれば，問題解決のためのリサーチの全体構造を理解することができる上，リサーチの進捗状況も知ることができる。換言すれば，リサーチ・デザインは問題分析の全体的構造とプロセスを明示するば

かりか，制約条件の下でリサーチを規定するものである。したがって，リサーチ・デザインは調査の構造に関するものだが，事態の推移を表すというより論理的な問題を示しているといえる。本章では，組織現象を分析する際に求められるリサーチ・デザインに焦点を合わせ，そのあり方を多面的に明らかにしたい。

Ⅰ. リサーチ・デザインの概要

1. 問題意識から生まれるリサーチ課題

　組織研究は，組織現象の「謎解き」として発展してきた。たとえば，組織現象に関心をもつ人なら，自動車メーカーとして同じような車種を製造・販売しているにもかかわらず組織の構造や業績が違うという現象に直面すると，なぜそうなのかという意識に目覚めるはずだ。そうした問題意識が生じると，通常その謎を解明したいという意欲がわく。そして，その解明を目指してリサーチが行われると，その結果として組織現象の理論的知識が残される。もっとも，リサーチを進める際に，何が解決すべき問題なのか，どのように分析を進めたらよいのかが明確でないと，容易に謎解明の作業を進めることができない。そのため，リサーチの全体像を示すリサーチ・デザインが求められるのである。

　問題意識を明確にするには，常日頃からアンテナを張っておくことが必要である。なぜなら，それで研究対象を明確にでき，リサーチしやすくなるからだ。そして，問題意識を具体的な課題に落とし込み，それを合理的に解明できるようにリサーチのプロセスを明解に展開できれば，その結果は，ある現象を解明する何々モデルとして主張できるかもしれない。たとえば，組織の誘因・貢献モデルや有効性モデルである。

　もっとも，何を解明すべきか，それは何のためにするのか，といった研究目的がリサーチの前提として明らかにされないと，効率的なリサーチ・プロセスを展開できない。したがって，いろいろな経験から生じる問題意識に対して，何を課題とすべきか，というリサーチ・クエスチョン（研究したくなる謎，課題）

の設定が必須である。すなわち，当事者が関心をもつ現象から生じた問題意識に対して，何を明らかにすればその謎が解明できるかという観点からのリサーチ・クエスチョンである。

　たとえば，企業がＭ＆Ａをしても想定通りの結果をもたらすことがない現象に対して「なぜ」，という疑問の場合である。こうした疑問は当然出てくるものだが，それを解明する際に，どの観点から分析したらよいかを考える必要がある。しかし，企業によってはＭ＆Ａを想定以上に成功させている場合もあることを踏まえると，Ｍ＆Ａの結果が異なるという謎は深まる。このような現象がなぜ起こるかに興味をもてば，その現象の原因を探るのはもちろん，そのプロセスの解明にも目が向くはずだ。そこで，リサーチ目的はその原因に研究の焦点を当てるのか，あるいは，Ｍ＆Ａのプロセスに研究の焦点を当てるかが問われるべきで，それができないと，具体的なリサーチ・クエスチョンを設定するまでに至らない。

　この例から推察できるように，ある現象を解明しようとすれば，まず何のための解明かというその目的を明らかにする必要がある。いわゆるリサーチ目的を明確にすることである。しかし，目的が明確にされたからといって安心できない。いざリサーチが始まると，次から次に「なぜ」というリサーチ・クエスチョンが連鎖して出てくる。たとえば，利益の源泉が何かといった場合，その源泉がコスト削減なのか従業員のモチベーションアップなのか，タイミングなのか，いろいろと想定できるからである。

　また，利益の源泉がどこにあるかといった例でもわかるように，いろいろな角度からみるだけで，その謎は深まるばかりである。まさに，ひとつの見方ですべての疑問を解明することは不可能なのである。そこで，問題のどの部分を解明して，次にどの部分を解明するか，というように焦点を絞って分析することが必要となる。すなわち，どの部分に焦点を当てるか，つまりリサーチすべき課題を特定することは，何のために行うリサーチかというリサーチ目的の明確化の後に必要なプロセスなのである。

　以上から，問題意識はいかなる状況でも生じるものの，どの問題に取り組む

かを明確にしなければならないことが明らかといえよう。また，問題意識といっても，同じ現象に直面する当事者（研究者）によってその内容は異なる。なぜなら，当事者それぞれの経験的知識や力量で問題の感知力が違うし，使える理論的知識も違うからである。研究者の観点からいえば，対象となる現象の理論的知識が多ければ，通説の限界がどこにあるのか，通説を支える事実証拠のどこが不十分かなど，リサーチ目的をより明確にできるはずだ。このことからも，リサーチ・デザインは，研究者の力量に依存せざるを得ないとはいえ，リサーチ・クエスチョンを設定しなければ始まらないことが明白である。

しかし，リサーチ・クエスチョンが決まればすべてよし，ということではない。やりやすいリサーチとなるかどうかは別問題である。現実は設定された課題について，リサーチの目的を明確にした方がやりやすい。その上，リサーチにどのように取り組むか，その方法・アプローチは多様なのでなおさらである。

たとえば，先行研究をレビュー（検討）して，どのような理論的立場（実証主義あるいは解釈主義）から取り組むのか，アプローチ（意思決定論的や数学的）はどうするか，そして理論的仮説を立てたなら，その検証のためにどのようにデータを収集（アンケートやインタビュー）しなければならないかなど，問題は山積みである。こうしたリサーチに伴う一連の作業はリサーチ・デザインを構成する要素である。そして，それらの関係性がリサーチ構造として示されるとリサーチの見通しがつきやすくなる。リサーチ・デザインは，リサーチを効率的に行うためのものであり，その内容はリサーチの全体構造を描くことにほかならない。

リサーチ・デザインの内容は，論者によって一律でない。それは，リサーチに関わることをすべて含んだものといった広義なとらえ方から，研究課題を解明するプロセスのみに関わるものとして狭義にとらえるまで，そのとらえ方はいろいろあるためである。

本章では，以上の点を踏まえ，リサーチ・デザインをリサーチ・クエスチョンの解明プロセスに関連する以下の要素から成り立つものととらえたい。すなわち，①リサーチ・クエスチョンの設定，②リサーチの理論枠組み，③必要データの収集，④データ・ベースの推論方法，という4要素の関係性をデザ

インすることである。

2. 理論的視点による問題の絞り込み

　研究対象を整理するのに役立つのが研究者の理論的視点である。理論は，経験的事実に裏づけされた論理的な筋道をもつ命題であるが，研究対象の構成要素の関係性としてとらえることもできる。そのため，その関係性をどのような視点からみるかで理論的視点は異なる。そして組織の場合，分析レベルの違いによってもみえ方が異なる。したがって，理論的視点は，研究対象に対して分析単位をどうすべきかを明らかにしてくれる枠組みともいえる。

　たとえば，組織論の理論的視点は，個人レベルの意思決定理論（限定された合理性）であり組織レベルのコンティンジェンシー理論（環境決定論）である。そのため，理論的視点は問題をとらえる概念的な枠組みと称されることが多い。つまり，理論的視点は，研究対象のどの側面に焦点を合わせるかを研究者が提示するものである。この点こそ，リサーチ・デザインにおいて理論が果たす役割であり，研究者が理論的立場を明確にする必要がある理由である。

　理論は，研究対象の重要な側面をとらえる概念で構成されており，概念間の関係性（因果関係や相関関係）を意味する。したがって，理論のとらえ方である概念モデルは，理論を構成する概念の関係性を示しており，関係性のない変数は排除されるので，研究対象を絞り込むのに有効である。そのため，関心をもつ対象を分析することによって理論モデルを構築することが研究目的だとすると，対象とした現象を構成する概念関係に新たな関係性が見いだせれば，それは新たな理論仮説といえる。しかし，それを命題として主張するには，客観的なデータ（経験的事実）を用いた検証が必要である。

3. 理論仮説を構成する概念

　組織論の科学的分析を振り返ると，組織を生理学的に分解することで，組織を構成する基本的な構造的要素（ヒト，モノ，カネ，情報）はさらに細分化されてリサーチされてきた。具体的には，組織を構成するモノ・コトに細分化すると，

そのさまざまな組み合わせから，新しい概念がいろいろと生まれるということである。集権と分権という概念の場合，両者の関係性を明らかにすれば，組織現象の本質をとらえることができると想定されるのである。

　以上からたとえば，官僚的組織の拡大といった研究者の関心をもつ現象が広く認識されると，その本質は何か，どこにあるのかといった疑問が生じる。そうなると，官僚制をより詳細に分析したくなり，官僚制という概念に対してそれを構成する要素の概念化が探求される。それが，集権化やコントロールである。そして，構成要素間の関係性をとらえることができれば，理論仮説の構成要素の概念化が進み，さらにリサーチの深掘りをすることによって研究対象の本質を探れるようになるのである。

　構成概念をどのように規定するかは研究者の自由であり，センス次第である。したがって，考案された概念の操作化（変数化）次第で理論内容が違ってくるのは当然である。とはいえ，理論を構成する概念は理論構築の中核となるものであり，リサーチ・デザインを進める際に，とりわけ論理実証主義的立場に立つ場合，その操作化は重要な作業となる。

　すでに指摘したように，構成概念から成り立つ概念モデルは理論そのものである。そのため，それを経験で裏づけられたデータで検証する場合，各構成概

図表 9-1　構成概念と操作化

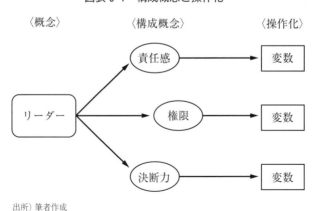

出所）筆者作成

念を操作化して数字で扱える変数とみなす必要がある。そして，構成概念間の関係性をとらえることができれば，それが相関関係だとしても，理論モデルとして主張できる。理論モデルの検証作業においては，この関係性が理論仮説として扱われ，客観的なデータを通してその真偽が判定されるわけである。構成概念における変数間の関係性の図示例を示すと図表 9-1 のとおりである。

Ⅱ．リサーチ・デザインの要諦

1. リサーチの方法

　リサーチの進め方は多様である。そのため，リサーチ・デザインの内容も一律でない。だが，効果的なリサーチを進めるために必要なのは，どのような立場（理論的視点）からリサーチをするかである。なぜなら，方法論が違うと，リサーチに必要な計画の立て方や手法が異なるため，一貫性を主張する立場（軸）をはっきりさせることが必要だからである。リサーチ・デザインの方向性は，リサーチする研究者の方法論によって異なるのは当然である。一般的に，組織現象を分析する方法は大きく分けて，実証主義的立場と解釈主義的立場に区分できる。

　実証主義的立場は，主張する命題の確証が経験的事実によって得られるという方法論である。その特徴は，予測可能，反復可能なモデルの構築を志向するもので，研究対象とする現象を説明する法則の探求が目的とされる。そのため，リサーチ手法としては，実験やアンケート調査などを通じて行うデータ収集とその統計分析が必須となる。換言するなら，この立場のリサーチは，科学の特徴とされる客観性，予測性，反復可能性を重視し，事実ベースで研究対象の構成要素の因果関係や相関関係を検証することを目的とする。そのため，ある一定時点の実証主義的なリサーチで得た知見は数量化されて観察可能なものであり，そのプロセスの特徴は以下のとおりである。

　① 経験・観察からリサーチ・クエスチョンを設定

② 概念モデルの構築 (構成概念を変数関係として想定)

③ 収集したデータによって変数関係を統計的に分析

④ 検証された関係性を解釈

　変数を指標として特定するのはそれほど困難ではないが，その指標に妥当性と信頼性がなければ意味がない。たとえば，企業規模を測定する指標として従業員数や収益を設定するのは問題ないように思われるが，比較によって収益の方が妥当するという場合もある。また，組織の分化の程度を表す指標として，裁量権のある予算規模を設定することが可能だが，裁量権と予算が連動しているとは限らないので，その場合の信頼性は判断不可能である。

　常に比較可能な指標といえば，有価証券報告書に掲載される数字である。これは同じ手順で計算された数字のため，その信頼性はきわめて高い。これに対して，事例研究の場合，インタビュー結果の信頼性となるとそう単純な話でなくなる。同じ人でも，そのときの体調や気分，また雰囲気 (聞き手) で発言内容が変わるからである。これは，発言内容の解釈の相違もあるし，人間が自己防衛反応を無意識にし，通常は利他的な行動を取る人でも場合によっては利己主義的な行動を取るのが人間の本性だからである。

　こうした実証主義的立場に対して，解釈主義的立場の組織研究者の多くは，その前提として，現実の組織は人々により社会的に構築されたものであると想定する。そのため，参与観察や言説分析などを通じて組織メンバーの行為の背後に潜む意味を探求し理解することを主眼とする。そして，組織メンバーの意図的行為を了解 (メンバーの行動や相互作用がもたらす意味を理解) することが重要とされる。しかも，そうした意図的行為が起こるのは，それと紐付けられる組織の状況 (風土など) が影響するからとみなされ，その関係性を論理的に検証することが目的となる。そして，その検証が妥当かどうかは，説明の一貫性と組織状況との整合性から判断される。

　解釈主義的立場だと，問題に直面する人間の経験や知識，感情を理解することが求められるため，リサーチ手法としては現象学やエスノメソドロジーなど

多様である。そして，参与観察などを通じて具体的なデータを収集し，質的な分析を行うことになる。こうした解釈主義的立場のリサーチ・プロセスの特徴を挙げると以下のとおりである。

① リサーチ・クエスチョンに適合する事例の選択
② 事例から関係性を抽出
③ 関係性を特定する条件の明示
④ 事例の妥当性を判定

　方法論が実証主義，解釈主義のいずれにせよ，リサーチの目的は，問題視した現象を解明するために，記述すること及び説明することであるともいえる。それができなければ，リサーチの目的は達成されたとはいえない。

　たとえば，実証主義的立場の記述は，研究課題に関わる事実から特定された変数間のパターンを明らかにし，その特徴を記録することである。その場合，よい記述だけでなく悪い記述もないわけでないが，よい記述ができるほどよい説明に繋がるといえる。すなわち，経験的事実に即したよい記述が前提になるほど，よい説明につながるのである。

　理論的にいえば説明とは，変数間に関係があることを明示することである。ただし，その説明が客観的なものかどうかは，別の話である。変数間の関係が客観的なデータ（経験的事実）でもって検証されなければ受け入れられないからである。科学的知識といわれるものはみな，明確なリサーチ・クエスチョンから引き出された分析結果によい記述と説得力のある関係性の説明が含まれているといえる。

　一般的に，科学的分析における説明の仕方には以下の3種類があるとされる。すなわち，① 法則的説明（関心現象が生じた理由を，所与の条件のもとで演繹的に説明する様式），② 確率的説明（反復現象が特殊条件のもとで生じることを確率的に説明する様式），③ 類型的説明（類型的なカテゴリーを用いて関心現象の特徴を説明する様式），である。

2. 変数関係の解明

　変数間の関係によって明示化されるのは，問題とした対象がどうなっているかを記述するばかりでなく，なぜそうなるかを説明するかである。変数間の関係性は，変数が恣意的に設定されるため，その数は操作化される変数次第である。しかし，その関係性は共通な点も含まれるため，それらを大雑把に整理すると次のようなパターンに識別できる。すなわち，共変関係，相関関係，因果関係である。

　共変関係は，「Aが高くなるほどBは低くなる」というように，共に変化する関係として表現される変数関係である。これに対して，「AならばBである」や「A→B」として表現される変数関係は，相関関係ないし因果関係である。この場合の特徴は，Aが変わった後にBに影響が出る，という時間変化を含んでいる点である。そして，Aが原因でBが結果であるなら，それは因果関係といえるが，Aが変わるとBも変わるときもある，という関係性は相関関係である。その他，両変数間を仲介する媒介変数がある場合のみ，AとBの間に関係性がみられる現象は疑似関係という。また，ある条件の下でのみAとBに関係性がみられる場合は，条件付き関係という。

　このように，変数間の関係性といっても，そのパターンはとらえ方次第といえる。これは，ある現象を分析して抽出された変数関係が，そう単純でないことを意味している。変数関係がどのような状態なのかを記述する場合と，なぜそのような関係をもつようになったかを説明する場合とでは，関係性が異なるからである。

　いずれにせよ，変数間の関係性がデータ等で検証できれば，それは理論モデルとして主張できるわけである。すなわち，変数関係は理論を数値化するものであり，共変モデル，因果モデル，相関モデルとして主張されるのである。しかし，この中でも最も期待されるのは因果モデルである。なぜなら，因果関係を示すことは，再現性があることであり，現実の問題に実践適用できるからである。

　変数間の因果関係とは，原因→結果の関係性を意味し，それが客観的に検証

されるなら，再現性があり，時間的にも空間的にも予測可能な定式となる。た
とえば，コストの削減と売上高の関係を調べてみると，環境が変化しないとい
う条件によっては因果関係があると検証できる可能性が高いのである。

　ただし，因果関係にもいろいろなパターンがある。その例として田村 (2006)
は以下のように列挙している。

1. 多くの原因が同じ結果を生み出す
2. 同じ原因が異なる結果を生み出す
3. 相互に依存し合う多様な原因によって結果が生じる
4. 何が原因になるかは時間によって異なる

　因果関係の議論は，アリストテレスの時代から連綿と続いているが，基本的
には，ある原因が結果をもたらす，という考え方である。数式で表せば，
「X → Y」である。ただし，何が原因か，その見つけ方はどうすればよいかな
どは簡単な話でなく，これを議論すればその内容は多彩である。たとえば，製
品の価格を下げたら売上が増大した，という事実から推測すれば，価格の引き
下げが原因で売上増大が結果といえるが，売上増大の原因は，価格引き下げだ
けとは限らず，製品のデザインや質など，差別化が原因かもしれない。コスト・
リーダーシップによって競争優位を確保する，といった命題も同様である。競
争優位の確保は，組織能力が決め手になるかもしれない。こうした疑問は，対
象となる変数関係における必要条件と十分条件の識別がきちんとできれば生ま
れないはずだ。

3. 変数関係における必要条件と十分条件

　必要条件を理解するために，白鳥 (B) なら鳥 (A) である，という命題例が使
える。この場合，鳥であることは白鳥であるための必要条件（定式化すると B
→ A）である。ただし，鳥であっても白鳥とは限らないので，白鳥に対して鳥
であることは必要条件だが，十分条件でない。鳥だが，ある特徴をもっていな

図表 9-2　必要条件と十分条件

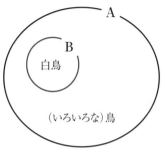

出所）筆者作成

いと白鳥とは主張できないのである（図表9-2）。それゆえ，このケースで白鳥であるための十分条件になるのは，もちろん鳥だがさらに白鳥であるための特徴をもつことが，求められる。売上増大の例でみれば，ある条件を満たせばどんな会社でもとりあえず売上増大ができる場合，その条件に該当するのが十分条件である。

　以上から，企業成長についていえば，「X⇔企業成長」という定式化のみが成り立つ場合，Xは必要かつ十分条件である。これに対して，「X and Y⇒企業成長」が成り立つ場合，Xは必要条件だが，十分条件ではない。なぜなら，Yも企業成長に必要な条件であるからである。また「X or Y⇒企業成長」の場合，Xは十分条件だが必要条件ではない。この場合，企業成長に必要な条件がXかもしれないしYかもしれないことを意味しているので，Xは必要条件とはいい切れないからである。

　このような必要条件と十分条件の考え方から明らかなように，成功の条件は何か，といったケースの場合に提示される条件は必要条件にすぎず，これだけでは成功するとは限らない。必ず成功するための条件は必要かつ十分条件であり，それが見つかりさえすれば，成功を常に実現できるのである。一般的に，何々の条件を見つけよ，という課題を提示されることが多いが，これは必要条件の探求にすぎない。企業成長の条件を示せ，といった場合，いくつでも条件

を想定できるが，それらで企業成長を実現できることにはならないのである。

4. 変数間の因果メカニズム

　企業経営においては，売上高，利益率，ROE など，目標とされる数値は多い。そうした中で，それぞれの数値目標に関わる要因が必要かつ十分な条件をみたす変数として特定できれば，目標達成は必ず実現できることになる。つまり，原因となる変数が確証あるものなら，因果関係からその結果は必然化する，換言するなら，確信をもって目標達成行動ができるわけである。

　企業経営者にとって，原因となる要因がコントロールできないとしても，ある事象の因果関係を確証あるものとして把握するなら，問題解決の可能性を高められる。そのため因果関係を含む命題こそ重要となる。たとえば，競争が激化すれば，ライバル会社の動向（コスト削減や差別化）は不確実性を増すため，単なる価格の引き下げでは，当初想定した売上高（結果）を実現できない。しかし，売上げに関わる因果関係図式を把握しておけば，それは根本的に変わることがない。そのため，それに影響する要因が増えたと考えても，因果関係に関する考え方の修正が必要なだけである。そしてその修正ができる企業は，ライバル企業よりいち早く新たな競争状況に対応でき，目標達成に近づくはずだ。

　因果メカニズムとは，因果関係が生じるプロセスである。因果関係を構成するさまざまな変数が多くなればなるほどメカニズムは複雑になる。単純なメカニズムがある一方，複雑なメカニズムの機械があるように，因果関係のメカニズムも一律ではない。したがって，因果関係を明らかにするには，説明変数と従属変数が直接関係しているとみるだけでは不十分で，その関係性を促進する要因，媒介する要因などを想定して因果関係メカニズムを考える必要がある。

　たとえば，結果として企業成長を実現するには，売上高の増大だけでは不十分である。無理して売上高を上げても，赤字では企業成長したとはいえない。因果関係に関して**因果効果**という考え方がある。これは，原因変数が異なる値をとる場合，従属変数の値も異なるが，そこに体系的な差がどの程度生じるかを意味する。それゆえ，その差が少ないほど，因果効果が強いといえる。

この考え方を踏まえると，因果メカニズムを解明するには次のような因果的推論が求められる。すなわち，想定したメカニズムを構成する要素間に因果関係があることを証明するために，その因果効果を具体的に定義づけ，測定しなければならない。特に，理論的一貫性のある因果メカニズムであると主張するには，一連の要素（出来事）のつながりを検証する必要がある。

因果的推論は，ある現象ないしその原因を特定するために用いられる手法である。したがって，それが演繹的手法であろうと帰納的手法であろうと，それで導出された理論モデルには，相互に関連したいろいろな因果仮説が含まれる。つまり，観察可能な因果関係が含まれるのである。因果関係がある場合，ある説明変数に数値を入れると，従属変数は必ず何らかの値を示す。そこで，この因果仮説が成立するかどうかを検証し評価する場合に活用されるのが因果的推論である。そして，複数の因果仮説から成り立つ理論は，因果仮説の相互に矛盾がなければ，理論的に一貫性があるといえる。

因果関係のメカニズムは定量研究でのみ明らかにされるわけでない。定性研究でも，因果関係のモデルを導出可能なのである。そこで King, et. al., (1994) は，定性研究で因果的な理論モデルを構築するために用いる５つのルールを指摘している。

① 反証可能性

② 論理一貫性

③ 注意すべきは従属変数の選択

④ 具体性

⑤ 包括的な理論

Ⅲ．リサーチ・デザインにおける推論と検証

1. 演繹法と帰納法

企業組織に限ってみても，不祥事は後を絶たない。この現象に対して，「企業はなぜ不祥事を起こすのか」という問題設定をした場合，個別事例を通して

みるとリアリティ感のある議論ができる。たとえば，実際に不祥事を起こした東芝（会計不正），東洋ゴム（検査不正）などを事例として研究する場合がそうであり，その他いろいろと例を挙げることができる。

　しかし，どの事例を取り上げることが適切か，リサーチ目的に照らした事例の妥当性は容易に判断できない。不祥事といっても，その内容が会計不祥事から検査不祥事まで多様にあるので，設定された問題に相応しい事例でないと意味のない分析になってしまう。こうした事例研究の妥当性問題は，実証研究として入手したデータの妥当性問題と相通じるところがある。すなわち，リサーチ目的達成のために妥当性のない事例やデータをいくら分析しても，その結果は信頼されないからである。

　リサーチの目的は，疑問をもった現象の what を記述し，why を説明する理論モデルの構築であり，その検証である。その際，妥当性問題をクリアしたとしても，信頼できる理論モデルは自然に生まれるものでない。信頼されるモデルであるためには，リサーチによって得た，しかも妥当なデータ・情報をベースに，論理的に推論することが求められる。推論は，既知の知識から将来を推測することであるが，その論理（ロジック）が厳格なら筋の通った推論になるはずだ。そして生み出されるモデルがさらに客観的に検証されるなら，その信頼性を確保できると想定される。

　論理的な推論方法として，先人たちは，演繹法（deductive method）と帰納法（inductive method）を実践してきた。いわゆる推論する際の方法・手順である。

　演繹法は，経験的に観察できる事象の分析を通して得た抽象的な原理や法則を前提とし，さらにそれらを論理的に組み合わせて，より具体的な仮の結論を得る推察を繰り返して行うことである。つまり，抽象的な仮説をベースに演繹的な推論を粘り強く行い，具体的な命題を次々に得ることである。そして，最終的に客観的なデータによる検証に耐えられるような命題を導き出す方法である。たとえば，経営学では，経営者は限定された合理性（bounded rationality）を前提に意思決定するとみなされる。そのため，組織デザインは満足原理に基づいて行われ，最適な組織デザインとはならない。他方，経済学では，機会主義

的な人間像を前提に，効用最大化を図る組織を説明する。

　近代科学は，こうした仮説‐演繹的な方法が軸になっている。この方法は，研究対象についてそれを構成する要素に分解しつつ，その全体像もとらえるものである。換言するなら，全体は部分から構成されるが，部分は全体の観点から理解されるという立場に立つ方法である。したがって，要素間の関係性を示す原理を見いだせれば，論理一貫性のある全体を網羅するモデルを構築することが可能である。そしてその際に，操作化された変数によって行う統計的分析によって，提示された仮説から検証できる命題を引き出すことができるという考え方である。

　これに対して帰納法は，観察によって得られた事実や事例を分析し，比較し，分類することで，何らかの関係性について一般性をもつ法則を導き出す方法である。つまり，多くの事例から共通する性質を抽出することで理論モデルを構築するものであり，帰納法の特徴は，経験によって正当化されるものといえる。たとえば，官僚制の原理は，大規模組織における権限委譲や規則・ルール化の正当性を含んでいるが，それらは組織現象の観察によって明らかにされたものであり，多くの組織に該当する。したがって，帰納は経験によって正当化されるし，検証されるのである。事例分析によってロジックを見いだすことが帰納法のエッセンスといえよう。

　両者を比較すれば，演繹法は，事実の裏づけがある前提から論理的に命題に至る点で，客観性が高く，再現性も容易な理論モデル構築に資するものである。これに対して，帰納法は，事例を通して共通する特徴を抽出することで理論化するものだが，法則を見いだすという点で，研究者の主観やセンスが入ってしまうことがある。

　経営組織の理論モデルの多くは，どちらかというと，演繹的な方法によって生み出されてきた。しかし，これは演繹的な方法が帰納的な方法より優れていることを意味しているわけではない。理論モデルを検証する際には，両方の方法で検証作業を深めることが重要である。仮説‐演繹法による推論から理論仮説を作っても，それが帰納的な経験や事実の裏づけがないと信頼あるものにな

らない。したがって，両者は，相補的な推論の方法といえるのである。

2. 検証の仕方

　検証の仕方は多様だが，大別すると，観察（実験）によるものと言語を介したものに分別できる。たとえば，ある特定の組織行動を研究対象とする場合，それを観察・記録・分析することによって，組織行動の特徴や法則性を解明することが意図される。また，言語を介するとは，換言すれば聞くことであり，組織行動を起こす意思決定者の感情や価値観など，心的な側面を理解することが中心となる。そしていずれも，定量的分析と定性的分析が可能だが，そのプロセスは理論的立場によって違う。

　一般的に観察（実験）の場合，たとえば質問票を用いたアンケート調査では，測定対象を明確にし，質問項目の選定をしたうえで，因子分析，信頼性・妥当性の検討などを行うために，入手したデータを統計的に処理し，理論仮説の検証を行う。一方言語を介する定性的分析では，インタビュー調査や，テキストマイニングの手法を用いて理論仮説の検証（テスト）を行うことが多い。

　検証の仕方はいろいろあるが，リサーチ・デザインにおける検証の扱いは，リサーチの実行側面の問題といえる。デザインは計画側面にすぎないとすれば，検証の仕方についてはリサーチ・デザインとの関連でその可能性を示すことが肝要なのである。

Ⅳ. リサーチ・デザインの必要性と役割

　リサーチそのものは，いろいろな前提の下で行われる。既述のように，伝統的な経済学における人間は機会主義的な経済人が前提である。これに対して，経営学では限定された合理性をベースとする経営人が前提とされ，議論される。

　通常，理論構築を意図したリサーチの場合，その前提はひとつでない。大前提から小前提まで，理論構造の全般に関わって前提がおかれる。その中でも，公理といわれる大前提や公準に該当する中前提は，すでに確証されたものだが，

小前提は仮定であり，リサーチの論理展開をしやすくするために恣意的に想定されたものである。たとえば，ある組織をリサーチする場合，組織は個人という要素に還元されるという大前提（公理）をベースに，各個人は限定合理的な行動をとるという中前提（公準）も受け入れることになる。そして，個人の合理的行動はその気分にも作用される恣意的なものでもあるという仮定が立てられる。そのため，組織について構築される理論モデルは仮説に過ぎなく，経験的事実・データによる検証が必須となる。

　ただし，経験的事実による検証といっても単一ではない。自然科学同様に再現性のあるデータをベースに普遍性を目的に統計的分析するものと，歴史学のように，再現性はないが歴史的事実をベースに特殊性を目的に分析するアプローチの違いがあるのである。

　仮説の前提をどのようにとらえるかという作業は，仮説形成のプロセスを構成する。これは，前提の組み合わせから導出した仮説の論理的な演繹（経験との適合性を確かめるための）や仮説の統計的分析・検証に先だって行われる。この作業がなければ，砂上の楼閣になるからだ。また，互いに矛盾する前提から始まった異なる仮説がそれぞれ（明快な反証が上げられないという意味で）経験と合致する，という状況が社会科学においては頻繁に生じるからである。

　以上のように，理論的な言明には前提がつきものだが，そこに条件も付けられる。つまり，ある人間モデル（経済人ないし経営人）を前提とした理論は，人間行動の一側面しか見ていないモデルであり，歴史的な条件を前提とした理論は，時間的に限定されたモデルにならざるを得ない。したがって，リサーチ・デザインにおいて，リサーチの前提を明確にしないと，その結果の信頼性は揺らいでしまう。この点が，リサーチ・デザインが研究結果に対して重大な役割を果たしている証左である。

　リサーチ・クエスチョンに対して求められるのは，リサーチを論理的，効率的に行うためのデザインであり，それはどのような手法で知見を得るのがよいかについて道筋を示す。リサーチ・デザインは，リサーチによって得ることができる知見を一般化できる程度を示すものであり，研究対象を説明する力をア

ップし，学術的に意味のあるものを生み出すプロセスといえる。

　リサーチ・デザインが必要なのは，それがある場合とない場合を想定すれば明らかであろう。リサーチを効果的に行うため，リサーチの妥当性を明らかにするため，リサーチの信頼性を確保するために，リサーチ・デザインは必要なのである。したがって，その役割は，リサーチの手順を明確にし，リサーチの範囲や方向性を規定することである。

さらに学習すべき事柄
・問題意識をもっても問題設定ができない場合があるが，それはどうしてだろうか。各自の経過を踏まえて説明してみよう。
・論理的な推論方法として演繹法と帰納法があるが，それ以外にはないのだろうか。調べてみよう。

読んでもらいたい文献
田村正紀（2006）『リサーチ・デザイン―経営知識創造の基本技術―』白桃書房
キング，G.，コヘイン，R. O.，ヴァーバ，S. 著，真渕勝監訳（2004）『社会科学のリサーチ・デザイン―定性的研究における科学的推論―』勁草書房

引用・参考文献

Barnard, C. I.（1938）*The Functions of the Executive*. Harvard University Press.（山本安次郎・田杉競・飯野春樹訳『新訳 経営者の役割』ダイヤモンド社，1968 年）

Burrell, G., & Morgan, G.（1979）*Sociological Paradigms and Organizational analysis*. Heinemann.（鎌田伸一・金井一頼・野中郁次郎訳『組織理論のパラダイム』千倉書房，1986 年）

Emery, F. E., & Trist, E. L.（1965）The Causal Texture of Organizational Environments. *Human Relations*, 18：21-32.

Fayol, H.（1916）*Administration Industrielle et Generate*. Bulletin de la Societe de l'Industrie Minerale.（山本安次郎訳『産業ならびに一般の管理』ダイヤモンド社，1985 年）

Follett, M. P.（1942）*Dynamic Administration*. Harper & Row.（米田清貴・三戸公訳『組織行動の原理　動態的管理』未来社，1972 年）

Galbraith, J. R.（1973）*Designing Complex Organizations*. Addison-Wesley.（梅津祐良訳『横断組織の設計』ダイヤモンド社，1980 年）

Gouldner, A.（1955）*The Patters of Industrial Bureaucracy*. Routledge & Kegan

Paul.（岡本秀昭・塩原勉訳『産業における官僚制—組織過程と緊張の研究—』ダイヤモンド社，1963 年）

カルナップ，L. 著，永井成男・内田種臣編訳（1977）『カルナップ哲学論集』紀伊國屋書店

King, G., Keohane, R. O., & Verba, S.（1994）*Designing Social Inquiry : Scientific Inference in Qualitative Research*, Princeton University Press.（真渕勝監訳『社会科学のリサーチ・デザイン—定性的研究における科学的推論—』勁草書房，2004 年）

Lawrence, P. R., & Lorsch, J. W.（1967）. *Organization and Environment : Managing Differentiation and Integration.* Harvard University, Division of Research.（吉田博訳『組織の条件適応理論』産業能率短期大学出版部，1977 年）

March, J. G., & Simon, H. A.（1958）*Organizations.* John Wiley & Sons.（高橋伸夫訳『オーガニゼーションズ：人間性を重視した組織の理論』ダイヤモンド社，2014 年）

Merton, R. K.（1957）*Social Theory and Social Structure, rev. ed.,* Free Press.（森東吾・森好夫・金沢実・中島竜太郎訳『社会理論と社会構造』みすず書房，1961 年）

Parsons, T.（1977）*Social Systems and the Evolution of Action Theory.* Free Press.（田野崎昭夫監訳『社会体系と行為理論の展開』誠信書房，1992 年）

Perrow, C.（1967）*Complex Organizations : A Critical Essay.* Scott, Foresman and Company.（佐藤慶幸訳『現代組織論批判』早稲田大学出版部，1978 年）

Selznick, P.（1957）*Leadership in Administration.* Harper & Row.（北野利信訳『組織とリーダーシップ』ダイヤモンド社，1963 年）

Simon, H. A.（1997）*Administrative Behavior.* 4th ed., Free Press.（桑田耕太郎・西脇暢子・高柳美香・高尾義明・二村敏子訳『新版 経営行動』ダイヤモンド社，2009 年）

田村正紀（2006）『リサーチ・デザイン—経営知識創造の基本技術—』白桃書房

Thompson, J. D.（1967）*Organizations in Action.* McGraw-Hill.（大月博司・廣田俊郎訳『行為する組織』同文舘，2012 年）

Woodward, J.（1965）*Industrial Organization : Theory and Practice.* Oxford University Press.（矢島鈞次・中村寿雄訳『新しい企業組織』日本能率協会，1970 年）

第10章　量的研究

　本章では，今日組織論研究で多く行われている実証研究方法のひとつである量的研究について検討を行うものである。とりわけ，因果関係の解明を意図する量的研究に着目し，質問票調査による量的データの収集を前提とした「仮説検証型」の量的研究論文の構造，及び量的調査がどのように行われるのかという量的調査プロセス，さらに媒介モデルや調整モデルなどの代表的な因果関係モデルについて議論が行われた。

キーワード：質問票調査, 量的調査プロセス, 仮説検証型, 媒介モデル, 調整モデル

　今日，組織論研究において，質問票調査等によって量的調査データ (quantitative survey data) を取得し，それらデータに対して統計解析を行い，事前に設定した仮説が正しいかどうかを検証する量的研究あるいは定量的研究 (quantitative study) が非常に多く行われている。たとえば，経営学領域において最も権威のある学会のひとつであるアメリカ経営学会 (Academy of Management) では，実証研究の論文を掲載する専門雑誌として *Academy of Management Journal* を発行しているが，そこでは量的研究手法を用いた論文が毎号多く掲載されている。また，組織論領域におけるトップジャーナルのひとつである *Organization Science* においても同様である。

　そもそもデータを用いて真理の探究を試みる実証研究は，用いるデータの種類の違いによって，量的研究 (あるいは定量的研究) と質的研究 (あるいは定性的研究：qualitative study) の大きく2つに分類される (南風原, 2011)。量的研究が，企業の営業利益や従業員のモチベーションの高さ度合いなど，数量的に把握することができる量的データを取得し，分析するのに対して，質的研究では企業の営業利益が高まったことに対して経営者がどのように感じたのかについて語ったデータなど，数量的に把握できない質的データ (qualitative data) を収集，分析することによって，新たな経営理論の構築をしようというものである。量的研究と質的研究は，それぞれ強み (長所) と弱み (短所) をもっている。そのため，ど

ちらが優れた研究手法で，どちらが劣った研究手法などのように，両者に優劣は存在しない。むしろ，両者はそれぞれの研究手法の弱点を補いあう相補関係ととらえるべきであろう。したがって，実証研究を行う際には，組織現象を解明する研究課題を探究するのに，どちらの研究手法の方がより効果的であるのかを各研究者が見極めたうえで，選択していくことが求められる。もちろん，混合研究法 (mixed method study) のように，量的研究手法と質的研究手法の双方を用いて組織現象の解明を試みる方法を選択することもありうる (杉野，2013)。

　本章では，量的研究の中でも主として質問票調査による量的データの収集を前提とした「仮説検証型」の量的研究について検討を行っていくこととする[1]。とりわけ，次節以降において量的研究論文の構造と量的調査の進め方，代表的な因果関係モデルについて検討を行っていく。

Ⅰ．量的研究論文の構造

　量的研究論文は，大別すると2種類ある。ひとつは，「測定尺度の開発や妥当性検証」を意図する研究であり，もうひとつは変数間の「因果関係の解明」を意図した研究である。前者の測定尺度の開発や妥当性検証を意図する研究では，職務満足や組織コミットメントなどといった，ある特定の構成概念を測定するための尺度として，具体的にどのような項目を設定することが妥当なのか，またそれら項目が構成概念を適切に測定できているのか，について量的データによって検証する論文である。後者の因果関係の解明を意図した研究では，測定尺度によって測られたA概念とB概念の間にどのような関係が見いだされるのかを量的データで明らかにしようと試みる研究である。本章では，全体を通して後者の「因果関係の解明」を意図した量的研究に焦点を当てて，その論文構造や量的調査の進め方について議論を行っていく。

　因果関係の解明を意図した量的研究論文には，ある程度決まった型 (構造) がある。具体的な名称は各論文によって異なるが，一般的に量的研究論文は，「研究目的」，「概念的枠組み」，「方法」，「結果」，「考察」の5つのパートから構成

されている。科学的な量的研究論文として具備すべき要件があるため，それらの要件が整っていないと，どれだけ優れた問題意識や研究の着眼点等をもっていたとしても研究としては評価されないことになる。したがって，量的研究論文の構造や構成を理解し，具備すべき要件がどのようなものであるのかについて把握することは極めて重要なことである。そこで，量的研究論文としての一般的な構造である「研究目的」，「概念的枠組み」，「方法」，「結果」，「考察」について以下で検討を行っていく。

1. 研究目的

　研究目的において議論し，記述する内容としては，主として「研究の背景」と「研究の目的」の2つがある。研究の背景は，なぜこのような問題意識をもつ研究を行うのかについての学術的背景を述べる部分である。そもそも研究は研究者が固有の問題意識をもち，それを明らかにするために行うものである。しかしながら，その問題意識が，既存研究とはかけ離れた，単なる個人的な興味や関心に留まるようなものであれば，研究としての価値は低くなる。すなわち，量的研究論文には（これは量的研究のみに限った話ではないが），社会的意義や研究的意義（学術的意義）を備えていることが条件になり，各研究テーマにおける既存研究を踏まえた上で，この研究が既存研究に対してどのような貢献や新たな知見を提供する可能性があるのかを示すことが重要である。したがって，具体的には，(1) 過去に同じテーマでどのような研究が行われてきたのを整理する（既存研究の中での研究の位置づけの明確化），(2) 既存研究の内容と本研究の内容との相違点（リサーチギャップ）を明示化する，(3) 問題意識を明らかにすることが具体的にどのような意味や意義を有するのかを示す，といった議論を通じて，学術的にどのような貢献があるのかを記載することが求められる。

　上記の研究の背景をうけて，研究の目的が記載されるが，具体的にどのような課題をどのような方法（量的調査の対象者やデータの種類など）を用いて明らかにするのかについて記述する。とりわけ，漠然とした研究目的ではなく，より具体的かつ明確な研究目的の提示が肝要である。

2. 概念的枠組み

　概念的枠組みにおける最終目標は，具体的に検証すべき仮説の提示である。いかに既存研究の成果等を援用し，論理的に仮説を導出するかが最大のポイントになるため，このパートは「仮説構築 (hypotheses development)」などと表記する研究もある。本項では，「A 概念 (企業の能力開発施策)」が「B 概念 (従業員の職務成果)」に対して正の影響を与える，という因果関係の解明を意図する量的研究論文における代表的な仮説例をもとに考えていく。

　概念的枠組みは主として「概念の説明」と「概念間の関係の議論」の 2 つから構成される。概念の説明では，A 概念と B 概念がどのような概念であるのかについて，定義を紹介しながら説明を行う箇所である。たとえば，従業員の職務成果という概念について考えた時に，何をもって従業員の職務成果ととらえるのかについては，一義的に定まっているものではない。したがって，研究の中で従業員の職務成果をどのような概念としてとらえるのかについて，既存研究での把握の仕方やその定義を紹介しながら説明をしていくことが必要になる。また，もし A 概念や B 概念に下位次元が設定されていれば，その下位次元についても説明することが求められる。

　概念間の関係の議論とは，なぜ A 概念が B 概念を高める (あるいは，なぜ A 概念が B 概念に対して正の影響を与える) と考えられるのかについて説明する部分である。この議論に関して，A 概念と B 概念との関係について検討している既存研究の成果を踏まえて，A 概念が B 概念を高めるという，仮説を設定するような論文が一部散見される。しかしながら，もし既存研究で A 概念と B 概念との関係についてすでに検討されていて，その因果関係が明らかになっているのであれば，そもそも最初に設定した研究課題や研究目的自体に疑問が生じてしまう[2]。なぜなら，既に明らかになっている概念間の関係性を再度検討することの研究上の価値は，必ずしも高くないからである。したがって，A 概念と B 概念との関係は，その研究を行っている段階では未知であることが前提になるであろう。

　そこで，多くの研究では，既存の「理論」を援用して関係性の議論を行っている。たとえば，企業の能力開発施策と従業員の職務成果との関係についての

議論では，人的資本理論 (human capital theory) を用いて説明が可能であると考えられる。人的資本理論は，一般的に教育の経済的効果を説明する理論であるが，これを企業場面に当てはめて，理論的考え方を援用することによって，企業の能力開発施策をより整備することは，従業員の職務遂行能力や専門性が高まることに繋がり，結果として従業員の職務成果が高まる，と説明することができる。したがって，企業の能力開発施策が従業員の職務成果に正の影響を与える，という仮説を導くことが可能である。このように，適用範囲がある程度広く，汎用性のある「理論」というものを援用することによって，A概念とB概念との関係について議論し，論理的に仮説を導出することが可能になる。実際の量的研究論文では，いくつかの概念間の関係が仮説として設定されるため，最終的に仮説の全体像について分析モデルとして図にまとめて提示することも有効である。

3. 方法

　方法では，主に「調査対象と方法」と「測定尺度」についての説明が行われる。前者の調査対象と方法は，どのような調査対象に対して，どのような調査方法を用いて調査を実施したのかについて説明することが求められる。ここでは，研究の目的を明らかにする上で，調査対象者がいかに「適切」で，いかに「厳密な」調査を実施しているかを記述することが重要なポイントといえる。

　上記のことは，当たり前のことのように思うかもしれないが，現実にはなかなかむずかしい課題である。まず，調査対象者の適切さについて考えると，たとえば大学生の何らかの職業意識の関係性を明らかにするという目的の研究において，実際にはきわめて限られた大学に所属する大学生のみを対象に実施された質問票調査のデータを用いて検討しているというのはよくあることである。つまり調査対象者及び調査回答者がどれだけ対象者全体 (母集団) の中での代表性をもっているのかを説明することは重要なことであるが，そのような調査を実現すること，及び説得的な説明をすることは必ずしも容易ではない。

　ついで，調査の厳密性について考えると，とりわけ，質問票調査に基づく因

果関係の解明を意図した量的研究論文では，共通方法バイアス (common method bias) について考慮する必要がある。共通方法バイアスとは，各概念が同一の調査方法で測定されることによって，調査方法に起因する分散が発生し，実際の概念間の相関より高く見積もられるバイアスのことを一般的にいう (e.g., Conway & Lance, 2010；Podsakoff et al., 2003；Siemsen et al., 2010)。共通方法バイアスの原因としては，大きく 4 点が指摘されている (Podsakoff et al., 2003)。すなわち，共通評価者効果 (common rater effects：因果関係における原因となる変数 (独立変数) と結果となる変数 (従属変数) を同じ評価者が評価することに起因するバイアス)，項目特性効果 (item characteristic effects：全概念で同じ回答尺度を用いるなど，測定尺度に固有の特性や特徴を有することに起因するバイアス)，項目文脈効果 (item context effects：測定尺度の配置や関係性の文脈を回答者が解釈することに起因するバイアス)，測定文脈効果 (measurement context effects：同一時点で独立変数と従属変数を取得するなど，尺度を測定する文脈に起因するバイアス) である。換言すると，因果関係において原因となる変数と結果となる変数が，同一評価者，同一調査項目フォーマット，同一時点，同一調査等によって測定されている場合，深刻な共通方法バイアスが存在する可能性があることを意味するものである。したがって，厳密性を担保するために，質問票調査を対象者に対して 1 回のみ実施するという横断的調査 (cross-sectional survey) ではなく，時系列で複数回実施するという縦断的調査 (longitudinal survey) を実施する，あるいは原因となる変数と結果となる変数で評価者が異なる (シングルソースデータではなく，マルチソースデータの取得) などの調査実施が重要になってくる。

　後者の測定尺度では，研究で設定した概念ごとに，誰の，どのような測定尺度を，誰に対して用いたのかを説明することが求められる。組織論領域 (とりわけ，ミクロ組織論領域) の量的研究論文では，既存研究で開発された測定尺度を用いることが多い[3]。量的研究論文の種類のひとつに，測定尺度の開発や妥当性検証を目的とする研究があることはすでに述べたとおりであるが，どのような測定尺度を用いるかによって分析結果は異なる可能性があり，既存研究で信頼性 (reliability) や妥当性 (validity) が一定程度確認されている測定尺度を用いることが求められるという背景がある。また，それと同様に今回実施した質問票

調査においても各測定尺度の信頼性や妥当性が担保されているかを示す必要があるため，因子分析結果やクロンバック（Cronbach）の α 係数（信頼性係数）などを報告するのが一般的である。

4. 結果

　結果では，調査によって取得した量的データに対する統計解析を用いた分析結果の提示が行われる。量的データに対する統計分析は，あくまで仮説を検証するために行われるということが基本になる。つまり，仮説検証に必ずしも必要でない分析結果は冗長性を排除するために論文には記載せず，仮説検証に必要な結果のみを提示し，説明することが原則になる。また，分析を実施するにあたり，仮説を検証するのに「最も適した」，「精緻」な分析方法を採用することが必要になる。概念間の関係性を分析する際には，相関分析に加えて，重回帰分析や共分散構造分析（structural equation modeling）などが広く用いられており，どのような分析方法を用いるかについては最低限の統計学や量的分析方法についての知識が必要になる。量的な研究論文では，分析結果は図表等を用いて数値で示される。そのため，結果の数値がどういう意味を示すのかについて文章で解説を行い，最終的に仮説が支持されたのか，棄却されたのかについての結果を報告することになる。

5. 考察

　このパートは，主として「考察」と「研究の限界」の2つから構成される。まず，前者の考察は，研究において明らかになった重要な点についてどのような意味や意義があるのかについて，議論するものである。ここで留意すべきことは，結果が示す範囲内での議論や解釈を行うことであり，結果から逸脱した拡大解釈をすべきではないということである。すなわち，研究結果からどこまでの結論を導くことができるのかについて，慎重に検討することが必要である。その上で，研究結果の意味や意義を考える際に，2つの視点から検討することが重要である。ひとつは，見いだされた結果が既存の研究に対してどういう意

味や新しい知見を提供する可能性があるのかを説明するという視点である。これは既存研究や既存理論に対する貢献に繋がるものであり，研究上の含意 (implication) として指摘することができる。また，もし設定した仮説とは異なる結果が見いだされた場合には，なぜそのような結果になったのかについて，既存の理論や研究成果を踏まえて新たな推論を行うことができれば，組織論領域における将来の研究進展に対する貢献にも繋がるものである。したがって，仮説が支持された結果ばかりに着目するのではなく，棄却された結果についても考察を試みることは重要なことである。

もうひとつは，見いだされた結果が実務に対してどういう意義があるのかを説明するという視点である。これは一般的に実践的含意といわれ，実務に対する貢献を果たすことにつながる。組織論は広く経営学の1領域であるため，実際の企業経営に対して，研究結果がどのように活用することができるのか，といった有効策を提示することも肝要である。

研究の限界は，その研究が抱えている問題点について記述する部分である。残念ながら，量的研究論文は一定の制約の中で理論構築を行い，量的調査を実施し，概念操作化を行っている。換言すると，問題や限界を内包していない量的研究はないといえる。そのため，研究の結論を考える上で，どのような課題を有しており，今後の研究に向けていかなる改善の余地があるのかについて言及することは重要である。

以上，因果関係の解明を意図した量的研究論文の構造について述べ，その中で具備すべき要件についての検討を行ってきた。一般的に，量的研究論文を構成する各パート（研究目的，概念的枠組み，方法，結果，考察）の水準が高いこと，そして各パートの全体を通しての論理一貫性が高い場合に，質の高い量的研究論文として評価されることになる。佐藤 (2015) は，理論とデータ，方法の3つの要件がバランスよく揃ったものを理想的な社会調査と指摘しているが，各パートの水準が高くても全体の論理一貫性に欠けるものは評価されず，逆もまたしかりであろう。ただし，当然，論文の構成や書き方は一様に決められるものではない。したがって，上記の量的研究論文の構造は一例として考え，内容

に即して柔軟に考えていく必要がある。

Ⅱ．量的調査のプロセスと代表的な因果関係モデル

1. 量的調査のプロセス

　前節で量的研究論文の構造について検討してきたが，本項では量的研究論文を執筆する上で欠かせない量的調査の実施プロセスの概観について見ていくこととする。量的調査のプロセスは，図表 10-1 に示されるような大きく 4 つに分類される。すなわち，①問題意識と課題設定の段階から始まり，②量的調査の準備と実施の段階を経て，③データ解析を行い，最終的に④論文執筆で終わるという形である。佐藤 (2015) が「漸次構造化アプローチ」(p.65) というように，実際の量的調査のプロセスでは，上記の各段階は互いにオーバーラップしたり，時に各段階を行ったり来たりを繰り返しながら，進んでいくことになる。しかしながら，量的調査プロセスを大きな時間軸で俯瞰的に分類していくと，上記のような段階に区分することができる。論文執筆において重要となる量的研究論文の構造については，前節までで説明したので，本項では①～③について検討をしていく。

図表 10-1　量的調査プロセス

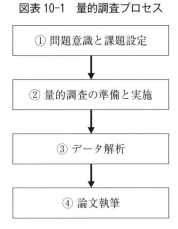

(1) 問題意識と課題設定

　量的調査プロセスの最初の段階である問題意識と課題設定で重要なことは，漠然とした問題意識をいかに量的調査で明らかにすべき具体的な課題設定へと結び付けていくかである。すなわち，量的調査を実施しようと考えているということは，何らかの組織現象に関する個人的な問題意識をもっていると考えられるが，それを研究意義や社会的意義のある課題へと変換していくことがこの段階で求められる。研究意義のある課題へと変換していく際に有効な手段のひとつは，個人の問題意識を研究用語（研究概念）へと変更する作業である。たとえば，個人と組織の関係はどうあるべきなのだろうか，という問題意識をもっていた際には，個人と組織とのかかわり方を示す研究概念である「組織コミットメント」という研究用語へと置き換えるということである。個人と組織の関係はどうあるべきだろうか，という問題意識で留まっていては，既存研究を調べることができない一方で，組織コミットメントという研究概念へと置き換えることによって，先行研究の文献を容易に検索することができるようになる。それら先行研究の文献を多読することによって，研究上何を明らかにすることが重要なのかという，研究意義のある課題設定への道が開けてくると考えられる。また，社会的意義のある課題へと変換していく際に有効な手段のひとつは，企業ヒアリングなどを予備調査として実施することである。そうすることによって，自分が設定した課題が社会的意義のある課題なのかどうかを確認することも比較的多く行われる方法である。

　上記のような過程を経て，最終的には具体的に量的データで検証すべき，概念間の関係を説明する仮説を設定していく。また，仮説として設定した研究全体の因果関係を図のような形でモデル化し，次のステップへと移行する。

(2) 量的調査の準備と実施

　量的調査の準備と実施の段階では，量的データ収集方法の決定と質問票の作成の２つに分かれる。

　質問票調査における量的データの収集方法を検討する際には，調査対象の選

定，調査時期及び調査実施方法の決定について考える必要がある。調査対象の選定とは，母集団を確定した上で，母集団のどの部分を調査対象にするのかを決めることである。たとえば，東証一部上場企業の組織現象について明らかにする，という研究目的であれば，東証一部上場の全企業が母集団ということになる。その母集団の中で，すべての東証一部上場企業を対象に質問票調査を行うということであれば，全数調査に該当することになる。しかしながら，東証一部上場企業の中からさらに対象企業を絞り込んで質問票調査を行うということであれば，標本調査になってくる。標本調査の場合には，どのようにサンプリングするかによって，さらに大きく２つに分かれる。つまり，調査者の主観を入れずにランダムにサンプリングする方法を無作為抽出法，母集団をより代表すると思われるサンプルを調査者が主観的にサンプリングする方法を有意抽出法という。標本調査よりも全数調査の方が，そして標本調査においては有意抽出法よりも無作為抽出法の方が，母集団の代表性という観点で見たとき一般的には調査対象として適切である。しかしながら，調査実施には，予算の制約，調査対象者へのアクセス可能性の制約，労力の制約等によって，それを実現するのがむずかしいことも現実である。したがって，調査対象が母集団を代表しているかということを調査者がより意識しながら，質問票調査を実施していくことが求められる。

　調査時期及び調査実施方法の決定について，調査時期は時期が限定される内容の調査でない場合は，繁忙期をなるべく避け，被験者がなるべく回答しやすい時期に調査を実施する方が調査回収率の向上が見込めるため有効である。たとえば，組織論領域では，企業組織や企業組織で働く従業員を対象に質問票調査を実施する場合が多いと考えられるが，一般的に年度末の３月は繁忙期の企業が多いので避けた方が賢明であろう。また，調査の実施方法について，組織論領域の質問票は，ある程度項目が多くなるので，調査回答者自らが質問票に記入して回答する自記式調査が一般的である。自記式調査には，郵送法（質問票の配布及び回収を郵送で行う方法），留置法（調査者が被験者のところに赴き，質問票の記入依頼後，一定期間を経て回収に出向く方法），集合法（特定の場所に集まった被験者に

その場で質問票の記入を依頼し，回収する方法），インターネット調査法（Webページ
やメールによって質問票の記入依頼と回収を行う方法）がある。近年，調査パネルを有
するインターネット調査会社を利用したクローズド型のインターネット調査が，
予算や労力が軽減でき，すぐに調査が実施できるというスピードの観点から，
比較的多く用いられるようになってきている（小林，2013）。

　後者の質問票の作成では，前項の問題意識と課題設定の段階で企図された因
果関係の分析モデルに提示される概念の測定尺度が設定されていくことになる。
一般的な社会調査では，質問項目を自ら作成することも多いため，ダブルバー
レル質問（複数の内容が一つの質問文の中に含まれている質問）やステレオタイプが含
まれる質問を設定しないなどが重要である。しかし，先に述べたように組織論
（とりわけミクロ組織論）領域の量的調査では，既存の研究によって開発され，妥
当性や信頼性が確認されている測定尺度（と回答フォーマット）を用いることが比
較的多い。したがって，各概念における妥当性や信頼性の高い測定尺度を既存
研究から探索し，質問票に設定していくことが求められる。

(3) データ解析

　データ解析の段階は，データ入力・加工とデータ分析の2つに分かれる。デー
タ入力・加工では，主として表計算ソフト等に入力されたデータに誤入力がな
いかを確認するデータクリーニングや欠損値処理，性別などの質的変数を因果
関係の分析に用いることができるように，ダミー変数（dummy variable）化[4]の
作業などを行う。

　データ分析は，SPSSやAmos，STATA，Rなどの統計分析ソフトを使用
して行われるのが一般的である。まず，測定尺度の信頼性や妥当性を検討する
ために，クロンバックのアルファ係数の算出や因子分析の実施が行われる。そ
の上で，仮説として設定した概念間の因果関係が支持されるか，棄却されるか
どうかについて，回帰分析や共分散構造分析などの統計的な手法を用いて分析
するのが一般的である。代表的な因果関係のモデルについては，次項で説明を
行う。

2. 代表的な因果関係モデル

ここでは，組織論領域における因果関係の解明を意図した量的研究で用いられる代表的な因果関係モデルについて検討を行うこととする。具体的には，① 因果関係の主効果モデル，② 媒介 (mediation) モデル，③ 調整 (moderation) モデルを見ていくこととする[5]。

(1) 因果関係の主効果モデル

このモデルは，もっともシンプルな概念間の因果関係を分析するものである (図表10-2参照)。因果関係を検討する統計的な分析は，一般的に回帰分析を用いて検討することになる。回帰分析において，因果関係の原因となる変数を独立変数 (図表10-2では，企業の能力開発施策) といい，結果にあたる変数を従属変数 (図表10-2では，従業員の職務成果) という。この分析モデルの例のように，従業員の職務成果を高めたいと考えている中で，その原因となる要因を特定することができるので，多くの研究で検討されるモデルである。従属変数に対して原因となる独立変数がひとつの場合には単回帰分析といい，独立変数が2つ以上ある場合には重回帰分析といわれる。図表10-2では，企業の能力開発施策 (知覚) が従業員の職務成果に影響を及ぼすという単回帰分析のように見えるが，実際の論文では，年齢や性別などのデモグラフィック要因の影響を統制 (コントロール) した上で，企業の能力開発施策が従業員の職務成果にいかなる影響を及ぼすのかを検討することが一般的であるため，独立変数に年齢や性別，企業の能力開発施策などが含まれる重回帰分析が行われる。

この主効果モデルの量的研究における一般的な仮説は，「独立変数が従属変数に対して有意な正 (負) の影響を及ぼす (仮説例：企業の能力開発施策が従業員の職務成果に対して，有意な正の影響を及ぼす)」というような形で表現される。企業

図表 10-2　主効果モデルの例

企業の能力開発施策（独立変数）　→　従業員の職務成果（従属変数）

の能力開発施策がなぜ従業員の職務成果を高めると考えられるのかについて，論理的に説明することによって，上記の仮説を立てることになる。また，先述の通り，仮説は，回帰分析によって独立変数から従属変数への主効果が統計的に有意な影響を有するかどうかの検証が行われ，支持されるか棄却されるかが結論づけられる。

(2) 媒介 (mediation) モデル

このモデルは，独立変数と従属変数との間に媒介変数 (mediator) が介在している3概念間の因果プロセスを検討するものである（図表10-3参照）。主効果モデルでは，従業員の職務成果に対して企業の能力開発施策が有意な正の影響を及ぼすかどうか，という点を明らかにするのに対して，この媒介モデルではどのようなプロセスで企業の能力開発施策が従業員の職務成果を高めるのかを明らかにするという，メカニズムの解明に有効なモデルである。

このモデルにおける一般的な仮説は，「媒介変数が独立変数と従属変数との関係を媒介する（仮説例：従業員の専門性が企業の能力開発施策と従業員の職務成果との関係を媒介する）」という形で示される。この媒介モデルの理論化（仮説化）では，一般的に次のような形で行われる。まず，企業の能力開発施策が従業員の専門性に対して有意な正の影響を及ぼすことに対しての仮説（独立変数から媒介変数への主効果の仮説化）を設定し，次いで，従業員の専門性が職務成果に対して有意な正の影響を及ぼすことに対しての仮説（媒介変数から従属変数への主効果の仮説化）を設定する。最後に，従業員の専門性が能力開発施策と職務成果との関係において有意な間接効果をもっていることの仮説（媒介変数が独立変数と従属変数との関係を媒介することの仮説化）の設定である。

媒介仮説の検証方法として，ここでは一般的に広く用いられている Baron

図表10-3　媒介 (mediation) モデルの例

企業の能力開発施策 （独立変数）	→	従業員の専門性 （媒介変数）	→	従業員の職務成果 （従属変数）

& Kenny（1986）の方法を紹介する。Baron & Kenny（1986）は4つの条件が満たされることによって媒介関係の仮説が支持されることを指摘している（図表10-4参照）。第1の条件として，能力開発施策が従業員の職務成果に対して有意な影響を及ぼしていること（独立変数から従属変数の有意な影響の検証（図表10-4の①に該当））である。2つ目の条件として，能力開発施策が従業員の専門性に対して有意な影響を及ぼしていること（独立変数から媒介変数への有意な影響（②に該当））である。3つ目は，従業員の職務成果を従属変数，能力開発施策と従業員の専門性を独立変数とした重回帰式において，従業員の専門性が有意な影響を及ぼしていること（「独立変数・媒介変数→従属変数」の時に，媒介変数から従属変数への有意な影響（③に該当））である。最後に，従業員の職務成果を従属変数，能力開発施策と従業員の専門性を独立変数とした重回帰式において，第1の条件で確認された能力開発施策から職務成果への有意な影響が「弱まる（部分媒介）」あるいは「非有意（完全媒介）」になる（「独立変数・媒介変数→従属変数」の時に，独立変数の有意な影響力が弱まる（部分媒介），あるいは非有意（完全媒介）になる（④に該当））。つまり，3概念間の関係において，企業の能力開発施策から従業員の職務成果への影響に関して，媒介変数である従業員の専門性を介してのみ企業の能力開発施策が影響力を与えている場合を完全媒介といい，企業の能力開発施策が媒介変数である従業員の専門性を介して影響を与え，かつ直接的にも従業員の職務成果に影響を与えている場合を部分媒介という。

図表10-4　媒介モデルの検証方法

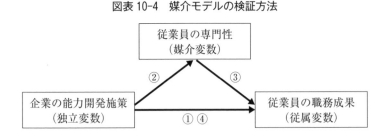

(3) 調整 (moderation) モデル

このモデルは，独立変数と従属変数との関係を調整変数 (moderator) が強めたり，弱めたりする3概念間の関係を検討するものである (図表10-5参照)。主効果モデルでは，従業員の職務成果に対して企業の能力開発施策が有意な正の影響を及ぼすかどうかを明らかにするのに対して，この調整モデルでは能力開発施策から職務成果への正の影響力がどのような条件の時に強まるのか (あるいは弱まるのか) を明らかにするという，特定の条件下における因果関係を議論するのに有効である。

この調整モデルにおける一般的な仮説は，「独立変数と従属変数との関係を調整変数が調整するだろう。つまり，調整変数が高い (低い) 時に，独立変数と従属変数との関係がより強まるだろう (仮説例：能力開発施策と従業員の職務成果との関係を上司サポート知覚が調整するだろう。つまり，従業員による上司サポート知覚が高い時に，能力開発施策と従業員の職務成果との正の関係がより強まるだろう)」という形で示される。調整変数がどのような時にどのような関係を強める (弱める) のかについて，具体的に仮説で説明されるところに特徴がある。

この調整モデルの理論化 (仮説化) は，主として2つのステップで行われることが多い。まず，企業の能力開発施策が従業員の職務成果に対して有意な正の影響を及ぼすという仮説 (独立変数から従属変数への主効果の仮説化) を設定し，その上で，企業の能力開発施策と従業員の職務成果との正の関係をなぜ従業員による上司サポート知覚が強めたり，弱めたりするのかについての議論を行い，調整モデルの仮説 (独立変数と従属変数との関係に対する調整変数の調整効果の仮説化)

図表10-5　調整 (moderation) モデルの例

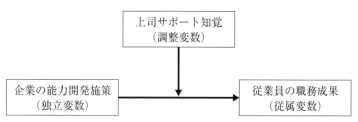

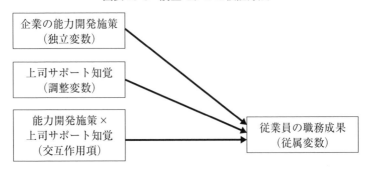

図表 10-6　調整モデルの検証方法

を設定するという手順である。

　調整仮説の検証は，Aiken & West（1991）の提唱する方法が一般的である（図表 10-6 参照）。つまり，従業員の職務成果を従属変数とする重回帰式に，企業の能力開発施策と上司サポート知覚の主効果を独立変数に投入する。そして，企業の能力開発施策と上司サポート知覚を掛け合わせた交互作用項（interaction term）をさらに独立変数に入れて[6)]，重回帰式の説明力が有意に高まるか，そして交互作用項が有意な影響を及ぼしているか（独立変数と調整変数の交互作用項の従属変数への影響の検証）によって，仮説が支持されたかどうかの検証が行われる。

　以上，代表的な因果関係モデルの概要について，どのように仮説を設定し，検証するかを含めて検討してきた。近年，上記の因果関係モデルを組み合わせたより複雑なモデルとして，「調整媒介モデル（moderated mediation model）」や「媒介調整モデル（mediated moderation model）」の検討（Edwards & Lambert, 2007; Hayes, 2017），及び組織レベルの変数と個人レベルの変数など，分析レベルの異なる変数間の因果関係を検討するマルチレベル分析も行われてきている（González-Romá & Hernández, 2017; Preacher, Zyphur & Zhang, 2010）。しかしながら，ここで紹介した主効果モデルや媒介モデル，調整モデルの考え方が基本であるため，まずはそれぞれのモデルの特徴や仮説の設定方法について十分に理解することが重要である。

注

1) 量的研究の中にもさまざまなデータの取得方法，分析方法等があるが，筆者が
   ミクロ組織論（組織行動論）や組織心理学を専門としていることもあり，主とし
   てミクロ組織論の量的研究（法）を中心とした記述であることを予め断っておく。
   また，本書は組織論の研究方法を学ぶ初学者を対象としているので，難解な統計
   解析や数式などは使用せずに説明を行う。
2) 実際の量的研究論文では，A 概念と B 概念との関係だけを検討するのではなく，
   いくつもの変数間の関係性を論文内で検討することになる。したがって，現実に
   は一部の概念間の関係については既存研究ですでに明らかになっている場合があ
   る。しかし，その研究で主題としている概念間の関係については，まだ明らかに
   なっていない関係性を議論するというのが一般的であろう。
3) 既存の測定尺度の使用にあたっては，開発者の許可が必要な場合があるので，
   事前に使用許可等の連絡をするなど，適切な対応をすることが求められる。また，
   当然ながら，既存の測定尺度を使用した場合には，引用元を論文上で明記するこ
   とが必要である。
4) たとえば，性別（1 ＝男性，2 ＝女性）という変数は，数値に数量的な意味をも
   たない質的変数である。A 概念と B 概念との因果関係を検討する際には，A 概
   念と B 概念は双方とも数値に数量的な意味をもつ量的変数である必要があり，
   質的変数は検討することができない。しかしながら，2 値の質的変数を「0」と「1」
   （たとえば，0 ＝男性，1 ＝女性）に数値化（ダミー変数化）することによって，
   他の量的な変数と一緒に独立変数として因果関係の分析に用いることが可能にな
   る（南風原，2011）。
5) なお，代表的な因果関係モデルで例として提示される概念間の関係は，便宜上
   設定した架空の関係である。
6) 交互作用項を作成する際には，多重共線性（multicollinearity）を回避するため，
   センタリングした変数（各変数の値をその変数の平均値から引いた変数）を用い
   て，掛け合わせを行う。

さらに学習すべき事柄

・量的研究論文を実際に読み，その構成や構造がどのようになっているかについ
  て，本論 I の「量的研究論文の構造」の枠組みに当てはめながら，論文のサマ
  リーを作成し，検討してみよう。
・自らの問題意識や研究関心に基づき，実際に量的調査を実施し，どのような点
  に注意する必要があるのかについて検討してみよう。

読んでもらいたい文献

2011 年から 2012 年の *Academy of Management Journal* vol. 54(3) ～ vol. 55(3) の「編集者から（from the editors）」において，"Publishing in *AMJ*" というタイトルで実証研究論文の執筆に関する 7 回の連載記事が掲載された。英文になるが，是非とも読んでもらいたい。

引用文献

Aiken, L. S., & West, S. G.（1991）*Multiple Regression : Testing and interpreting interactions.* Newbury Park, CA：Sage.

Baron, R. M., & Kenny, D. A.（1986）The moderator-mediator variable distinction in social psychological research：Conceptual, strategic and statistical considerations. *Journal of Personality and Social Psychology*, 51, 1173-1182.

Conway J. M., Lance C. E.（2010）What reviewers should expect from authors regarding common method bias in organizational research. *Journal of Business and Psychology*, 25(3), 325-334.

Edwards, J. R., & Lambert, L. S.（2007）Methods for integrating moderation and mediation: A general analytical framework using moderated path analysis. *Psychological methods*, 12(1), 1-22.

González-Romá, V., & Hernández, A.（2017）Multilevel modeling: Research-based lessons for substantive researchers. *Annual Review of Organizational Psychology and Organizational Behavior*, 4, 183-210.

Hayes, A. F.（2017）*Introduction to mediation, moderation, and conditional process analysis: A regression-based approach.* New York: Guilford press.

小林大祐（2013）「実査の方法」轟亮・杉野勇編『入門・社会調査法（第 2 版）』法律文化社：62-78。

南風原朝和（2011）『臨床心理学をまなぶ 7 量的研究法』東京大学出版会

Podsakoff, P. M., MacKenzie, S. B., Lee, J. Y., & Podsakoff, N. P.（2003）Common method biases in behavioral research：A critical review of the literature and recommended remedies. *Journal of Applied Psychology*, 88(5)：879-903.

Preacher, K. J., Zyphur, M. J., & Zhang, Z.（2010）A general multilevel SEM framework for assessing multilevel mediation. *Psychological methods*, 15(3), 209-233.

佐藤郁哉（2015）『社会調査の考え方（上）』東京大学出版会

Siemsen, E., Roth, A., & Oliveira, P.（2010）Common method bias in regression models with linear, quadratic, and interaction effects. *Organizational research methods*, 13(3), 456-476.

杉野勇 (2013)「社会調査の種類」轟亮・杉野勇編『入門・社会調査法 (第2版)』
　　法律文化社：17-32.

第 11 章　質的研究

本章では，まず質的研究の基本的特徴を学び，社会科学のさまざまな分野における質的研究の哲学，理論，アプローチを概観したあと，組織の質的研究アプローチを 8 つに整理する。つぎに，その 8 つのアプローチのそれぞれの特徴を説明する。そして，具体的な質的調査方法である，データ収集とデータ分析・解釈の手法を紹介する。データ収集では，サンプリング，インタビュー，観察，テクストについて，データ分析・解釈では，コード化，シーケンス分析，ディスコース分析について学習する。

キーワード：インタビュー，**観察**，テクスト，コード化，ディスコース分析

Ⅰ．質的研究とは

1. 質的研究の基本的特徴

　質的研究の起源は，古代ギリシアのエスノグラフィーまで遡れるが，西欧諸国の植民地時代にエスノグラフィーが広く展開され，その後，エスノグラフィーに限らず，さまざまな社会問題に関する質的研究が行われた (Denzin, N. K. & Lincoln, Y. S., 2000)。一方，心理学においても，心理学の確立者といわれる Wundt (1832-1920) が実験的方法と同時に，記述と理解を軸とした民族心理学の研究を行っていた (Flick, U., 1995)。その後，20 世紀に入ると，実証主義，論理実証主義への批判から，解釈主義，社会構成主義，ポストモダニズムなど，質的研究を支えるさまざまな哲学やパラダイム，理論が生まれ，多様な研究方法が生み出されてきた。

　また，質的研究は，文化人類学や心理学に限らず，歴史学，社会学，文学，哲学，経営学，コミュニケーション学など，さまざまな学問領域で，あるいは学際的研究領域でも採用され，用語も方法も多種多様な様相を呈している。

　組織，とくに経営組織を質的研究の対象にすることは，その対象そのものが 20 世紀に入ってから認識されるようになったことから，質的研究の歴史の中

では比較的新しい。そのため，組織研究における質的研究も，20世紀に生まれた，質的研究を支えるさまざまな哲学やパラダイム，理論の影響をうけ，非常に多様性に富んでいる。

　しかし，多様性に富む質的研究であるが，そこには共通する特徴も存在する。Flick（1995）は『質的研究入門』の中で次の8つのポイントを挙げている。

　・研究対象に対する方法と理論の適切性
　・研究対象者[1]の視点と，その多様性
　・研究者による自己と研究に関する反省
　・アプローチと方法の多様性
　・認識論的原則の理解
　・出発点としての事例の再構成
　・基礎としての現実(リアリティ)の再構成
　・実証的資料としてのテクスト

　「研究対象に対する方法と理論の適切性」とは，人間が関係するあらゆる複雑な社会的出来事に対する特定の研究方法があるのではなく，研究対象に応じて，その研究対象に適切な研究方法と理論が選ばれるということである。

　「研究対象者の視点と，その多様性」とは，対象から離れた客観的視点から調査するのではなく，世界の中でさまざまな状況に置かれた，さまざまな背景をもった研究対象者の主観的立場や多様な社会的背景を理解する視点をもつということである。

　「研究者による自己と研究に関する反省」とは，研究対象者の主観性だけでなく，研究者側の主観性も研究プロセス（観察に関する反省など調査日誌やメモに書き留める等）に取り込む姿勢のことである。

　「アプローチと方法の多様性」とは，人類のさまざまな歴史的・社会的文脈の中で生み出されたパラダイムや理論に応じて，その方法は多様性に富んでいるということである。

「認識論的原則の理解」とは，研究される現象や出来事を内側から理解する質的研究において，理解を具体化する方法は依拠する理論によって異なるということである。

「出発点としての事例の再構成」とは，比較や一般化の前に，個別の事例をある程度一貫性をもたせて再構成することである。

「基礎としての現実（リアリティ）の再構成」とは，現実は所与のものではなく，さまざまな行為者によって構築された現実であるという基本的考え方のことである。

「実証的資料としてのテクスト」とは，質的研究においては，テクストが再構成と解釈の基礎となるという基本的な考え方のことである。

以上が，質的研究に共通する特徴である。もちろんすべてを満たさない研究もあるであろう。それこそ，質的研究の多様性である。次項では，質的研究におけるさまざまな研究戦略について述べる

2. 質的研究を支える哲学，パラダイム，理論，アプローチ

英文で2,000頁を超える質的研究のハンドブックを編集したDenzin & Lincoln (2000) は，それほどの分量を費やしても，用語の意味づけをはじめ，質的研究の全体を包括することは不可能であることを述べている。また，すでに述べたように，質的研究を支える哲学やパラダイム，理論，アプローチは多様性に富んでおり，研究分野や研究者によって，その哲学的・理論的背景に関する見解も異なっている。

経営研究一般のリサーチ・デザインを紹介するEasterby-Smith et al. (2002) では，リサーチ・デザインの哲学として，実証主義と社会構成主義の2つの対立する考え方があることを指摘している。

冒頭のハンドブックを編集したDenzin & Lincoln (2000) は，邦訳第1巻『質的研究のパラダイムと眺望』の中で，パラダイムとパースペクティブとして，次の6つのグループを挙げている。「構成主義，解釈主義，解釈学」「フェミニズム」「人種化された言説と民族的認識論」「批判理論」「カルチュラル・スタディーズ」「セクシュアリティとクイア理論」である。

Denzin & Lincoln（2000）の邦訳第2巻『質的研究の設計と戦略』の中では，実証主義，ポスト実証主義，構築主義，解釈主義，批判理論，ポストモダニズムというさまざまなパラダイムが反映したものとして，10の探究の戦略を挙げている。①パフォーマンス・エスノグラフィー，②事例研究，③エスノグラフィーと参与観察，④解釈実践の分析，⑤グラウンデッド・セオリー，⑥ライフ・ヒストリー法，⑦ニュー・ヒストリーと歴史的方法，⑧語り・研究方法・言説としての証言，⑨参加型アクション・リサーチ，⑩臨床モデルである。

　Prasad（2005）は，『質的研究のための理論入門』の中で，13の理論（学派）を紹介している。それらは，「シンボリック相互作用論」「解釈学」「ドラマツルギーとドラマティズム」「エスノメソドロジー」「エスノグラフィー」「記号論と構造主義」「史的唯物論」「批判理論」「フェミニズム」「構造化と実践の理論」「ポストモダニズム」「ポスト構造主義」「ポストコロニアリズム」である。

　また，前項で質的研究の8つの特徴を示したFlick（1995）は，質的研究にはさまざまなアプローチがあるが，大きく3つの基本的前提に整理することができると述べている。「シンボリック相互作用論」「エスノメソドロジー」「構造主義的モデル」である。

　さらに，Grant et al.（2004）は，『ハンドブック　組織ディスコース研究』で，組織を対象とした質的研究のひとつの潮流としての「ディスコース」に着目して，組織ディスコース研究の射程（調査対象・範囲），パースペクティブについて論じている。射程としては，「対話」「ナラティブ，ストーリー，テクスト」「レトリック」「比喩（メタファー），ディスコース，組織化」を挙げている。パースペクティブとしては，「解釈主義的アプローチ」「マルチレベルアプローチ，マルチメソッドアプローチ」「批判的アプローチ」「研究者のコンテクスト」「ディスコースの脱構築」を挙げている。

　ここで，組織ディスコース研究の射程とされた「ナラティブ」であるが，これは，質的研究にとって，ディスコースと並び，重要な概念である。Denzin & Lincoln（2000）における10の探究の戦略の中の，⑥ライフ・ヒストリー法，

⑦ ニュー・ヒストリーと歴史的方法，⑧ 語り・研究方法・言説としての証言の３つは，ナラティブの概念で包括することができる。その研究アプローチは，ナラティブ・アプローチ (ナラティブ・メソッド) と呼ばれる。

　ここまでの研究者の分類では質的研究を支える理論としては紹介されていないが，いずれの著作でも分析レベルでは紹介し言及している，質的研究，とくにディスコースに関わる研究にとって重要な理論的背景として，Foucault (1972, 1975) の考古学・系譜学が挙げられる。Willig (2001) は『心理学のための質的研究方法入門』の中で，心理学での6つのアプローチの中のひとつとして「フーコー派言説分析」を紹介している。

　本章では次項で，以上のようなこれまでの先行研究を踏まえ，組織の質的研究方法論におけるアプローチを整理する。

3. 組織の質的研究を支える哲学，パラダイム，理論，アプローチ

(1) 哲学，パラダイム

　組織の質的研究を支える哲学，パラダイムとしては，本書の構成 (目次) に示されている，論理実証主義，批判的合理主義，社会構成主義，構造主義，ポスト構造主義，機能主義，解釈主義，ポストモダニズム，批判理論が挙げられる。実証主義に立脚する質的研究者ももちろんいる (Willig, 2001)。のちに紹介するグラウンデッド・セオリーは，実証主義に立脚する理論である。

(2) 理論，アプローチ

　前項で紹介した，さまざまな理論は，質的研究を支える哲学，パラダイムのいずれか，または複数のものに立脚して，構築されている。あるいは，これらの理論が構築され，新しいパラダイムを生み出したともいえる。そして，これらの理論は，質的研究の理論的背景として，その研究の存在を擁護する役割をもつ。

　また，それらの中のいくつかの理論は，たんに理論的背景として存在するのではなく，質的研究の手法 (データ収集, データ分析・解釈)，とくにデータの分析・

解釈において，理論的 (概念) 枠組みを提供するものでもある。

　ここでは，つぎのものが挙げられるであろう。現象学的社会学，知識社会学，シンボリック相互作用論，記号論，史的唯物論，批判理論，Foucault の考古学・系譜学などである。

　つぎに，アプローチに関して，本章では，先行研究の分類を踏まえ，組織の質的研究において，理論的背景だけでなく，質的研究の手法，とくにデータの分析・解釈のための理論的 (概念) 枠組みを提供するアプローチとして，以下の8つのアプローチに整理する。

・エスノグラフィー
・エスノメソドロジー
・事例研究 (ケース・スタディ)
・解釈主義的 (シンボリック) アプローチ
・グラウンデッド・セオリー
・ナラティブ・アプローチ (ナラティブ・メソッド)
・批判的ディスコース分析 (フーコー派言説分析，メタファー)
・現場介入型研究 (アクション・リサーチ，発達的ワーク・リサーチ)

　これらのアプローチは互いに排他的な関係にあるわけではない。研究者によっては，同じ範疇に入れるアプローチもあるであろう。また，いずれかが上位概念になり，他方を手法として取り入れることもある。あるいは，マルチレベルアプローチやマルチメソッドアプローチ，トライアンギュレーションと呼ばれる，複数のアプローチをひとつの研究に用いることもある。その意味で，この分類は便宜的なものである。これらのアプローチについては，次節で概要を述べる。

II. 質的研究アプローチ

(1) エスノグラフィー

　エスノグラフィーは，質的研究でももっとも歴史が古い研究アプローチである。日本語で記述すると「民族誌」となり，古代ギリシアまで起源を辿れるが，一般的には，西欧人が世界探索の中で出会った文化・伝統・風俗が異なる「民族」に関する「記述」が起源である。しかし現在，エスノグラフィーと一口に言っても，教育のエスノグラフィー，協働エスノグラフィー，コミュニケーションのエスノグラフィー，パフォーマンス・エスノグラフィー，批判的エスノグラフィー，フェミニズムのエスノグラフィー，ポストモダン・エスノグラフィー，組織エスノグラフィー，メタエスノグラフィーなど，さまざまなエスノグラフィーが生み出されている (Schwandt, T., 2007)。

　すでに述べたが，組織に関するエスノグラフィー的調査は比較的歴史が浅い。組織のエスノグラフィーに関しては，民族誌の手法を組織に適用する視点から，また，組織そのものをある種特殊な文化・伝統・風土をもった「民族」ととらえる視点からも，組織研究に親和性の高いアプローチといえる。『組織エスノグラフィー』(金井他, 2010) や『エスノグラフィー入門』(小田, 2010) など，日本語でも初心者に向けた入門書が出ている。

　調査手法としては，参与観察が中心となる。参与観察の関与の度合いに応じて，たとえば，研究者が研究対象の組織の実務に実際に関与する，あるいは，現場の実務者が研究者として自らの現場を観察する調査方法は，セルフ (オート・自己) エスノグラフィーとも呼ばれる。

(2) エスノメソドロジー

　エスノメソドロジーは，Garfinkel (Garfinkel, H., 1967) によって定式化された，普通の人々が日常生活を理解し行動するための方法と手続きに関する研究の総称である。日常的な出来事について人々がどのような知識をもって活動しているのかについての研究である (詳細は「第6章　解釈主義と組織理論」を参照)。

エスノメソドロジーに基づくデータ分析・解釈は，会話分析が中心となる。

(3) 事例研究（ケース・スタディ）

　事例研究は，必ずしも質的研究に優先的な研究方法ではない。量的研究においてもポピュラーな方法であり，量的・質的方法を併用する研究も多い。それにかかわらず，質的研究と関係の深い方法のひとつである。とくに，研究対象である事例の個性記述的研究は，質的な事例研究のあり方の代表例である。

　データ収集・分析の手法としては，インタビュー，参与観察，テクスト分析などが適用される。

(4) 解釈主義的（シンボリック）アプローチ

　解釈主義の源流である解釈学の原点は，古代ギリシア時代の解釈術である。ホメロスら詩人に対する解釈にはじまり，ソフィスト（弁論家・詭弁家）たちの教育，あるいはアリストテレスの『弁論術』や『詩学』において，解釈の技術が活用されていた (Dilthey, W., 1957)。そこでは，現代まで続く，レトリックや比喩（メタファー）などが議論された。

　その後，ヨーロッパでは，19世紀に入って，Schleiermacher が一般解釈学を確立し，その後 Dilthey, Heidegger, Gadamer, Ricoeur と続く解釈学が展開する。一方アメリカでは20世紀に入って，解釈パラダイムと呼ばれる理論が次々に生まれた。それらは，現象学的社会学，知識社会学，エスノメソドロジー，シンボリック相互作用論などである（詳細は「第6章　解釈主義と組織理論」を参照）。

　これらの理論や，古代ギリシアの時代から続くメタファーやレトリックの理論を背景にもつアプローチを，本章では，解釈主義的（シンボリック）アプローチと呼ぶこととする。とくに，メタファーやレトリックの理論は，組織文化や組織シンボリズムの研究において採用されることが多い。一方，メタファーやレトリックは，ディスコース分析においても重要な概念である。

(5) グラウンデッド・セオリー

　グラウンデッド・セオリーは，Glaser & Strauss (1967) が，社会科学におい
て量的研究が唯一の体系的方法という考えが優勢だった時代に，質的研究法を
擁護し，提起した理論であり方法論である (Denzin & Lincoln, 2000)。グラウン
デッド・セオリーでは，既存の理論に依拠するのではなく，データ収集と分析
を繰り返し，収集されたデータを説明できる領域密着型 (中範囲) 理論の構築を
目指す。基本的には，客観主義と実証主義に基づく理論であり，ポストモダニ
ストやポスト構造主義者は異議を唱えている (Denzin & Lincoln, 2000)。

　また，グラウンデッド・セオリーといっても，一枚岩ではなく，提唱者の
Glaser と Strauss は，方法をめぐって対立している。Glaser は，客観的な観察
者によるデータの客観主義的な表現という前提のもと，伝統的な実証主義に立
脚しようとしている。Strauss は，共同研究者 Corbin (1990) とともに，客観
的で外的な現実を仮定しつつ，理論的にデータを収集し，現在の質的研究の代
表的な分析手法のひとつとなっている，コード化とカテゴリー化による一連の
技術的な手続きを提案している。

　この他，客観主義とポストモダニズムの中間に立脚する，構成主義的なグラ
ウンデッド・セオリーがある (Denzin & Lincoln, 2000)。

　データ収集には，理論的サンプリングという手法が用いられ，データ分析の
手法としては，コード化とカテゴリー化が用いられる。

(6) ナラティブ・アプローチ (ナラティブ・メソッド)

　本章では，ナラティブ (物語)，ライフ・ヒストリー，ライフ・ストーリー，
オーラル・ヒストリー，生活史，ストーリーテリング，語りなどをめぐる研究
アプローチをナラティブ・アプローチとして整理した。代表的なライフ・ヒス
トリー法は，ある社会問題や歴史的事件に関わった，個人の人生の語りを聞き
取り，そこでの問題を特有の「歴史と構造」の中に置き直して，新たな理論を
作り出す調査法である。これらの方法に，共通の方法論や概念があるわけでは
ない (岸他, 2016)。データ収集の方法としては，ナラティブ・インタビューが

採用され，書き起こされたテクストは「歴史と構造」の中に置き直しながら記述される。また，ナラティブは，データ収集の手法でもあり，かつデータそのものとして扱われる (Flick, 1995)。

このアプローチの背景としては，構造主義，構築主義，ポスト構造主義，ポストモダニズム (Boje, 2001) など多彩である。

(7) 批判的ディスコース分析 (フーコー派言説分析，メタファー)

この研究アプローチは，言語論的アプローチと呼ぶこともできるが，一口に言語論的アプローチ，あるいはディスコース分析といっても，複数の背景からの多様な方法が存在する。主なものとして，エスノメソドロジーの伝統を継ぐ会話分析 (会話のやり取りに着目)，知識社会学やシンボリック相互作用論などの社会構成主義を理論的背景とする談話 (ディスコース) 分析 (言語行動の実践的過程や社会的現実の構築過程の分析)，さらに言説分析とも訳されるディスコース分析である。

ディスコース分析は談話分析と訳される場合，どちらかというと，研究アプローチというよりも，会話分析同様，データ分析・解釈の手法という意味で使われることが多い。本章でも，談話分析は，「Ⅳ. データ分析・解釈」の節で論じる。本章では，言説 (ディスコース) 分析を手法としての談話分析と区別するために「批判的ディスコース分析」と呼ぶ。

批判的ディスコース分析は，ポスト構造主義，ポストモダニズム，批判理論の潮流の中で形成された研究アプローチである。とくに，Foucault の諸研究 (Foucault, 1972, 1975)) を発端とするディスコース分析 (言説が行われた歴史的・社会的・政治的背景・文脈まで議論) は，組織研究においても注目されている。これらに共通することは，言語とそれがもつ力 (パワー) に関心があることである。

また，社会構成主義の研究においては，Burr (1995) によると，ディスコースは「何らかの仕方でまとまって，出来事の特定ヴァージョンを生み出す一群の意味，メタファー，表象，イメージ，ストーリー，陳述，等々を指している」(訳：74)。この意味でのディスコース分析も，本書では，批判的ディスコース

分析ととらえる。ここでは，テクストの言語的特徴というよりも，組織における
メタファーやストーリー，儀式，レトリック，会話，感情，意味形成などに
関心が向けられている。

(8) 現場介入型研究 (アクション・リサーチ，発達的ワーク・リサーチ)

　アクション・リサーチは，社会心理学者の Lewin (1951) によって 1940 年代
に名づけられた社会科学の実験的アプローチである (Schwandt, 2007)。研究者
が現場の活動に介入する研究手法である。当時同じく Lewin が提唱したグルー
プ・ダイナミクス (集団内の力関係や動きを研究する学問) の実践的研究アプローチ
であった。グループ・ダイナミクスは当初 Lewin のゲシュタルト心理学を基
底としていたが，その後行動主義心理学の影響をうけ，実証主義に属す学問と
なった (Easterby-Smith et al., 2002)。研究アプローチとしてのアクション・リサー
チは，1960 年代から 70 年代にかけて，組織研究において注目を集めた
(Schwandt, 2007)。

　現在，アクション・リサーチのような現場介入型研究には，さまざまな呼び
名がある。たとえば，アクション探究，アクション・サイエンス，参加型探究，
実践的アクション・リサーチ，協働探究，協同探究，参加型アクション・リサー
チなどである。理論的背景としても，実証主義ではなく，社会構成主義に求め
る研究が増えてきている (矢守, 2010)。

　また，アクション・リサーチとは起源を異にする現場介入型アプローチもあ
る。発達心理学の系譜に連なる理論とその研究方法論である「活動理論」に基
づく「発達的ワーク・リサーチ」である (Engeström, 1987)。これも実証主義で
はなく，社会構成主義に属す方法論である。

Ⅲ．データ収集（インタビュー，観察，テクスト）

　質的研究において，データ収集，テクスト化，そしてデータ分析・解釈は，
調査プロセスとして明確に区分できるわけではない。もちろん，教科書通りに

このプロセスの段階を追って実施可能な研究もあるであろう。しかし，多くの質的調査においては，このプロセスを行ったり来たりを繰り返しながら，研究は進む。しかし，本章では，説明の便宜から，大きく「Ⅲ．データ収集」と「Ⅳ．データ分析・解釈」との2つに分節して論じる。

1. サンプリングとサンプルサイズ

　質的研究には多種多様なアプローチがある。サンプリングについての考え方もアプローチによって異なる。サンプルという表現を用いない研究者も多い。Schwandt（2007）によると，質的研究におけるサンプリング（研究対象の選定）の方法は2つある。ひとつは確率論的（経験的・統計的）サンプリングであり，もうひとつは非確率論的（理論的・目的的）サンプリングである。実証主義的研究や量的研究を補完する役割の質的研究においては，量的研究における「母集団とサンプル」という考えに基づき前者の方法が採用されるのであろうが，質的研究の大多数は後者の方法で行われている（Schwandt, 2007）。実証主義に立脚したグラウンデッド・セオリーに基づく研究においては，理論的サンプリングが採用されている（理論的サンプリングについては，「Ⅳ．データ分析・解釈」で説明する）。

　大谷（2019）は，実証主義的研究以外の質的研究でも「サンプル」という表現を使用しているが，質的研究における研究対象者（大谷（2019）では，「研究参加者」）は基本的に量的研究における対象母集団から抽出した「サンプル」ではないと論じ，質的研究では「サンプル」と呼ぶべきではないと主張している。たとえば，特異な経験をした唯一の人を研究対象とする場合，n（サンプル）数は1であり，この研究対象者は，ある母集団を代表しているわけではない。また，質的研究者は個別性や具体性に着目し，深い洞察により深い意味を探究する。サンプルサイズが大きくなると，個別性や具体性の検討が難しくなり，かえって深い考察を妨げることになる。一方で大谷（2019）は，便宜上サンプルという用語を使いながら，サンプリングの類型を整理したうえで，n数に関して，実証主義的研究では大きくなり，解釈主義的研究では小さくなることを指摘している。

Flick（1995）は，質的研究におけるサンプリングの戦略について論じる際に，サンプリングを次のように分類している。データを収集するときの「事例のサンプリング」と「事例集団のサンプリング」，データを解釈するときの「資料のサンプリング」と「資料の中のサンプリング」，研究結果を発表するときの「提示のサンプリング」（訳：79）である。サンプリングは，研究対象者（事例）だけでなく，テクスト（資料）に対しても適用される。そして，いくつかの戦略を論じたあと，質的研究の遂行においてサンプリングだけ切り離すことはできないと指摘し，サンプリングの適切性は，リサーチ・クエスチョンとの関係で判断されると述べている。最後に，本章第1節の「1. 質的研究の基本的特徴」で紹介した8つのポイントがサンプリング戦略にも当てはまると論じている。

質的研究はアプローチが多様なため，サンプリングも多様性に富んでいる。サンプルサイズもアプローチやそもそものリサーチ・クエスチョンによって変わってくる。n＝1で研究が成立することもある。一方，理論的サンプリングでは，事前にn数が決められず，理論構築までに30から50のサンプルが必要といわれている（Denzin & Lincoln, 2000）。質的研究におけるサンプリングとサンプルサイズは，リサーチ・クエスチョンとアプローチの個別性と具体性に応じて，決定されていくといえる。また，今後はサンプルという表現の適切性も考慮する必要があるであろう。本章では，大谷（2019）同様に便宜上この用語を用いた。

2. インタビュー（半構造化インタビュー，ナラティブ・インタビュー）

インタビューはその構造化の度合いに応じて，大きく3つに分類できる。構造化インタビュー，半構造化インタビュー，非構造化インタビューである。また，グループを対象としたインタビューもある。

(1) 半構造化インタビュー

構造化インタビューは，事前に質問項目を決めたインタビューガイドに沿ってデータ収集を行う方法である。電話や街頭にて口頭で行うアンケート調査が

これに該当する。また記述式のアンケート調査は，口頭で行う調査よりは質的なデータは得られるが，深いデータ収集には向いていない方法である。そのため，質的研究では，半構造化インタビューか非構造化インタビューが採用されることが多い。ここではまず，半構造化インタビューについて述べる。

半構造化インタビューは，リサーチ・クエスチョンに基づき，事前にある程度の質問項目を盛り込んだインタビューガイドを用意するが，インタビュイー（研究対象者）とのやり取りの中で，質問が生成され，データ収集の内容と質を深めていく方法である。半構造化インタビューは多くの質的研究で採用されている。また，調査の焦点に応じて，問題中心インタビューや専門家インタビューと呼ばれるインタビューも構造的には半構造化インタビューである。

問題中心インタビューは，重要な社会問題（組織研究においては，企業の不祥事など）に焦点を当てたインタビューである。また，専門家インタビューは，特定の社会的実践の場における専門家，あるいは特殊な専門家集団の代表者を対象に行う調査である。問題中心インタビューでは，焦点を当てる問題によっては，インタビュイー（研究対象者）にも関心が向けられることがあるかもしれない。しかし，専門家インタビューでは，調査対象は人物というよりも，専門的知識であったりする。

もうひとつ，半構造化インタビューに属すインタビューとして，エスノグラフィック・インタビューが挙げられる。これは，フィールドワークの際に発生した会話から展開するインタビューである。しばしば，打ち解けた会話で終わってしまうが，調査にとって重要な経験が語られることがある。そのような場合，インタビュー調査としてデータ収集を行うことが望ましい。その際，研究倫理の観点から，日常の会話からインタビュー調査へ移行することをインタビュイー（研究対象者）に伝える必要がある (Flick, 1995)。

(2) 非構造化インタビュー

非構造化インタビューとして，ナラティブ・インタビューと，エピソード・インタビュー，インデプス・インタビューを紹介する。

ナラティブ・インタビューは，ライフ・ストーリー調査やエスノグラフィー調査の際に行われることが多い。ライフ・ストーリー調査では，研究対象者に自身の人生を最初から最後 (調査時) まで一貫した物語になるように語ってもらう。また，エスノグラフィー調査では，人生全体を語ってもらうこともあるが，調査に関連する出来事に関して最初から最後まで一貫した物語になるように語ってもらう。

　エピソード・インタビューは，人生全体を語ってもらうのではなく，特定の経験，たとえば，大災害の被災体験や非日常的な特別出来事に遭遇した体験などを語ってもらうインタビューである。

　インデプス・インタビューは，研究対象者自身が意識化していない深層意識を読み取るための調査方法である。そのため，構造化された質問事項によるインタビューよりも，インタビュイー (研究対象者) とインタビュアー (研究者) による即興的な対話形式のインタビューにおける相互作用が重要となる。

(3) グループを対象としたインタビュー

　グループを対象としたインタビューは，Flick (1995) によると，グループ・インタビュー，グループ・ディスカッション，フォーカス・グループ，共同体のナラティブの4つに分類できる。

　グループ・インタビューは，ある特定のテーマについて少人数のグループを対象に行う調査である。通常は，1対1のインタビューの1対多の形式として行われる。たとえば，調査対象である出来事を共同体験している複数のメンバーに対して行うインタビューである。

　グループ・ディスカッションは，あるテーマ (社会問題など) に対して異なった見解をもった人たちに集まってもらい議論してもらう調査方法である。そこでは，過去の経験を引き出すだけでなく，参加者間の相互作用によるダイナミズムが生まれ，新たな知見や問題に対する解決策，あるいは合意が得られるなどの効果が期待できる。インタビュアーはたんに聞き手というのではなく，司会やファシリテーターの役割を担うことになる。

フォーカス・グループは，社会問題などのテーマに対する議論ではなく，新製品やサービスなどに関して，顔見知りではない人たちに集まってもらい，自由に意見を述べてもらう調査方法である。とくに，マーケティング調査で用いられる。

共同体のナラティブは，モノローグ的なナラティブを共同体によるナラティブに拡張したナラティブ・アプローチのひとつの手法である。家族研究などで採用されているが，たとえば戦争体験や大災害，大事故などを媒介にして形成される共同体などの調査にも用いられる。

3. 観察 (参与観察, エスノグラフィー)

観察は，インタビュー同様に，質的研究にとって不可欠な調査方法である。観察は，観察者の役割に応じて4つに分類できる (Flick, 1995；Easterby-Smith et al., 2002)。

① 完全な参加者 (調査対象の実践者としての研究者)
② 観察者としての参加者 (明確な役割としての研究者)
③ 参加者としての観察者 (短期間 (時間) の参与観察のモデル)
④ 完全な観察者 (調査対象から距離を置く研究者)

(1) 参与観察

参与観察は，質的研究において，観察法の中では，もっとも一般的な方法である。観察者の役割分類でいうと，②「観察者としての参加者 (明確な役割としての研究者)」と③「参加者としての観察者 (短期間 (時間) の参与観察のモデル)」の2つのケースが考えられる。

②のケースの参与観察は，エスノグラフィーと同様に，調査者がある状況や組織，集団に比較的長期間，そこでの活動に参加することで，調査対象の人々の活動を観察し，フィールドノートに記述する方法である。③のケースの参与観察は，長期的な参加や観察が許されない調査対象 (企業のオフィスや研

究所など）を調査する際に，インタビュー調査を補完する狙いで行われる方法である。

②，③にかかわらず，参与観察は，通常，テクストの分析，インタビュー調査，直接の参加と観察，そして内省を組み合わせて，行われる調査方法である。

(2) エスノグラフィー

エスノグラフィーは，観察者の役割分類でいうと，②の「観察者としての参加者（明確な役割としての研究者）」による調査に該当する。エスノグラフィー調査では，研究者はあらかじめ調査対象の集団から，フィールドワークの許可を得てから調査を実施する。

エスノグラフィー調査は，長期間にわたって調査対象の人々の日常生活や集団の活動の中に入り込んで進められる。そのデータ収集は，一貫してリサーチ・クエスチョンとフィールドの状況に依存する。データ収集は，事前に計画ができず，状況的で偶発的，個別的な調査プロセスの中で行われる。その代わりに，研究倫理的に許される限りのデータの収集が可能となる。

観察によるデータは，フィールドノートに記録される。また，状況に応じて，エスノグラフィック・インタビューやナラティブ・インタビューを行うこともできる。

(3) 調査対象の実践者としての研究者

Easterby-Smith et al. (2002) は，完全な参加者を「従業員としての研究者」と呼んでいる。研究者が調査対象の企業等に従業員として入り，一般従業員とともに通常の業務を遂行しながら，調査対象の内部から調査する方法である。大学院生が生活費を稼ぐために，アルバイトで働いているうちに，豊富な研究材料に囲まれていることに気づく例を挙げている。しかし，一般的には，研究倫理の観点から研究者に葛藤が生まれると指摘している。

しかし，社会人研究者（大学院へ通う社会人）が勤務先の了解を得たうえで，自

身の職場を調査することは可能である。近年日本では，社会人研究者が増えている。この社会人研究者がエスノグラフィーの手法を採用した場合，セルフ（オート・自己）エスノグラフィーと呼ぶことができる。外部の研究者が参与観察する際よりも，より深いデータ（機密情報等）の収集が可能になる。また，たんなる観察ではなく，日常業務の中での行為であり，それは対象に作用し，また対象からも作用をうける，実務者＝研究者と対象との相互作用による観測行為となる。増田（2013）は，外部研究者の参与観察と区別するため，内部観測と呼んでいる。こうした研究におけるデータの分析・解釈の際には，外部の研究者（大学院の指導教員等）が加わることで，組織文化に縛られた社会人研究者の主観に偏った分析・解釈を回避でき，より反省度の高い分析・解釈に至ることが可能である。

(4) 写真・映像

　研究者の役割分類の4つ目は「完全な観察者（調査対象から距離を置く研究者）」である。Easterby-Smith et al.（2002）が論じているように，客観性を求めるために，調査対象から距離を置く観察であれば，社会構成主義に立脚する研究者にとっては役に立たない調査方法であり，質的方法ともいえないことになるであろう。

　しかし，映像データと組み合わせることによって，一回性の直接の参与観察では把握のむずかしい調査対象の調査にとっては意味をもつようになる。たとえば，職人がもつ技や暗黙知を調査する場合など，その行為が実践されている現場における参与観察では，とても把握できない。それをビデオカメラで映像に収めることにより，繰り返し，さらにスローモーションでみることが可能になる。また，現場介入型研究で，調査対象の集団の日常的な活動を映像に収め，実務者と研究者が一緒に，活動の分析を行う調査もある。

　また，写真撮影は，人類学の調査において古くから行われてきた。観察期間が過ぎると，視覚的に観察できなくなる調査対象を，写真や映像に収め，視覚データとすることは質的研究にとって重要な調査方法のひとつである。

4. テクスト

　質的研究におけるデータ収集の３つ目の手法は，テクストである。ここで質的研究におけるテクストは，大きく分けて２種類のものが考えられる。一次データ，二次データともいう。ひとつ目は，ここまで述べてきたデータ収集の手法を駆使して収集され，文字化・文書化されたテクストである。しかし，研究者によるテクスト化は，データの収集だけでなく，分析・解釈過程も含まれることもあり，純粋に分析・解釈のためのデータと扱えないものもある。ここでは，分析・解釈に使われるものとして，フィールドノートとインタビュー情報の文字化を紹介する。そして，２つ目は，調査対象の主体，あるいは関係者，つまり研究者以外の主体によりすでに文字化・文書化されたさまざまなテクストである。とくに，ディスコース分析では，文字化されたものに限らず，記号やシンボルなども含む。

(1) さまざまなテクスト

　すでに書かれたテクストは，発話されただけの言葉とは異なり，物理的に存在し，その著者から時間的・空間的に切り離されている (Denzin & Lincoln, 2000)。しかし，歴史研究や文学研究，あるいは文献学的研究に限らず，組織ディスコース研究において，すでに書かれた文書は，テクストとして貴重な分析対象のデータになる。

　文書は，公開されているものと非公開のものに分類できる。公開された文書とは，行政や公的機関，民間の研究機関などが発行した各種報告書や関連資料，一般書籍類，新聞・雑誌・インターネットなどメディアを通して公開された記事や広告など，民間企業・団体の広報資料など公開を目的とされたものである。非公開な文書は，民間の集団内あるいは集団間のみで取り扱われる書類，集団に属す個人あるいはまったくの個人による日記 (日誌)，手紙，メモ，電子メールなど広く公開を目的とせずに書かれたものである。

　また，文字化・文書化されたものだけでなく，街中や施設内に設定される看板やポスター，チラシ，あるいは壁面での落書きなど，あらゆる表現がテクス

トとなりうる。

(2) フィールドノート

　研究者自身が文書化するものの代表的なものがフィールドノートである。フィールドノートについては，標準的な定義はなく，形式も内容も定まっていない。観察や会話，用語リストに基づくノートだと考える研究者もいる。また，フィールドワークの中で得た考えや印象，着想，作業仮説などを記録するフィールド日誌の中で作られるものと考える研究者もいる。さらに，日誌や会話データのほかに，写真や映像を含む研究者もいる (Schwandt, 2007)。

　いずれにせよ，フィールドノートは，観察当初と終盤では記録の形式や内容が異なる動的な特徴をもつ。また，フィールドノートの作成には，解釈やテクスト化という実践が必要である。さらに，最終的には，データとしてのフィールドノートから翻訳という過程を経て報告書になるのである (Schwandt, 2007)。

(3) インタビュー情報の文字化

　観察された情報がテクスト化されたものがフィールドノートであるが，インタビューにより録音機器を用いて収集された音声データを文字化・文書化し，トランスクリプトを作ることを，文字起こし (テープ起こし) と呼ぶ。音声データのテクスト化である。ナラティブ・インタビューやインデプス・インタビュー，あるいはグループ・インタビューなど，音声情報が長時間や複数の発話者によるものなどは，テクスト化が必要である。また，会話分析，談話分析などの分析・解釈のためにもテクスト化は必須である。

Ⅳ. データ分析・解釈 (コード化, シーケンス分析, ディスコース分析)

　データの分析・解釈の方法は，大別して「コード化・カテゴリー化」(以下「コード化」という) と「シーケンス分析」の 2 つに分類できる (Flick, 1995；大谷, 2019)。しかし本章では，シーケンス分析に属す会話分析，談話分析と区別す

るため，批判的ディスコース分析を３つ目の方法として紹介する。

1. コード化・カテゴリー化

　コード化とは，分析の目的に応じた意味のある構成要素に分解し，その内容を表す概念であるコードを付し，より抽象度の高い概念化を図る（コードが付された断片をカテゴリーに分類する）作業である（Schwandt, 2007；大谷, 2019）。

　コード化には少なくとも，３つの方法がある。理論的コード化，問題（主題）分析，内容分析である（Schwandt, 2007）。

(1) 理論的コード化

　グラウンデッド・セオリーにおけるコード化を理論的コード化と呼ぶ。グラウンデッド（grounded）とは，「データとの対話に基づく」という意味である。理論的コード化は，既存の理論に依拠せず，データ収集と分析を繰り返すことから，絶えざる比較法とも呼ばれている。このプロセスを通して，複数のコードに通底する斉一性を見いだし，コード化されたカテゴリーとしての概念を導出する。他のコードや概念との絶えざる比較を通して，概念群における関係性を明らかにし，領域密着型理論を創出する（Glaser & Strauss, 1967；Schwandt, 2007）。

　創出された理論の検証のために，理論的サンプリングが行われる。理論的サンプリングとは，分析・理論構築の過程で，新たな調査対象をサンプルとして追加していく手法のことである。このサンプリングは，新たなサンプルを分析しても，もはや新たな知見が得られなくなるまで行われる。新たなサンプルが必要なくなった状態を，理論的飽和と呼ぶ（Glaser & Strauss, 1967；Schwandt, 2007）。

　理論的コード化に関しては，Glaser & Strauss（1967）と Strauss & Corbin（1990）で詳細に論じられている。

(2) 問題（主題）分析

　問題（主題）分析はテーマ分析とも呼ばれる。調査対象である問題や主題についての研究において採用される分析手法である。概念枠組み，理論的枠組みと呼ばれる分析枠組みを用いて，コード化（新たな知見の発見＝構成，概念化）が行われる。分析枠組みは，調査対象である問題（主題）に関する分野における先行研究の知見や既存の理論が提供する（Schwandt, 2007）。

　既存の分析枠組みを適用することは，データを既存の理論や概念の範囲内に当てはめることではなく，既存の知見を活用して，新たな知見を導出し，独自の概念や理論を導出することが企図されている（大谷, 2019）。

(3) 内容分析

　内容分析は，古典的テクスト分析の手法のひとつである。この分析では，調査対象の内容に特化した既存の理論的な分析モデルが用いられるのがひとつの特徴である（Flick, 1995）。既存の理論的な分析モデルとしては，たとえば，日常の常識的な推論に基づくもの（出来事の種類，発生時間，関与者の反応，物理的状況など）やシンボリック相互作用論が提供する方法論的枠組みから導かれるもの（慣習，出会い，エピソード，役割，関係性など）の場合もある。そして，たとえば，データの説明は分析モデルに基づく類型への分類によって行われる（Schwandt, 2007）。

2. シーケンス分析

　ここでは，シーケンス分析の代表的な3つの分析手法を紹介する。それらは，会話分析，談話分析，ナラティブ分析である。

(1) 会話分析

　会話分析は，エスノメソドロジーに由来するテクスト分析の手法である。テクスト分析といっても，テクストの内容の解釈ではなく，日常的な会話の形式的な手続き（やり取り），つまり，いかに発話者が社会的相互行為を秩序立て，

生み出しているのかを解明することに焦点が当てられる（Flick, 1995；Schwandt, 2007）。

　会話分析は，言語論的には，日常の言語使用に関する語用論に立脚している。語用論では，発話が意味するものを，その発話が特定の実践を演じる役割であるととらえている。発話される単語や文は，お礼や苦情，招待などの行為を遂行するということである（Austin, J. L., 1962）。会話分析は，発話がそうした行為を特定の社会的実践の中で，いかに遂行するのかという点に焦点が当てられる（Schwandt, 2007）。

　会話分析は，はじめ家族の会話など日常会話の分析に用いられていたが，現在では，カウンセリングにおける会話や，医師と患者の会話，裁判における会話など，立場の違う人々や特定の役割をもった人々の間で交わされる会話の分析にも適用されている（Flick, 1995）。

(2) 談話分析

　談話分析は，会話分析から派生しているが，会話分析が実際のやり取りに注目するのに対して，言語行動の実践的過程や社会的現実の構築過程を分析の対象とする。理論的背景は，シンボリック相互作用論などを含む社会構成主義である（Flick, 1995）。

　テクストとしても，日常会話も扱われるが，それに限らず，インタビューや報道レポート，新聞記事など，会話分析の対象よりも社会科学のテーマに近い対象が使われる。分析においても，言語学的な分析手法と知識や現実が構築されるプロセスの分析手法が併用される（Flick, 1995）。

(3) ナラティブ分析

　ナラティブ分析は，ある意味で，ディスコース（言説，談話）分析よりも多様性に富んでいる。Schwandt (2007) は，形式—構造分析，機能分析，特殊な口承芸としての物語の分析を挙げている。形式－構造分析では，Propp（[1928] 1969）に代表される構造主義に属す伝統的な物語論の分析枠組みを用いて，物

語の構成や展開などが分析される。機能分析では，物語の中で何が語られているか（たとえば，成功譚や道徳訓など）が分析される。特殊な口承芸としての物語の分析は，特殊な口承芸の特徴を，物語に関する諸概念でもって分析・解釈する研究である。

　さらに，ナラティブ分析は，ライフ・ストーリー研究における分析法のひとつでもある。その際，人生が物語とみなされる。ナラティブ分析は，ナラティブ・インタビューと密接につながっている。つまり，ナラティブ・インタビューで収集されたデータを分析するのが，ナラティブ分析である。

　ナラティブ分析は，インタビュイー（研究対象者）の人生に関する語りを対象とするが，それは，人生の構築を再構築することと理解されている。ナラティブ・インタビューの中で語られたライフ・ストーリーは，インタビュイーが生きたライフ・ストーリーとは別なもので，インタビュー時に社会的に構築されたものととらえる。それゆえ，研究者がナラティブ分析を行うということは，人生の構築を再構築するということになるのである。

　また，一般にナラティブは BMD（Beginning, Middle and End: 始まり・中間・終わり）をもつ物語として理解されているが，ポストモダニズムに属す研究では，分析の対象として，人生のような一貫した物語ではなく，物語になる以前の「語り（アンテ・ナラティブ）[2]」に注目する分析も行われている（Boje, 2001：増田, 2013）。どちらかというと，これらの分析は，次項の「批判的ディスコース分析」に属すものといえる。

　ナラティブ分析の理論的背景も，社会構成主義に属す諸理論である。

3. 批判的ディスコース分析

　本章で，批判的ディスコース分析をシーケンス分析のひとつとして位置づけなかったのは，つぎの理由からである。ディスコース分析にはさまざまな種類があるが，大きくテクストの詳細な分析を含むものと含まないものがあり，批判的ディスコース分析と呼ばれるものは，後者のグループに属すか，後者の要素も備えているアプローチなのである。

メイナード (1997) は，批判的ディスコース分析では，現代の社会問題をあぶり出せるような言説を，意識的に分析のデータとして選定することを指摘している。たとえば，人種差別問題やジェンダー問題，あるいは環境問題を取り上げる政治家の演説などである。ここで，ディスコースは，社会的な意味をもち，社会問題を解決しうる道具になるという。その上で，談話分析と訳されるディスコース分析と区別している。

　自身のディスコース分析の方法を「批判的ディスコース分析」と呼ぶ，Fairclough (2003) は，Foucault の諸研究の影響をうけているディスコース分析の多くでは，テクストの言語的特徴に対して関心が低いことを指摘する。そして，彼自身のアプローチは，社会問題とテクストの言語のいずれにも注目していることを論じる。つまり，「テクスト分析は，ディスコース分析の重要な部分をなしてはいるが，ディスコース分析は単なるテクストの言語的分析ではないのである」(訳：3)。その上で，彼は，テクストに関する分析枠組みを提示し，「テクスト分析をディスコース分析と社会的分析との関連で位置づけている」(訳：21)。

　また，アプローチの項で述べたが，ディスコースの分析では，テクストの言語的特徴ではなく，組織におけるメタファーやストーリー，儀式，レトリック，会話，感情，意味形成なども分析の対象となる。日常の組織現象の深層に潜在しているディスコースの実態を炙り出すことが企図されているのである。

　シーケンス分析と批判的ディスコース分析における具体的な分析方法については，たとえば，会話分析では，『会話分析への招待』(好井他，1999)，談話分析では，『談話分析の可能性―理論・方法・日本語の表現性―』(メイナード，1997)，批判的ディスコース分析では，『ディスコースを分析する　社会研究のためのテクスト分析』(Fairclough，2003) や『ハンドブック　組織ディスコース研究』(Grant et al.，2004) などを紐解いてもらいたい。

　Denzin & Lincoln (2000) が英文 2,000 頁を費やしても語りつくせないと論じた，質的研究は，まさにその理論的背景にはじまり，研究アプローチ，データ

収集・分析・解釈に至るまで，多種多様な様式が存在する。限られた紙幅では，入門書への入門書の役割しか果たせないが，質的研究は大変魅力的な研究方法である。これを機に，是非とも実践のフィールドへ向かってもらいたい。

注
1)「調査対象者」「インフォーマント（情報提供者）」という用語も使用されるが，近年では，「調査協力者」「研究協力者」「研究参加者」という用語が使用されるようになってきている。本章では，主要参考文献の邦訳に準じて，「研究対象者」で統一した。
2) アンテ・ナラティブは，Boje（2001）の造語であり，「ポスト（後）・アンテ（前）」から「アンテ」を「ナラティブ」の前につけ，物語になる以前の「語り」を含意している。

さらに学習すべき事柄
・家族や友人を対象に，仕事や学業へのモチベーションについての半構造化インタビューのインタビューガイドを作成し，実際にインタビューをしてみよう。
・家族や友人に，家事や学業を行っているところを観察させてもらい，彼らがそれらをどのように行っているか，フィールドノートに記述してみよう。

読んでもらいたい文献
佐藤郁哉（1984）『暴走族のエスノグラフィー』新曜社
小池和男・洞口治夫編（2006）『経営学のフィールドリサーチ「現場の達人」の実践的調査手法』日本経済新聞社
Grant, D., Hardy, C., Oswick, C., & Putman, L.（eds.）（2004）*The Sage Handbook of Organizational Discourse.* London, Thousand Oaks, New Delhi and Singapore：Sage Publications Inc.（高橋正泰・清宮徹監訳『ハンドブック　組織ディスコース研究』同文舘，2012年）

引用・参考文献
Austin, J. L.（1962）*How to do things with words.* Oxford University Press.（坂本百大監訳『オースティン哲学論文集』勁草書房，1991年）
Boje, D. M.（2001）*Narrative methods for organizational & communication research.* Sage Publications Ltd.
Burr, V.（1995）*An Introduction to Social Constructionism.* Routledge（田中一彦訳『社会的構築主義への招待』川島書店，1997年）

Denzin, N. K., & Lincoln, Y. S.（eds.）（2000）*Handbook of Qualitative Research, second edition.* Sage publications Inc.（平山満義監訳『質的研究ハンドブック1巻　質的研究のパラダイムと眺望』北大路書房，2006年，平山満義監訳『質的研究ハンドブック2巻　質的研究の設計と戦略』北大路書房，2006年，平山満義監訳『質的研究ハンドブック3巻　質的研究資料の収集と解釈』北大路書房，2006年）

Dilthey, W.（1957）"Die Entstehung der Hermeneutik," *Gesammelte Schriften, Bd. V,* Stuttgart.（久野昭訳『解釈学の成立』以文社，1973年）

Easterby-Smith, M., Thorpe, R., & Lowe, A.（2002）*Management Research：An Introduction Second Edition.* London, Thousand Oaks and New Delhi：Sage Publications Inc.（木村達也・宇田川元一・佐渡島紗織・松尾睦訳『マネジメント・リサーチの方法』白桃書房，2009年）

Engeström, Y.（1987）*Learning by expanding.*（山住勝広・松下佳代・百合草禎・保坂裕子・庄井良信・手取義宏・高橋登訳『拡張による学習』新曜社，1999年）

Fairclough, N.（2003）*Analysing Discourse：Textual analysis for social research.* Routledge.（日本メディア英語学会メディア英語談話分析研究部会訳『ディスコースを分析する　社会研究のためのテクスト分析』くろしお出版，2012年）

Flick, U.（1995）*Qualitative Forschung.* Hamburg：Rowohlt Taschen Verlag GmbH.（小田博志・山本則子・春日常・宮地尚子『質的研究入門』春秋社，2002年）

Foucault, M.（1972）*Historie de folie a l'age classique.* Gallimard.（田村俶訳『狂気の歴史』新潮社，1975年）

Foucault, M.（1975）*Surveiller et punir-naissance de la prison.* Gallimard.（田村俶訳『監獄の誕生』新潮社，1977年）

Garfinkel, H.（1967）*Studies in Ethnomethodology.* NJ：Polity.

Glaser, B. G., & Strauss, A. L.（1967）*The Discovery of Grounded Theory.*（後藤隆・大出春江・水野節夫訳『データ対話型理論の発見　調査からいかに理論をうみだすか』新曜社，1996年）

Grant, D., Hardy, C., Oswick, C., & Putman, L.（eds.）（2004）*The Sage Handbook of Organizational Discourse.* London, Thousand Oaks, New Delhi and Singapore：Sage Publications Inc.（高橋正泰・清宮徹監訳『ハンドブック　組織ディスコース研究』同文舘，2012年）

金井壽宏・佐藤郁哉・ギデオン＝クンダ・ジョン＝ヴァン‐マーネン（2010）『組織エスノグラフィー』有斐閣

岸政彦・石岡丈昇・丸山里美（2016）『質的社会調査の方法—他者の合理性の理解

社会学』有斐閣

Lewin, K.（1951）*Field Theory in Social Science：Selected Theoretical Papers.* In Cartwright, D.（ed.）, New York：Harper and Row.（猪股佐登訳『社会科学における場の理論』誠信書房，1956 年）

増田靖（2013）『生の現場の「語り」と動機の詩学　観測志向型理論に定位した現場研究＝動機づけマネジメントの方法論』ひつじ書房

メイナード，泉子・K.（1997）『談話分析の可能性─理論・方法・日本語の表現性─』くろしお書房

小田博志（2010）『エスノグラフィー入門〈現場〉を質的研究する』春秋社

大谷尚（2019）『質的研究の考え方』名古屋大学出版会

Prasad, P.（2005）*Crafting Qualitative Research：Working in the Postpositivist Traditions.* M.E. Sharpe, Inc.（箕浦康子監訳『質的研究のための理論入門　ポスト実証主義の諸系譜』ナカニシヤ出版，2018 年）

Propp, V.（[1928] 1969）（北岡誠司・福田美智代訳『昔話の形態学』水声社，1987 年）

Schwandt, T.（2007）*The Sage Dictionary of Qualitative Inquiry 3rd Edition.* London and New Delhi：Sage Publications, Inc.（伊藤勇・徳川直人・内田健訳『質的研究用語事典』北大路書房，2009 年）

Strauss, A., & Corbin, J.（1990）*Basics of Qualitative Research：Grounded Theory and Techniques.* Sage Publications Inc.（南裕子監訳『質的研究の基礎　グラウンデッド・セオリーの技法と手順』医学書院，1999 年）

矢守克也（2010）『アクションリサーチ　実践する人間科学』新曜社

好井裕明・山田富秋・西阪仰編（1999）『会話分析への招待』世界思想社

Willing, C.（2001）*Introducing Qualitative Research in Psychology.* Open University Press Buckingham.（上渕寿・大家まゆみ・小松孝至訳『心理学のための質的研究入門─創造的な探究に向けて─』培風館，2003 年）

終　章　理論構築に向けて

Ⅰ．理論構築のメソドロジー

　理論を構築する際には，理論の概念や体系を形成する研究対象を明確にする必要がある。その研究対象の規定として経験対象と認識対象を第一に考えなくてはならない。経験対象とは日常われわれが直接経験できる現象であり，複雑で多様な対象である。このような経験対象から研究者は一定の基準に従って認識対象を選択することになる (e. g., 大月他, 2008)。その基準を提供する基盤が存在論と認識論の科学哲学である。この基準に則ってパラダイムが形成されるといってもよい。ここで注意しなければならないことは，認識対象は経験対象の一部を切り取ることになるので，対象全体を研究の対象とするわけではないことである。たとえば，企業を研究対象とした場合，協働体系としての組織，経済体，社会体としての企業などさまざまな側面から研究対象をとらえることになる。したがって，企業を研究対象とすれば，組織論，経済学，社会学，心理学などさまざまな学問からアプローチすることができることになる。ひとつの事象や対象をひとつの理論ですべて説明することはできないのであり，理論構築のメソドロジーを十分理解する必要がある。

　また方法論としては，演繹法を用いるか，帰納法を用いるか，また客観性を重んじる記述論か主観性や価値論を含む規範論かということも考えられなければならない。

　次に「主観－客観」の次元から社会科学の諸仮定を整理することが必要であり，このことは社会科学の研究を理解する上で重要な手続きである。近代科学はこの二項対立の議論から，その背後にある研究主体と研究対象に関する根本的な相違をめぐって展開してきたといえる。この方法的対立は，普遍・因果的な関係を社会現象にもとめる法則科学か，個性記述的な歴史科学・解釈科学か，

をめぐる論争として現在でもさまざまな枠組みの中で繰り返し論争の焦点とされている。

　序章で述べたように，客観性と主観性という視点は，自然科学と社会科学の違いとして社会科学のメソドロジーを考えることができる。自然科学は研究の主体と客体のあいだに明確な一線を引くことが可能である。自然現象は研究者の法則発見にかかわらず，その自然のメカニズムが変化するわけではないし，その法則に反する行動を起こすわけでもない。しかし，自然科学においてはその法則について見解がしばしば対立する。つまり，法則は理論法則か経験法則であるべきか，である。理論法則は，仮説として抽象的に設定される普遍法則であり，この法則から演繹的に導かれる諸命題の体系が理論であると主張する。後者の経験法則は，徹底した観察を通して規則性を見いだし，これを具体的な経験法則として定式化しようとする。理論はこの経験法則によって秩序づけられるものなのである。このように自然科学においてもその認識的立場は異なるのであり，その科学的方法も絶対といえるわけではない。

　他方，社会科学の場合はそのように単純ではない。社会現象を観察する研究者は社会現象の認識においては客体であるが，現実の世界では主体でもある。行為者としての研究者によって得られる概念や法則は，行為者の行為の手段に転化する。行為者はそれらをさまざまに解釈し修正を施しながら社会の現実を構成し再構成する。そして，もともとの認識の変更が余儀なくされるのである。このように，社会科学においては，主体と客体の転化が起こり，研究主体の客体である研究対象にたいする客観性が必ずしも保証されるというわけではないのである（高橋，2006：17-18）。

　今田（1986：10-12）は，研究主体と研究対象の主体・客体関係を二項対立と位置づけながら，これらの論争を社会の自然科学か，理解科学か，の対立として理解している。今田（1986）が指摘するように，近代科学の方法論的認識は，主体と客体の分離をさまざまな二項対立を巡りながらその方法論的基盤を確立してきた。そして，今田（1986）はこの二項対立の発想を放棄し，新しい発想をもつ必要があるとして，パラドックスが現実に存在するものとして考える変換理

性の哲学を提唱している。この科学哲学の目的は，(1) 科学方法論の世界が観察帰納法・仮説演繹法・意味解釈法の３つによって構成されていること，(2) 具体的な科学認識活動は，これらによって形づけられるメソドロジー三角形を厳格なおきてに縛られることなく自由に移行する理性で成り立っていること，を明らかにする作業を通じて，(3) 科学とくに社会科学の方法的視座を対立から補完に転換することにある（今田，1986 : 13）とされる。したがって，ここでの議論は二項対立による視座ではなく，科学手続きの三様態の補完的視座を考え，科学における感性の受容と合理的批判精神を基礎づけるものとして変換理性の立場を理解することが可能となるとされるのである。科学とは理論（命題・法則）を経験とつなぐ作業のことであり，この意味から「認識の存在接続が科学である」（今田，1986 : 112）とみなされる。

　変換理性の哲学による科学的方法は，認識平面と存在平面を結びつける手続きなのであり，理論化するために演繹・帰納・解釈の対立の構図を共存の構図に転換することが試みられる。通常，観察−帰納−検証，仮説−演繹−反証，意味−解釈−了解の認識接続が純粋型として表されるが，実際の社会科学の活

図表終-1　認識の存在接続とメソドロジーの三角形

〈方法モデル　1〉
認識の存在接続とメソドロジーの三角形

認識平面：意味・観察・仮説
存在平面：了解・検証・反証
接続様式：解釈・帰納・演繹

出所）今田（1986 : 16）

240　終　章　理論構築に向けて

動においては観察・仮説・意味の認識平面および検証・反証・了解の存在平面を自由に移行することが可能であるとされる。この正三角形の2つの平面を回転させることにより，たとえば，仮説－解釈－了解とか仮説－演繹－了解，そして仮説－解釈－検証という方法が得られる。人間社会の現象を十分解明するには，何らかのかたちでメソドロジーの三角形すべてを必要とすることになる。

Ⅱ．理論構築に向けて

今田 (1986) の自己組織性の議論は，Morgan (1983a, 1983b) が提唱した約束 (engagement) としての科学を彷彿させることになる。彼によれば，科学研究は約束 (engagement) として理解される。このことは，研究者と研究される現象を結び付ける仮定と実践のネットワークを理解する重要性を強調することにより，唯一の方法の選択をするというより，理論と方法，概念と対象，研究者と研究対象の間の異なる関係をともなう約束の仕方として研究過程を考えるということである (Morgan, 1983a, 1983b)。

理論的および方法論的複雑性は，組織分析の新しいパースペクティブの発展を可能にしているといえる。組織シンボリズムの方法論的ネットワークは，パラダイム (paradigms)，メタファー (metaphors)，パズル・ソルビング活動 (puzzle-solving activities) からなっている (Morgan, 1980)。ここでの「パラダイム」は，現実についての暗黙的あるいは明示的見方を示すメタ理論的，哲学的意味において用いられる。メタ理論的パラダイムすなわち世界観は異なる学派を内包しており，それぞれは共有した現実 (世界の見方) に異なるアプローチ，研究方法をもっている。このレベルがメタファー・レベルである。

分析のパズル・ソルビング・レベルでは，特定の学派にアイデンティティをあたえているメタファーの示唆を細部にわたって操作化するための多くの研究調査方法が明らかにされる。多くの特定の主題やモデル，調査用具が理論家に採用される。この意味で社会科学における多くの研究調査や論争は，このレベルにおいて論じられるのである。

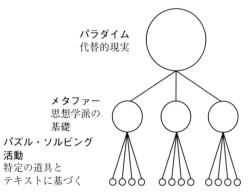

図表終-2　パラダイム，メタファー，そしてパズル・ソルビング
　　　　－社会科学の本質と組織を理解するための３つの概念－

パラダイム
代替的現実

メタファー
思想学派の
基礎

パズル・ソルビング
活動
特定の道具と
テキストに基づく

出所）Morgan（1980：606）

　このように考えると，パラダイムは存在論と認識論の問題である。本書に従えば，パラダイムは第Ⅰ部の組織のメソドロジーの部分が，メタファーは第Ⅱ部の組織のパラダイムの部分が，そしてパズル・ソルビングは第Ⅲ部のリサーチ・デザインにあたるともいえる。

　ここで重要なことは，科学研究を約束もしくは接続の問題として理解することであろう。理論構築にあたっては，経験対象から認識対象を選び出す際に，どのような存在論と認識論に立って，どのようなパラダイム，そしてどのようなリサーチ・デザインを用いるかを明確に示す必要がある。研究成果は，その約束や認識の存在接続の仕方，論理の一貫性に依存することになる。

　記述論もしくは規範論を用いるにせよ，たとえば，理論構築の際の研究手続きとしては以下のような方法が考えられる。

客観性－実在論－論理実証主義－仮説検証－量的研究－記述論－帰納法もし
　くは演繹法

主観性－唯名論－社会構成主義－ディスコース分析－質的研究－規範論－演
　繹法

といったものである。他にも多くの組み合わせが考えられるが，研究者はメソドロジーの約束あるいは接続を明確にして理論構築を進めていくべきである。

研究者にはこのことを十分に認識して，理論を構築することを期待したい。

引用・参考文献

今田高俊（1986）『自己組織性―社会理論の復活―』創文社

Morgan, G.（1980）Paradigms, Metaphors, and Puzzle Solving in Organization Theory. *Administrative Science Quarterly*, 25（4）: 605-622.

Morgan, G.（1983a）Research as Engagement : A Personal View. In G. Morgan（ed.） *Beyond Method*, 11-18, Beverly Hills, CA : Sage.

Morgan, G.（1983b）Research Strategies : Modes of Engagement. In G. Morgan（ed.） *Beyond Method*, 19-42, Beverly Hills, CA : Sage.

大月博司・髙橋正泰・山口善昭（2008）『経営学―理論と体系―（第三版）』同文舘

髙橋正泰（2006）『組織シンボリズム―メタファーの組織論―』（増補版）同文舘

M

March, J. G.　　19, 48, 101
McNamee, S.　　44
Mead, J. H.　　122
Mehra, A.　　132, 133
Merton, R. K.　　92, 96, 100, 134
Mintzberg, H.　　55
Morgan, G.　　1, 5, 90, 99, 108, 141, 241
Murray, K.　　47

N

Nietzsche, F.　　135

O

Oswick, C.　　50

P

Parker, I.　　45
Parsons, T.　　92, 94, 120, 121
Perrow, C.　　102
Popper, K. R.　　30, 32, 135
Propp, V.　　232

R

Ricoeur, P.　　109, 116-118, 217
Roethlisberger, F. J.　　109, 122

S

Saussure, F. D.　　46

Schleiermacher...

Schleiermacher, F. D. E.　　109, 110, 217
Schutz, A.　　108, 120-123
Searle, J. R.　　70
Selznick, P.　　100
Silverman, D.　　49, 123, 124
Simon, H. A.　　17, 19, 48, 49, 101
Smircich, L.　　124
Saussure, F. de　　64
Stalker, G. M.　　102, 104
Strauss, A. L.　　218

T

Takatoshi, I.　　239
Taylor, F. W.　　48
Thompson, J. D.　　101, 102, 140
Trist, E. L.　　102

V

van Dijk, T. A.　　50

W

Weber. M.　　36, 108, 120, 123
Weick, K. E.　　125, 126
White, M.　　47, 53
Wisdom, J. O.　　132
Willmott, H.　　81
Woodward, J.　　102, 104

Z

Zizek, S.　　74

経営組織論シリーズ3　組織のメソドロジー

2020 年 9 月 5 日　第一版第一刷発行

監修者——高　橋　正　泰
編著者——高　橋　正　泰
　　　　　大　月　博　司
　　　　　清　宮　　徹
発行者——田　中　千　津　子
発行所——㈱ 学 文 社

〒153-0064　東京都目黒区下目黒 3 - 6 - 1
電話　03 (3715) 1501
振替　00130-9-98842
印刷——新灯印刷㈱